全国普法学习读本

★★★★★

环保节能类法律法规读本

>>>>> 动物植物保护法律法规学习读本 <<<<<

保护动物法律法规

加大全民普法力度，建设社会主义法治文化，树立宪法法律至上、法律面前人人平等的法治理念。

——中国共产党第十九次全国代表大会《决胜全面建成小康社会 夺取新时代中国特色社会主义伟大胜利》

王金锋 主编

汕头大学出版社

图书在版编目（CIP）数据

保护动物法律法规 / 王金锋主编. -- 汕头：汕头大学出版社（2021.7重印）

（动物植物保护法律法规学习读本）

ISBN 978-7-5658-3514-8

Ⅰ.①保… Ⅱ.①王… Ⅲ.①动物保护-法规-中国-学习参考资料 Ⅳ.①D922.681.4

中国版本图书馆 CIP 数据核字（2018）第 035127 号

保护动物法律法规　　　　　　　BAOHU DONGWU FALÜ FAGUI

主　　编：王金锋
责任编辑：邹　峰
责任技编：黄东生
封面设计：大华文苑
出版发行：汕头大学出版社
　　　　　广东省汕头市大学路 243 号汕头大学校园内　邮政编码：515063
电　　话：0754-82904613
印　　刷：三河市南阳印刷有限公司
开　　本：690mm×960mm 1/16
印　　张：18
字　　数：226 千字
版　　次：2018 年 5 月第 1 版
印　　次：2021 年 7 月第 2 次印刷
定　　价：59.60 元（全 2 册）
ISBN 978-7-5658-3514-8

版权所有，翻版必究
如发现印装质量问题，请与承印厂联系退换

前 言

习近平总书记指出:"推进全民守法,必须着力增强全民法治观念。要坚持把全民普法和守法作为依法治国的长期基础性工作,采取有力措施加强法制宣传教育。要坚持法治教育从娃娃抓起,把法治教育纳入国民教育体系和精神文明创建内容,由易到难、循序渐进不断增强青少年的规则意识。要健全公民和组织守法信用记录,完善守法诚信褒奖机制和违法失信行为惩戒机制,形成守法光荣、违法可耻的社会氛围,使遵法守法成为全体人民共同追求和自觉行动。"

中共中央、国务院曾经转发了中央宣传部、司法部关于在公民中开展法治宣传教育的规划,并发出通知,要求各地区各部门结合实际认真贯彻执行。通知指出,全民普法和守法是依法治国的长期基础性工作。深入开展法治宣传教育,是全面建成小康社会和新农村的重要保障。

普法规划指出:各地区各部门要根据实际需要,从不同群体的特点出发,因地制宜开展有特色的法治宣传教育坚持集中法治宣传教育与经常性法治宣传教育相结合,深化法律进机关、进乡村、进社区、进学校、进企业、进单位的"法律六进"主题活动,完善工作标准,建立长效机制。

特别是农业、农村和农民问题,始终是关系党和人民事业发展的全局性和根本性问题。党中央、国务院发布的《关于推进社会主义新农村建设的若干意见》中明确提出要"加强农村法制建设,深入开展农村普法教育,增强农民的法制观念,提高农民依法行使权利和履行义务的自觉性。"多年普法实践证明,普及法律知识,提高法制观念,增强全社会依法办事意识具有重要作用。特别是在广大农村进行普法教育,是提高全民法律素质的需要。

多年来,我国在农村实行的改革开放取得了极大成功,农村发生了翻天覆地的变化,广大农民生活水平大大得到了提高。但是,由于历史和社会等原因,现阶段我国一些地区农民文化素质还不高,不学法、不懂法、不守法现象虽然较原来有所改变,但仍有相当一部分群众的法制观念仍很淡化,不懂、不愿借助法律来保护自身权益,这就极易受到不法的侵害,或极易进行违法犯罪活动,严重阻碍了全面建成小康社会和新农村步伐。

为此,根据党和政府的指示精神以及普法规划,特别是根据广大农村农民的现状,在有关部门和专家的指导下,特别编辑了这套《全国普法学习读本》。主要包括了广大人民群众应知应懂、实际实用的法律法规。为了辅导学习,附录还收入了相应法律法规的条例准则、实施细则、解读解答、案例分析等;同时为了突出法律法规的实际实用特点,兼顾地方性和特殊性,附录还收入了部分某些地方性法律法规以及非法律法规的政策文件、管理制度、应用表格等内容,拓展了本书的知识范围,使法律法规更"接地气",便于读者学习掌握和实际应用。

在众多法律法规中,我们通过甄别,淘汰了废止的,精选了最新的、权威的和全面的。但有部分法律法规有些条款不适应当下情况了,却没有颁布新的,我们又不能擅自改动,只得保留原有条款,但附录却有相应的补充修改意见或通知等。众多法律法规根据不同内容和受众特点,经过归类组合,优化配套。整套普法读本非常全面系统,具有很强的学习性、实用性和指导性,非常适合用于广大农村和城乡普法学习教育与实践指导。总之,是全国全民普法的良好读本。

目 录

中华人民共和国野生动物保护法

第一章　总　则 …………………………………………（2）
第二章　野生动物及其栖息地保护 ……………………（3）
第三章　野生动物管理 …………………………………（6）
第四章　法律责任 ………………………………………（11）
第五章　附　则 …………………………………………（14）
附　录
　　国家保护的有益的或者有重要经济、科学研究价值的
　　　陆生野生动物名录 ………………………………（15）
　　国家重点保护野生动物名录 ………………………（67）
　　中华人民共和国自然保护区条例 …………………（80）
　　最高人民法院关于审理破坏野生动物资源刑事案件
　　　具体应用法律若干问题的解释 …………………（89）

中华人民共和国陆生野生动物保护实施条例

第一章　总　则 …………………………………………（98）
第二章　野生动物保护 …………………………………（99）
第三章　野生动物猎捕管理 ……………………………（100）
第四章　野生动物驯养繁殖管理 ………………………（103）
第五章　野生动物经营利用管理 ………………………（104）
第六章　奖励和惩罚 ……………………………………（105）
第七章　附　则 …………………………………………（107）

— 1 —

中华人民共和国水生野生动物保护实施条例

第一章　总　　则 ·· (108)

第二章　水生野生动物保护 ······································ (109)

第三章　水生野生动物管理 ······································ (110)

第四章　奖励和惩罚 ··· (114)

第五章　附　　则 ·· (115)

附　录

　　中华人民共和国水生野生动物利用特许办法 ············ (116)

　　中国水生生物资源养护行动纲要 ··························· (126)

中华人民共和国野生动物保护法

中华人民共和国主席令

第四十七号

《中华人民共和国野生动物保护法》已由中华人民共和国第十二届全国人民代表大会常务委员会第二十一次会议于2016年7月2日修订通过，现将修订后的《中华人民共和国野生动物保护法》公布，自2017年1月1日起施行。

中华人民共和国主席　习近平

2016年7月2日

（1988年11月8日第七届全国人民代表大会常务委员会第四次会议通过；根据2004年8月28日第十届全国人民代表大会常务委员会第十一次会议《关于修改〈中华人民共和国野生动物保护法〉的决定》第一次修正；根据2009年8月27日第十一届全国人民代表大会常务委员会第十次会议《关于修改部分法律的决定》第二次修正；根据2016年7月2日第十二届全国人民代表大会常务委员会第二十一次会议第三次修订）

第一章 总 则

第一条 为了保护野生动物，拯救珍贵、濒危野生动物，维护生物多样性和生态平衡，推进生态文明建设，制定本法。

第二条 在中华人民共和国领域及管辖的其他海域，从事野生动物保护及相关活动，适用本法。

本法规定保护的野生动物，是指珍贵、濒危的陆生、水生野生动物和有重要生态、科学、社会价值的陆生野生动物。

本法规定的野生动物及其制品，是指野生动物的整体（含卵、蛋）、部分及其衍生物。

珍贵、濒危的水生野生动物以外的其他水生野生动物的保护，适用《中华人民共和国渔业法》等有关法律的规定。

第三条 野生动物资源属于国家所有。

国家保障依法从事野生动物科学研究、人工繁育等保护及相关活动的组织和个人的合法权益。

第四条 国家对野生动物实行保护优先、规范利用、严格监管的原则，鼓励开展野生动物科学研究，培育公民保护野生动物的意识，促进人与自然和谐发展。

第五条 国家保护野生动物及其栖息地。县级以上人民政府应当制定野生动物及其栖息地相关保护规划和措施，并将野生动物保护经费纳入预算。

国家鼓励公民、法人和其他组织依法通过捐赠、资助、志愿服务等方式参与野生动物保护活动，支持野生动物保护公益事业。

本法规定的野生动物栖息地，是指野生动物野外种群生息繁衍的重要区域。

第六条 任何组织和个人都有保护野生动物及其栖息地的义务。禁止违法猎捕野生动物、破坏野生动物栖息地。

任何组织和个人都有权向有关部门和机关举报或者控告违反本

法的行为。野生动物保护主管部门和其他有关部门、机关对举报或者控告,应当及时依法处理。

第七条　国务院林业、渔业主管部门分别主管全国陆生、水生野生动物保护工作。

县级以上地方人民政府林业、渔业主管部门分别主管本行政区域内陆生、水生野生动物保护工作。

第八条　各级人民政府应当加强野生动物保护的宣传教育和科学知识普及工作,鼓励和支持基层群众性自治组织、社会组织、企业事业单位、志愿者开展野生动物保护法律法规和保护知识的宣传活动。

教育行政部门、学校应当对学生进行野生动物保护知识教育。

新闻媒体应当开展野生动物保护法律法规和保护知识的宣传,对违法行为进行舆论监督。

第九条　在野生动物保护和科学研究方面成绩显著的组织和个人,由县级以上人民政府给予奖励。

第二章　野生动物及其栖息地保护

第十条　国家对野生动物实行分类分级保护。

国家对珍贵、濒危的野生动物实行重点保护。国家重点保护的野生动物分为一级保护野生动物和二级保护野生动物。国家重点保护野生动物名录,由国务院野生动物保护主管部门组织科学评估后制定,并每五年根据评估情况确定对名录进行调整。国家重点保护野生动物名录报国务院批准公布。

地方重点保护野生动物,是指国家重点保护野生动物以外,由省、自治区、直辖市重点保护的野生动物。地方重点保护野生动物名录,由省、自治区、直辖市人民政府组织科学评估后制定、调整并公布。

有重要生态、科学、社会价值的陆生野生动物名录,由国务院野生动物保护主管部门组织科学评估后制定、调整并公布。

第十一条 县级以上人民政府野生动物保护主管部门,应当定期组织或者委托有关科学研究机构对野生动物及其栖息地状况进行调查、监测和评估,建立健全野生动物及其栖息地档案。

对野生动物及其栖息地状况的调查、监测和评估应当包括下列内容:

(一)野生动物野外分布区域、种群数量及结构;

(二)野生动物栖息地的面积、生态状况;

(三)野生动物及其栖息地的主要威胁因素;

(四)野生动物人工繁育情况等其他需要调查、监测和评估的内容。

第十二条 国务院野生动物保护主管部门应当会同国务院有关部门,根据野生动物及其栖息地状况的调查、监测和评估结果,确定并发布野生动物重要栖息地名录。

省级以上人民政府依法划定相关自然保护区域,保护野生动物及其重要栖息地,保护、恢复和改善野生动物生存环境。对不具备划定相关自然保护区域条件的,县级以上人民政府可以采取划定禁猎(渔)区、规定禁猎(渔)期等其他形式予以保护。

禁止或者限制在相关自然保护区域内引入外来物种、营造单一纯林、过量施洒农药等人为干扰、威胁野生动物生息繁衍的行为。

相关自然保护区域,依照有关法律法规的规定划定和管理。

第十三条 县级以上人民政府及其有关部门在编制有关开发利用规划时,应当充分考虑野生动物及其栖息地保护的需要,分析、预测和评估规划实施可能对野生动物及其栖息地保护产生的整体影响,避免或者减少规划实施可能造成的不利后果。

禁止在相关自然保护区域建设法律法规规定不得建设的项目。机场、铁路、公路、水利水电、围堰、围填海等建设项目的选址选线,应当避让相关自然保护区域、野生动物迁徙洄游通道;无法避让的,应当采取修建野生动物通道、过鱼设施等措施,消除或者减少对野生动物的不利影响。

建设项目可能对相关自然保护区域、野生动物迁徙洄游通道产生影响的，环境影响评价文件的审批部门在审批环境影响评价文件时，涉及国家重点保护野生动物的，应当征求国务院野生动物保护主管部门意见；涉及地方重点保护野生动物的，应当征求省、自治区、直辖市人民政府野生动物保护主管部门意见。

第十四条　各级野生动物保护主管部门应当监视、监测环境对野生动物的影响。由于环境影响对野生动物造成危害时，野生动物保护主管部门应当会同有关部门进行调查处理。

第十五条　国家或者地方重点保护野生动物受到自然灾害、重大环境污染事故等突发事件威胁时，当地人民政府应当及时采取应急救助措施。

县级以上人民政府野生动物保护主管部门应当按照国家有关规定组织开展野生动物收容救护工作。

禁止以野生动物收容救护为名买卖野生动物及其制品。

第十六条　县级以上人民政府野生动物保护主管部门、兽医主管部门，应当按照职责分工对野生动物疫源疫病进行监测，组织开展预测、预报等工作，并按照规定制定野生动物疫情应急预案，报同级人民政府批准或者备案。

县级以上人民政府野生动物保护主管部门、兽医主管部门、卫生主管部门，应当按照职责分工负责与人畜共患传染病有关的动物传染病的防治管理工作。

第十七条　国家加强对野生动物遗传资源的保护，对濒危野生动物实施抢救性保护。

国务院野生动物保护主管部门应当会同国务院有关部门制定有关野生动物遗传资源保护和利用规划，建立国家野生动物遗传资源基因库，对原产我国的珍贵、濒危野生动物遗传资源实行重点保护。

第十八条　有关地方人民政府应当采取措施，预防、控制野生动物可能造成的危害，保障人畜安全和农业、林业生产。

第十九条 因保护本法规定保护的野生动物，造成人员伤亡、农作物或者其他财产损失的，由当地人民政府给予补偿。具体办法由省、自治区、直辖市人民政府制定。有关地方人民政府可以推动保险机构开展野生动物致害赔偿保险业务。

有关地方人民政府采取预防、控制国家重点保护野生动物造成危害的措施以及实行补偿所需经费，由中央财政按照国家有关规定予以补助。

第三章 野生动物管理

第二十条 在相关自然保护区域和禁猎（渔）区、禁猎（渔）期内，禁止猎捕以及其他妨碍野生动物生息繁衍的活动，但法律法规另有规定的除外。

野生动物迁徙洄游期间，在前款规定区域外的迁徙洄游通道内，禁止猎捕并严格限制其他妨碍野生动物生息繁衍的活动。迁徙洄游通道的范围以及妨碍野生动物生息繁衍活动的内容，由县级以上人民政府或者其野生动物保护主管部门规定并公布。

第二十一条 禁止猎捕、杀害国家重点保护野生动物。

因科学研究、种群调控、疫源疫病监测或者其他特殊情况，需要猎捕国家一级保护野生动物的，应当向国务院野生动物保护主管部门申请特许猎捕证；需要猎捕国家二级保护野生动物的，应当向省、自治区、直辖市人民政府野生动物保护主管部门申请特许猎捕证。

第二十二条 猎捕非国家重点保护野生动物的，应当依法取得县级以上地方人民政府野生动物保护主管部门核发的狩猎证，并且服从猎捕量限额管理。

第二十三条 猎捕者应当按照特许猎捕证、狩猎证规定的种类、数量、地点、工具、方法和期限进行猎捕。

持枪猎捕的，应当依法取得公安机关核发的持枪证。

第二十四条 禁止使用毒药、爆炸物、电击或者电子诱捕装置以及猎套、猎夹、地枪、排铳等工具进行猎捕，禁止使用夜间照明行猎、歼灭性围猎、捣毁巢穴、火攻、烟熏、网捕等方法进行猎捕，但因科学研究确需网捕、电子诱捕的除外。

前款规定以外的禁止使用的猎捕工具和方法，由县级以上地方人民政府规定并公布。

第二十五条 国家支持有关科学研究机构因物种保护目的人工繁育国家重点保护野生动物。

前款规定以外的人工繁育国家重点保护野生动物实行许可制度。人工繁育国家重点保护野生动物的，应当经省、自治区、直辖市人民政府野生动物保护主管部门批准，取得人工繁育许可证，但国务院对批准机关另有规定的除外。

人工繁育国家重点保护野生动物应当使用人工繁育子代种源，建立物种系谱、繁育档案和个体数据。因物种保护目的确需采用野外种源的，适用本法第二十一条和第二十三条的规定。

本法所称人工繁育子代，是指人工控制条件下繁殖出生的子代个体且其亲本也在人工控制条件下出生。

第二十六条 人工繁育国家重点保护野生动物应当有利于物种保护及其科学研究，不得破坏野外种群资源，并根据野生动物习性确保其具有必要的活动空间和生息繁衍、卫生健康条件，具备与其繁育目的、种类、发展规模相适应的场所、设施、技术，符合有关技术标准和防疫要求，不得虐待野生动物。

省级以上人民政府野生动物保护主管部门可以根据保护国家重点保护野生动物的需要，组织开展国家重点保护野生动物放归野外环境工作。

第二十七条 禁止出售、购买、利用国家重点保护野生动物及其制品。

因科学研究、人工繁育、公众展示展演、文物保护或者其他特殊情况，需要出售、购买、利用国家重点保护野生动物及其制品的，应当经省、自治区、直辖市人民政府野生动物保护主管部门批准，并按照规定取得和使用专用标识，保证可追溯，但国务院对批准机关另有规定的除外。

实行国家重点保护野生动物及其制品专用标识的范围和管理办法，由国务院野生动物保护主管部门规定。

出售、利用非国家重点保护野生动物的，应当提供狩猎、进出口等合法来源证明。

出售本条第二款、第四款规定的野生动物的，还应当依法附有检疫证明。

第二十八条 对人工繁育技术成熟稳定的国家重点保护野生动物，经科学论证，纳入国务院野生动物保护主管部门制定的人工繁育国家重点保护野生动物名录。对列入名录的野生动物及其制品，可以凭人工繁育许可证，按照省、自治区、直辖市人民政府野生动物保护主管部门核验的年度生产数量直接取得专用标识，凭专用标识出售和利用，保证可追溯。

对本法第十条规定的国家重点保护野生动物名录进行调整时，根据有关野外种群保护情况，可以对前款规定的有关人工繁育技术成熟稳定野生动物的人工种群，不再列入国家重点保护野生动物名录，实行与野外种群不同的管理措施，但应当依照本法第二十五条第二款和本条第一款的规定取得人工繁育许可证和专用标识。

第二十九条 利用野生动物及其制品的，应当以人工繁育种群为主，有利于野外种群养护，符合生态文明建设的要求，尊重社会公德，遵守法律法规和国家有关规定。

野生动物及其制品作为药品经营和利用的，还应当遵守有关药品管理的法律法规。

第三十条 禁止生产、经营使用国家重点保护野生动物及其制品制作的食品，或者使用没有合法来源证明的非国家重点保护野生动物及其制品制作的食品。

禁止为食用非法购买国家重点保护的野生动物及其制品。

第三十一条 禁止为出售、购买、利用野生动物或者禁止使用的猎捕工具发布广告。禁止为违法出售、购买、利用野生动物制品发布广告。

第三十二条 禁止网络交易平台、商品交易市场等交易场所，为违法出售、购买、利用野生动物及其制品或者禁止使用的猎捕工具提供交易服务。

第三十三条 运输、携带、寄递国家重点保护野生动物及其制品、本法第二十八条第二款规定的野生动物及其制品出县境的，应当持有或者附有本法第二十一条、第二十五条、第二十七条或者第二十八条规定的许可证、批准文件的副本或者专用标识，以及检疫证明。

运输非国家重点保护野生动物出县境的，应当持有狩猎、进出口等合法来源证明，以及检疫证明。

第三十四条 县级以上人民政府野生动物保护主管部门应当对科学研究、人工繁育、公众展示展演等利用野生动物及其制品的活动进行监督管理。

县级以上人民政府其他有关部门，应当按照职责分工对野生动物及其制品出售、购买、利用、运输、寄递等活动进行监督检查。

第三十五条 中华人民共和国缔结或者参加的国际公约禁止或者限制贸易的野生动物或者其制品名录，由国家濒危物种进出口管理机构制定、调整并公布。

进出口列入前款名录的野生动物或者其制品的，出口国家重点保护野生动物或者其制品的，应当经国务院野生动物保护主管部门或者国务院批准，并取得国家濒危物种进出口管理机构核发的允许进出口证明书。依法实施进出境检疫。海关凭允许进出口证明书、检疫证明按照规定办理通关手续。

涉及科学技术保密的野生动物物种的出口，按照国务院有关规定办理。

列入本条第一款名录的野生动物，经国务院野生动物保护主管部门核准，在本法适用范围内可以按照国家重点保护的野生动物管理。

第三十六条　国家组织开展野生动物保护及相关执法活动的国际合作与交流；建立防范、打击野生动物及其制品的走私和非法贸易的部门协调机制，开展防范、打击走私和非法贸易行动。

第三十七条　从境外引进野生动物物种的，应当经国务院野生动物保护主管部门批准。从境外引进列入本法第三十五条第一款名录的野生动物，还应当依法取得允许进出口证明书。依法实施进境检疫。海关凭进口批准文件或者允许进出口证明书以及检疫证明按照规定办理通关手续。

从境外引进野生动物物种的，应当采取安全可靠的防范措施，防止其进入野外环境，避免对生态系统造成危害。确需将其放归野外的，按照国家有关规定执行。

第三十八条　任何组织和个人将野生动物放生至野外环境，应当选择适合放生地野外生存的当地物种，不得干扰当地居民的正常生活、生产，避免对生态系统造成危害。随意放生野生动物，造成他人人身、财产损害或者危害生态系统的，依法承担法律责任。

第三十九条　禁止伪造、变造、买卖、转让、租借特许猎捕证、狩猎证、人工繁育许可证及专用标识，出售、购买、利用国家重点保护野生动物及其制品的批准文件，或者允许进出口证明书、进出口等批准文件。

前款规定的有关许可证书、专用标识、批准文件的发放情况，应当依法公开。

第四十条　外国人在我国对国家重点保护野生动物进行野外考察或者在野外拍摄电影、录像，应当经省、自治区、直辖市人民政府野生动物保护主管部门或者其授权的单位批准，并遵守有关法律法规规定。

第四十一条 地方重点保护野生动物和其他非国家重点保护野生动物的管理办法，由省、自治区、直辖市人民代表大会或者其常务委员会制定。

第四章　法律责任

第四十二条 野生动物保护主管部门或者其他有关部门、机关不依法作出行政许可决定，发现违法行为或者接到对违法行为的举报不予查处或者不依法查处，或者有滥用职权等其他不依法履行职责的行为的，由本级人民政府或者上级人民政府有关部门、机关责令改正，对负有责任的主管人员和其他直接责任人员依法给予记过、记大过或者降级处分；造成严重后果的，给予撤职或者开除处分，其主要负责人应当引咎辞职；构成犯罪的，依法追究刑事责任。

第四十三条 违反本法第十二条第三款、第十三条第二款规定的，依照有关法律法规的规定处罚。

第四十四条 违反本法第十五条第三款规定，以收容救护为名买卖野生动物及其制品的，由县级以上人民政府野生动物保护主管部门没收野生动物及其制品、违法所得，并处野生动物及其制品价值二倍以上十倍以下的罚款，将有关违法信息记入社会诚信档案，向社会公布；构成犯罪的，依法追究刑事责任。

第四十五条 违反本法第二十条、第二十一条、第二十三条第一款、第二十四条第一款规定，在相关自然保护区域、禁猎（渔）区、禁猎（渔）期猎捕国家重点保护野生动物，未取得特许猎捕证、未按照特许猎捕证规定猎捕、杀害国家重点保护野生动物，或者使用禁用的工具、方法猎捕国家重点保护野生动物的，由县级以上人民政府野生动物保护主管部门、海洋执法部门或者有关保护区域管理机构按照职责分工没收猎获物、猎捕工具和违法所得，吊销特许猎捕证，并处猎获物价值二倍以上十倍以下的罚款；没有猎获物的,并处一万元以上五万元以下的罚款;构成犯罪的,依法追究刑事责任。

第四十六条 违反本法第二十条、第二十二条、第二十三条第一款、第二十四条第一款规定,在相关自然保护区域、禁猎(渔)区、禁猎(渔)期猎捕非国家重点保护野生动物,未取得狩猎证、未按照狩猎证规定猎捕非国家重点保护野生动物,或者使用禁用的工具、方法猎捕非国家重点保护野生动物的,由县级以上地方人民政府野生动物保护主管部门或者有关保护区域管理机构按照职责分工没收猎获物、猎捕工具和违法所得,吊销狩猎证,并处猎获物价值一倍以上五倍以下的罚款;没有猎获物的,并处二千元以上一万元以下的罚款;构成犯罪的,依法追究刑事责任。

违反本法第二十三条第二款规定,未取得持枪证持枪猎捕野生动物,构成违反治安管理行为的,由公安机关依法给予治安管理处罚;构成犯罪的,依法追究刑事责任。

第四十七条 违反本法第二十五条第二款规定,未取得人工繁育许可证繁育国家重点保护野生动物或者本法第二十八条第二款规定的野生动物的,由县级以上人民政府野生动物保护主管部门没收野生动物及其制品,并处野生动物及其制品价值一倍以上五倍以下的罚款。

第四十八条 违反本法第二十七条第一款和第二款、第二十八条第一款、第三十三条第一款规定,未经批准、未取得或者未按照规定使用专用标识,或者未持有、未附有人工繁育许可证、批准文件的副本或者专用标识出售、购买、利用、运输、携带、寄递国家重点保护野生动物及其制品或者本法第二十八条第二款规定的野生动物及其制品的,由县级以上人民政府野生动物保护主管部门或者工商行政管理部门按照职责分工没收野生动物及其制品和违法所得,并处野生动物及其制品价值二倍以上十倍以下的罚款;情节严重的,吊销人工繁育许可证、撤销批准文件、收回专用标识;构成犯罪的,依法追究刑事责任。

违反本法第二十七条第四款、第三十三条第二款规定,未持有合法来源证明出售、利用、运输非国家重点保护野生动物的,由县级以上地方人民政府野生动物保护主管部门或者工商行政管理部门按照职责分工没收野生动物,并处野生动物价值一倍以上五倍以下的罚款。

违反本法第二十七条第五款、第三十三条规定,出售、运输、携带、寄递有关野生动物及其制品未持有或者未附有检疫证明的,依照《中华人民共和国动物防疫法》的规定处罚。

第四十九条 违反本法第三十条规定,生产、经营使用国家重点保护野生动物及其制品或者没有合法来源证明的非国家重点保护野生动物及其制品制作食品,或者为食用非法购买国家重点保护的野生动物及其制品的,由县级以上人民政府野生动物保护主管部门或者工商行政管理部门按照职责分工责令停止违法行为,没收野生动物及其制品和违法所得,并处野生动物及其制品价值二倍以上十倍以下的罚款;构成犯罪的,依法追究刑事责任。

第五十条 违反本法第三十一条规定,为出售、购买、利用野生动物及其制品或者禁止使用的猎捕工具发布广告的,依照《中华人民共和国广告法》的规定处罚。

第五十一条 违反本法第三十二条规定,为违法出售、购买、利用野生动物及其制品或者禁止使用的猎捕工具提供交易服务的,由县级以上人民政府工商行政管理部门责令停止违法行为,限期改正,没收违法所得,并处违法所得二倍以上五倍以下的罚款;没有违法所得的,处一万元以上五万元以下的罚款;构成犯罪的,依法追究刑事责任。

第五十二条 违反本法第三十五条规定,进出口野生动物或者其制品的,由海关、检验检疫、公安机关、海洋执法部门依照法律、行政法规和国家有关规定处罚;构成犯罪的,依法追究刑事责任。

第五十三条 违反本法第三十七条第一款规定,从境外引进野生动物物种的，由县级以上人民政府野生动物保护主管部门没收所引进的野生动物，并处五万元以上二十五万元以下的罚款；未依法实施进境检疫的，依照《中华人民共和国进出境动植物检疫法》的规定处罚；构成犯罪的，依法追究刑事责任。

第五十四条　违反本法第三十七条第二款规定，将从境外引进的野生动物放归野外环境的，由县级以上人民政府野生动物保护主管部门责令限期捕回，处一万元以上五万元以下的罚款；逾期不捕回的，由有关野生动物保护主管部门代为捕回或者采取降低影响的措施，所需费用由被责令限期捕回者承担。

第五十五条　违反本法第三十九条第一款规定，伪造、变造、买卖、转让、租借有关证件、专用标识或者有关批准文件的，由县级以上人民政府野生动物保护主管部门没收违法证件、专用标识、有关批准文件和违法所得，并处五万元以上二十五万元以下的罚款；构成违反治安管理行为的，由公安机关依法给予治安管理处罚；构成犯罪的，依法追究刑事责任。

第五十六条　依照本法规定没收的实物，由县级以上人民政府野生动物保护主管部门或者其授权的单位按照规定处理。

第五十七条　本法规定的猎获物价值、野生动物及其制品价值的评估标准和方法，由国务院野生动物保护主管部门制定。

第五章　附　　则

第五十八条　本法自 2017 年 1 月 1 日起施行。

附 录

国家保护的有益的或者有重要经济、科学研究价值的陆生野生动物名录

(2000年8月1日以国家林业局令第7号发布实施)

国家保护的有益的或者有重要经济、科学研究价值的陆生野生动物名录

目科	序号	中文名	学名	备注
兽纲 MAMMALIA 6目14科88种				
食虫目 INSECTIVORA 猬科 Erinaceidae	1	刺猬	Erinaceus europaeus	
	2	达乌尔猬	Hemiechinus dauuricus	
	3	大耳猬	Hemiechinus auritus	
	4	侯氏猬	Hemiechinus hughi	
树鼩目 SCANDENTIA 树鼩科 Tupaiidae	5	树鼩	Tupaia belangeri	
食肉目 CARNIVORA 犬科 Canidae	6	狼	Canis lupus	
	7	赤狐	Vulpes vulpes	
	8	沙狐	Vulpes corsac	
	9	藏狐	Vulpes ferrilata	
	10	貉	Nyctereutes procyonoides	
鼬科 Mustelidae	11	香鼬	Mustela altaica	
	12	白鼬	Mustela erminea	
	13	伶鼬	Mustela nivalis	
	14	黄腹鼬	Mustela kathiah	
	15	小艾鼬	Mustela amurensis	
	16	黄鼬	Mustela sibirica	
	17	纹鼬	Mustela strigidorsa	

续表

目科	序号	中文名	学名	备注
	18	艾鼬	Mustela eversmanni	
	19	虎鼬	Vormela peregusna	
	20	鼬獾	Melogale moschata	
	21	缅甸鼬獾	Melogale personata	
	22	狗獾	Meles meles	
	23	猪獾	Arctonyx collaris	
灵猫科 Viverridae	24	大斑灵猫	Viverra megaspila	
	25	椰子狸	Paradoxurus hermaphroditus	
	26	果子狸	Paguma larvata	
	27	小齿椰子猫	Arctogalidia trivirgata	
	28	缟灵猫	Chrotogale owstoni	
	29	红颊獴	Herpestes javanicus	
	30	食蟹獴	Herpestes urva	
猫科 Felidae	31	云猫	Felis marmorata	
	32	豹猫	Felis bengalensis	
偶蹄目 ARTIODACTYLA 猪科 Suidae	33	野猪	Sus scrofa	
鹿科 Cervidae	34	赤麂	Muntiacus muntjak	
	35	小麂	Muntiacus reevesi	
	36	菲氏麂	Muntiacus feae	
	37	毛冠鹿	Elaphodus cephalophus	
	38	狍	Capreolus capreolus	
	39	驯鹿	Rangifer tarandus	
兔形目 LAGOMORPHA 兔科 Leporidae	40	草兔	Lepus capensis	
	41	灰尾兔	Lepus oiostolus	
	42	华南兔	Lepus sinensis	
	43	东北兔	Lepus mandschuricus	
	44	西南兔	Lepus comus	
	45	东北黑兔	Lepus melainus	
啮齿目 RODENTIA 鼯鼠科 Petauristidae	46	毛耳飞鼠	Belomys pearsoni	
	47	复齿鼯鼠	Trogopterus xanthipes	
	48	棕鼯鼠	Petaurista petaurista	

续表

目科	序号	中文名	学名	备注
	49	云南鼯鼠	Petaurista yunanensis	
	50	海南鼯鼠	Petaurista hainana	
	51	红白鼯鼠	Petaurista alborufus	
	52	台湾鼯鼠	Petaurista pectoralis	
	53	灰鼯鼠	Petaurista xanthotis	
	54	栗褐鼯鼠	Petaurista magnificus	
	55	灰背大鼯鼠	Petaurista philippensis	
	56	白斑鼯鼠	Petaurista marica	
	57	小鼯鼠	Petaurista elegans	
	58	沟牙鼯鼠	Aeretes melanopterus	
	59	飞鼠	Pteromys volans	
	60	黑白飞鼠	Hylopetes alboniger	
	61	羊绒鼯鼠	Eupetaurus cinereus	
	62	低泡飞鼠	Petinomys electilis	
松鼠科 Sciuridae	63	松鼠	Sciurus vulgaris	
	64	赤腹松鼠	Callosciurus erythraeus	
	65	黄足松鼠	Callosciurus phayrei	
	66	蓝腹松鼠	Callosciurus pygerythrus	
	67	金背松鼠	Callosciurus caniceps	
	68	五纹松鼠	Callosciurus quinquestriatus	
	69	白背松鼠	Callosciurus finlaysoni	
	70	明纹花松鼠	Tamiops macclellandi	
	71	隐纹花松鼠	Tamiops swinhoei	
	72	橙腹长吻松鼠	Dremomys lokriah	
	73	泊氏长吻松鼠	Dremomys pernyi	
	74	红颊长吻松鼠	Dremomys rufigenis	
	75	红腿长吻松鼠	Dremomys pyrrhomerus	
	76	橙喉长吻松鼠	Dremomys gularis	
	77	条纹松鼠	Menetes berdmorei	
	78	岩松鼠	Sciurotamias davidianus	
	79	侧纹岩松鼠	Sciurotamias forresti	
	80	花鼠	Eutamias sibiricus	
豪猪科 Hystricidae	81	扫尾豪猪	Atherurus macrourus	
	82	豪猪	Hystrix hodgsoni	
	83	云南豪猪	Hystrix yunnanensis	
竹鼠科 Rhizomyidae	84	花白竹鼠	Rhizomys pruinosus	

续表

目科	序号	中文名	学名	备注
	85	大竹鼠	Rhizomys sumatrensis	
	86	中华竹鼠	Rhizomys sinensis	
	87	小竹鼠	Cannomys badius	
鼠科 Muridae	88	社鼠	Rattus niviventer	
鸟纲 AVES　18 目 61 科 706 种				
潜鸟目 GAVIIFORMES				
潜鸟科 Gaviidae	1	红喉潜鸟	Gavia stellata	
	2	黑喉潜鸟	Gavia arctica	
目 PODICIPEDIFORMES				
科 Podicipedidae	3	小	Tachybaptus ruficollis	
	4	黑颈	Podiceps nigricollis	
	5	凤头	Podiceps cristatus	
鹱形目 PROCELLARI-IFORMES				
信天翁科 Diomedeidae	6	黑脚信天翁	Diomedea nigripes	
鹱科 Procellariidae	7	白额鹱	Puffinus leucomelas	
	8	灰鹱	Puffinus griseus	
	9	短尾鹱	Puffinus tenuirostris	
	10	纯褐鹱	Bulweria bulwerii	
海燕科 Hydrobatidae	11	白腰叉尾海燕	Oceanodroma leucorhoa	
	12	黑叉尾海燕	Oceanodroma monorhis	
鹈形目 PELECANIFORMES				
鹲科 Phaethontidae	13	白尾鹲	Phaethon lepturus	
鸬鹚科 Phalacrocoracidae	14	普通鸬鹚	Phalacrocorax carbo	
	15	暗绿背鸬鹚	Phalacrocorax capillatus	
	16	红脸鸬鹚	Phalacrocorax urile	
军舰鸟科 Fregatidae	17	小军舰鸟	Fregata minor	
	18	白斑军舰鸟	Fregata ariel	
鹳形目 CICONIIFORMES				
鹭科 Ardeidae	19	苍鹭	Ardea cinerea	
	20	草鹭	Ardea purpurea	
	21	绿鹭	Butorides striatus	

续表

目科	序号	中文名	学名	备注
	22	池鹭	Ardeola bacchus	
	23	牛背鹭	Bubulcus ibis	
	24	大白鹭	Egretta alba	
	25	白鹭	Egretta garzetta	
	26	中白鹭	Egretta intermedia	
	27	夜鹭	Nycticorax nycticorax	
	28	栗鳽	Gorsachius goisagi	
	29	黑冠鳽	Gorsachius melanolophus	
	30	黄苇鳽	Ixobrychus sinensis	
	31	紫背苇鳽	Ixobrychus eurhythmus	
	32	栗苇鳽	Ixobrychus cinnamomeus	
	33	黑鳽	Ixobrychus flavicollis	
	34	大麻鳽	Botaurus stellaris	
鹳科 Ciconiidae	35	东方白鹳	Ciconia boyciana	
	36	秃鹳	Leptoptilos javanicus	
红鹳科 Phoenicopteridae	37	大红鹳	Phoenicopterus ruber	
雁形目 ANSERIFORMES 鸭科 Anatidae	38	黑雁	Branta bernicla	
	39	鸿雁	Anser cygnoides	
	40	豆雁	Anser fabalis	
	41	小白额雁	Anser erythropus	
	42	灰雁	Anser anser	
	43	斑头雁	Anser indicus	
	44	雪雁	Anser caerulescens	
	45	栗树鸭	Dendrocygna javanica	
	46	赤麻鸭	Tadorna ferruginea	
	47	翘鼻麻鸭	Tadorna tadorna	
	48	针尾鸭	Anas acuta	
	49	绿翅鸭	Anas crecca	
	50	花脸鸭	Anas formosa	
	51	罗纹鸭	Anas falcata	
	52	绿头鸭	Anas platyrhynchos	
	53	斑嘴鸭	Anas poecilorhyncha	
	54	赤膀鸭	Anas strepera	
	55	赤颈鸭	Anas penelope	
	56	白眉鸭	Anas querquedula	

续表

目科	序号	中文名	学名	备注
	57	琵嘴鸭	Anas clypeata	
	58	云石斑鸭	Marmaronetta angustirostris	
	59	赤嘴潜鸭	Netta rufina	
	60	红头潜鸭	Aythya ferina	
	61	白眼潜鸭	Aythya nyroca	
	62	青头潜鸭	Aythya baeri	
	63	凤头潜鸭	Aythya fuligula	
	64	斑背潜鸭	Aythya marila	
	65	棉凫	Nettapus coromandelianus	
	66	瘤鸭	Sarkidiornis melanotos	
	67	小绒鸭	Polysticta stelleri	
	68	黑海番鸭	Melanitta nigra	
	69	斑脸海番鸭	Melanitta fusca	
	70	丑鸭	Histrionicus histrionicus	
	71	长尾鸭	Clangula hyemalis	
	72	鹊鸭	Bucephala clangula	
	73	白头硬尾鸭	Oxyura leucocephala	
	74	白秋沙鸭	Mergus albellus	
	75	红胸秋沙鸭	Mergus serrator	
	76	普通秋沙鸭	Mergus merganser	
鸡形目 GALLIFORMES				
松鸡科 Tetraonidae	77	松鸡	Tetrao urogallus	
雉科 Phasianidae	78	雪鹑	Lerwa lerwa	
	79	石鸡	Alectoris chukar	
	80	大石鸡	Alectoris magna	
	81	中华鹧鸪	Francolinus pintadeanus	
	82	灰山鹑	Perdix perdix	
	83	斑翅山鹑	Perdix dauuricae	
	84	高原山鹑	Perdix hodgsoniae	
	85	鹌鹑	Coturnix coturnix	
	86	蓝胸鹑	Coturnix chinensis	
	87	环颈山鹧鸪	Arborophila torqueola	
	88	红胸山鹧鸪	Arborophila mandellii	
	89	绿脚山鹧鸪	Arborophila chloropus	
	90	红喉山鹧鸪	Arborophila rufogularis	
	91	白颊山鹧鸪	Arborophila atrogularis	

续表

目科	序号	中文名	学名	备注
	92	褐胸山鹧鸪	Arborophila brunneopectus	
	93	白额山鹧鸪	Arborophila gingica	
	94	台湾山鹧鸪	Arborophila crudigularis	
	95	棕胸竹鸡	Bambusicola fytchii	
	96	灰胸竹鸡	Bambusicola thoracica	
	97	藏马鸡	Crossoptilon crossoptilon	
	98	雉鸡	Phasianus colchicus	
鹤形目 GRUIFORMES				
秧鸡科 Rallidae	99	普通秧鸡	Rallus aquaticus	
	100	蓝胸秧鸡	Rallus striatus	
	101	红腿斑秧鸡	Rallina fasciata	
	102	白喉斑秧鸡	Rallina eurizonoides	
	103	小田鸡	Porzana pusilla	
	104	斑胸田鸡	Porzana porzana	
	105	红胸田鸡	Porzana fusca	
	106	斑胁田鸡	Porzana paykullii	
	107	红脚苦恶鸟	Amaurornis akool	
	108	白胸苦恶鸟	Amaurornis phoenicurus	
	109	董鸡	Gallicrex cinerea	
	100	黑水鸡	Gallinula chloropus	
	111	紫水鸡	Porphyrio porphyrio	
	112	骨顶鸡	Fulica atra	
鸻形目 CHARADRIIFORMES				
雉鸻科 Jacanidae	113	水雉	Hydrophasianus chirurgus	
彩鹬科 Rostratulidae	114	彩鹬	Rostratula benghalensis	
蛎鹬科 Haematopodidae	115	蛎鹬	Haematopus ostralegus	
鸻科 Charadriidae	116	凤头麦鸡	Vanellus vanellus	
	117	灰头麦鸡	Vanellus cinereus	
	118	肉垂麦鸡	Vanellus indicus	
	119	距翅麦鸡	Vanellus duvaucelii	
	120	灰斑鸻	Pluvialis squatarola	
	121	金［斑］鸻	Pluvialis dominica	
	122	剑鸻	Charadrius hiaticula	

续表

目科	序号	中文名	学名	备注
	123	长嘴剑鸻	Charadrius placidus	
	124	金眶鸻	Charadrius dubius	
	125	环颈鸻	Charadrius alexandrinus	
	126	蒙古沙鸻	Charadrius mongolus	
	127	铁嘴沙鸻	Charadrius leschenaultii	
	128	红胸鸻	Charadrius asiaticus	
	129	东方鸻	Charadrius veredus	
	130	小嘴鸻	Charadrius morinellus	
鹬科 Scolopacidae	131	中杓鹬	Numenius phaeopus	
	132	白腰杓鹬	Numenius arquata	
	133	大杓鹬	Numenius madagascariensis	
	134	黑尾塍鹬	Limosa limosa	
	135	斑尾塍鹬	Limosa lapponica	
	136	鹤鹬	Tringa erythropus	
	137	红脚鹬	Tringa totanus	
	138	泽鹬	Tringa stagnatilis	
	139	青脚鹬	Tringa nebularia	
	140	白腰草鹬	Tringa ochropus	
	141	林鹬	Tringa glareola	
	142	小黄脚鹬	Tringa flavipes	
	143	矶鹬	Tringa hypoleucos	
	144	灰尾［漂］鹬	Heteroscelus brevipes	
	145	漂鹬	Heteroscelus incanus	
	146	翘嘴鹬	Xenus cinereus	
	147	翻石鹬	Arenaria interpres	
	148	半蹼鹬	Limnodromus semipalmatus	
	149	长嘴鹬	Limnodromus scolopaeus	
	150	孤沙锥	Gallinago solitaria	
	151	澳南沙锥	Gallinago hardwickii	
	152	林沙锥	Gallinago nemoricola	
	153	针尾沙锥	Gallinago stenura	
	154	大沙锥	Gallinago megala	
	155	扇尾沙锥	Gallinago gallinago	
	156	丘鹬	Scolopax rusticola	
	157	姬鹬	Lymnocryptes minimus	
	158	红腹滨鹬	Calidris canutus	

续表

目科	序号	中文名	学名	备注
	159	大滨鹬	Calidris tenuirostris	
	160	红颈滨鹬	Calidris ruficollis	
	161	西方滨鹬	Calidris mauri	
	162	长趾滨鹬	Calidris subminuta	
	163	小滨鹬	Calidris minuta	
	164	青脚滨鹬	Calidris temminckii	
	165	斑胸滨鹬	Calidris melanotos	
	166	尖尾滨鹬	Calidris acuminata	
	167	岩滨鹬	Calidria ptilocnemis	
	168	黑腹滨鹬	Calidris alpina	
	169	弯嘴滨鹬	Calidris ferruginea	
	170	三趾鹬	Crocethia alba	
	171	勺嘴鹬	Eurynorhynchus pygmeus	
	172	阔嘴鹬	Limicola falcinellus	
	173	流苏鹬	Philomachus pugnax	
反嘴鹬科 Recurvirostridae	174	鹮嘴鹬	Ibidorhyncha struthersii	
	175	黑翅长脚鹬	Himantopus himantopus	
	176	反嘴鹬	Recurvirostra avosetta	
瓣蹼鹬科 Phalaropodidae	177	红颈瓣蹼鹬	Phalaropus lobatus	
	178	灰瓣蹼鹬	Phalaropus fulicarius	
石鸻科 Burhinidae	179	石鸻	Burhinus oedicnemus	
	180	大石鸻	Esacus magnirostris	
燕鸻科 Glareolidae	181	领燕鸻	Glareola pratincola	
	182	普通燕鸻	Glareola maldivarum	
鸥形目 LARIFORMES				
贼鸥科 Stercorariidae	183	中贼鸥	Stercorarius pomarinus	
鸥科 Laridae	184	黑尾鸥	Larus crassirostris	
	185	海鸥	Larus canus	
	186	银鸥	Larus argentatus	
	187	灰背鸥	Larus schistisagus	
	188	灰翅鸥	Larus glaucescens	
	189	北极鸥	Larus hyperboreus	
	190	渔鸥	Larus ichthyactus	

续表

目科	序号	中文名	学名	备注
	191	红嘴鸥	Larus ridibundus	
	192	棕头鸥	Larus brunnicephalus	
	193	细嘴鸥	Larus genei	
	194	黑嘴鸥	Larus saundersi	
	195	楔尾鸥	Rhodostethia rosea	
	196	三趾鸥	Rissa tridactyla	
	197	须浮鸥	Chlidonias hybrida	
	198	白翅浮鸥	Chlidonias leucoptera	
	199	鸥嘴噪鸥	Gelochelidon nilotica	
	200	红嘴巨鸥	Hydroprogne caspia	
	201	普通燕鸥	Sterna hirundo	
	202	粉红燕鸥	Sterna dougallii	
	203	黑枕燕鸥	Sterna sumatrana	
	204	黑腹燕鸥	Sterna acuticauda	
	205	白腰燕鸥	Sterna aleutica	
	206	褐翅燕鸥	Sterna anaethetus	
	207	乌燕鸥	Sterna fuscata	
	208	白额燕鸥	Sterna albifrons	
	209	大凤头燕鸥	Thalasseus bergii	
	210	小凤头燕鸥	Thalasseus bengalensis	
	211	白顶玄鸥	Anous stolidus	
	212	白玄鸥	Gygis alba	
海雀科 Alcidae	213	斑海雀	Brachyramphus marmoratus	
	214	扁嘴海雀	Synthliboramphus antiquus	
	215	冠海雀	Synthliboramphus wumizusume	
	216	角嘴海雀	Cerorhinca monocerata	
鸽形目 COLUMBIFORMES				
沙鸡科 Pteroclididae	217	毛腿沙鸡	Syrrhaptes paradoxus	
	218	西藏毛腿沙鸡	Syrrhaptes tibetanus	
鸠鸽科 Columbidae	219	雪鸽	Columba leuconota	
	220	岩鸽	Columba rupestris	
	221	原鸽	Columba livia	
	222	欧鸽	Columba oenas	
	223	中亚鸽	Columba eversmanni	

续表

目科	序号	中文名	学名	备注
	224	点斑林鸽	Columba hodgsonii	
	225	灰林鸽	Columba pulchricollis	
	226	紫林鸽	Columba punicea	
	227	黑林鸽	Cloumba janthina	
	228	欧斑鸠	Streptopelia turtur	
	229	山斑鸠	Streptopelia orientalis	
	230	灰斑鸠	Streptopelia decaocto	
	231	珠颈斑鸠	Streptopelia chinensis	
	232	棕斑鸠	Streptopelia senegalensis	
	233	火斑鸠	Oenopopelia tranquebarica	
	234	绿翅金鸠	Chalcophaps indica	
鹃形目 CUCULIFORMES				
杜鹃科 Cuculidae	235	红翅凤头鹃	Clamator coromandus	
	236	斑翅凤头鹃	Clamator jacobinus	
	237	鹰鹃	Cuculus sparverioides	
	238	棕腹杜鹃	Cuculus fugax	
	239	四声杜鹃	Cuculus micropterus	
	240	大杜鹃	Cuculus canorus	
	241	中杜鹃	Cuculus saturatus	
	242	小杜鹃	Cuculus poliocephalus	
	243	栗斑杜鹃	Cuculus sonneratii	
	244	八声杜鹃	Cuculus merulinus	
	245	翠金鹃	Chalcites maculatus	
	246	紫金鹃	Chalcites xanthorhynchus	
	247	乌鹃	Surniculus lugubris	
	248	噪鹃	Eudynamys scolopacea	
	249	绿嘴地鹃	Phaenicophaeus tristis	
夜鹰目 CAPRIMULGIFORMES				
蛙嘴鸱科 Podargidae	250	黑顶蛙嘴鸱	Batrachostomus hodgsoni	
夜鹰科 Caprimulgidae	251	毛腿夜鹰	Eurostopodus macrotis	
	252	普通夜鹰	Caprimulgus indicus	
	253	欧夜鹰	Caprimulgus europaeus	
	254	中亚夜鹰	Caprimulgus centralasicus	
	255	埃及夜鹰	Caprimulgus aegyptius	

续表

目科	序号	中文名	学名	备注
	256	长尾夜鹰	Caprimulgus macrurus	
	257	林夜鹰	Caprimulgus affinis	
雨燕目 APODIFORMES				
雨燕科 Apodidae	258	爪哇金丝燕	Aerodramus fuciphagus	
	259	短嘴金丝燕	Aerodramus brevirostris	
	260	大金丝燕	Aerodramus maximus	
	261	白喉针尾雨燕	Hirundapus caudacutus	
	262	普通楼燕	Apus apus	
	263	白腰雨燕	Apus pacificus	
	264	小白腰雨燕	Apus affinis	
	265	棕雨燕	Cypsiurus parvus	
咬鹃目 TROGONIFORMES				
咬鹃科 Trogonidae	266	红头咬鹃	Harpactes erythrocephalus	
	267	红腹咬鹃	Harpactes wardi	
佛法增目 CORACIIFORMES				
翠鸟科 Alcedinidae	268	普通翠鸟	Alcedo atthis	
	269	斑头大翠鸟	Alcedo hercules	
	270	蓝翡翠	Halcyon pileata	
蜂虎科 Meropidae	271	黄喉蜂虎	Merops apiaster	
	272	栗喉蜂虎	Merops philippinus	
	273	蓝喉蜂虎	Merops viridis	
	274	［蓝须］夜蜂虎	Nyctyornis athertoni	
佛法僧科 Coraciidae	275	蓝胸佛法僧	Coracias garrulus	
	276	棕胸佛法僧	Coracias benghalensis	
	277	三宝鸟	Eurystomus orientalis	
戴胜科 Upupidae	278	戴胜	Upupa epops	
鴷形目 PICIFORMES				
须鴷科 Capitonidae	279	大拟啄木鸟	Megalaima virens	
	280	［斑头］绿拟啄木鸟	Magalaima zeylanica	
	281	黄纹拟啄木鸟	Megalaima faiostricta	
	282	金喉拟啄木鸟	Megalaima franklinii	
	283	黑眉拟啄木鸟	Megalaima oorti	
	284	蓝喉拟啄木鸟	Megalaima asiatica	

续表

目科	序号	中文名	学名	备注
	285	蓝耳拟啄木鸟	Megalaima australis	
	286	赤胸拟啄木鸟	Megalaima haemacephala	
啄木鸟科 Picidae	287	蚁䴕	Jynx torquilla	
	288	斑姬啄木鸟	Picumnus innominatus	
	289	白眉棕啄木鸟	Sasia ochracea	
	290	栗啄木鸟	Celeus brachyurus	
	291	鳞腹啄木鸟	Picus squamatus	
	292	花腹啄木鸟	Picus vittatus	
	293	鳞喉啄木鸟	Picus xanthopygaeus	
	294	灰头啄木鸟	Picus canus	
	295	红颈啄木鸟	Picus rabieri	
	296	大黄冠啄木鸟	Picus flavinucha	
	297	黄冠啄木鸟	Picus chlorolophus	
	298	金背三趾啄木鸟	Dinopium javanense	
	299	竹啄木鸟	Gecinulus grantia	
	300	大灰啄木鸟	Mulleripicus pulverulentus	
	301	黑啄木鸟	Dryocopus martius	
	302	大斑啄木鸟	Picoides major	
	303	白翅啄木鸟	Picoides leucopterus	
	304	黄颈啄木鸟	Picoides darjellensis	
	305	白背啄木鸟	Picoides leucotos	
	306	赤胸啄木鸟	Picoides cathpharius	
	307	棕腹啄木鸟	Picoides hyperythrus	
	308	纹胸啄木鸟	Picoides atratus	
	309	小斑啄木鸟	Picoides minor	
	310	星头啄木鸟	Picoides canicapillus	
	311	小星头啄木鸟	Picoides kizuki	
	312	三趾啄木鸟	Picoides tridactylus	
	313	黄嘴栗啄木鸟	Blythipicus pyrrhotis	
	314	大金背啄木鸟	Chrysocolaptes lucidus	
雀形目 PASSERIFORMES				
百灵科 Alaudidae	315	歌百灵	Mirafra javanica	
	316	[蒙古]百灵	Melanocorypha mongolica	
	317	云雀	Alauda arvensis	

续表

目科	序号	中文名	学名	备注
	318	小云雀	Alauda gulgula	
	319	角百灵	Eremophila alpestris	
燕科 Hirundinidae	320	褐喉沙燕	Riparia paludicola	
	321	崖沙燕	Riparia riparia	
	322	岩燕	Ptyonoprogne rupestris	
	323	纯色岩燕	Ptyonoprogne concolor	
	324	家燕	Hirundo rustica	
	325	洋斑燕	Hirundo tahitica	
	326	金腰燕	Hirundo daurica	
	327	斑腰燕	Hirundo striolata	
	328	白腹毛脚燕	Delichon urbica	
	329	烟腹毛脚燕	Delichon dasypus	
	330	黑喉毛脚燕	Delichon nipalensis	
鹡鸰科 Motacillidae	331	山鹡鸰	Dendronanthus indicus	
	332	黄鹡鸰	Motacilla flava	
	333	黄头鹡鸰	Motacilla citreola	
	334	灰鹡鸰	Motacilla cinerea	
	335	白鹡鸰	Motacilla alba	
	336	日本鹡鸰	Motacilla grandis	
	337	印度鹡鸰	Motacilla maderaspatensis	
	338	田鹨	Anthus novaeseelandiae	
	339	平原鹨	Anthus campestris	
	340	布莱氏鹨	Anthus godlewskii	
	341	林鹨	Anthus trivialis	
	342	树鹨	Anthus hodgsoni	
	343	北鹨	Anthus gustavi	
	344	草地鹨	Anthus pratensis	
	345	红喉鹨	Anthus cervinus	
	346	粉红胸鹨	Anthus roseatus	
	347	水鹨	Anthus spinoletta	
	348	山鹨	Anthus sylvanus	
山椒鸟科 Campephagidae	349	大鹃鵙	Coracina novaehollandiae	
	350	暗灰鹃鵙	Coracina melaschistos	
	351	粉红山椒鸟	Pericrocotus roseus	

续表

目科	序号	中文名	学名	备注
	352	小灰山椒鸟	Pericrocotus cantonensis	
	353	灰山椒鸟	Pericrocotus divaricatus	
	354	灰喉山椒鸟	Pericrocotus solaris	
	355	长尾山椒鸟	Pericrocotus ethologus	
	356	短嘴山椒鸟	Pericrocotus brevirostris	
	357	赤红山椒鸟	Pericrocotus flammeus	
	358	褐背鹟鵙	Hemipus picatus	
	359	钩嘴林鵙	Tephrodornis gularis	
鹎科 Pycnonotidae	360	凤头雀嘴鹎	Spizixos canifrons	
	361	领雀嘴鹎	Spizixos semitorques	
	362	红耳鹎	Pycnonotus jocosus	
	363	黄臀鹎	Pycnonotus xanthorrhous	
	364	白头鹎	Pycnonotus sinensis	
	365	台湾鹎	Pycnonotus taivanus	
	366	白喉红臀鹎	Pycnonotus aurigaster	
	367	黑短脚鹎	Hypsipetes madagascariensis	
和平鸟科 Irenidae	368	黑翅雀鹎	Aegithina tiphia	
	369	大绿雀鹎	Aegithina lafresnayei	
	370	蓝翅叶鹎	Chloropsis cochinchinensis	
	371	金额叶鹎	Chloropsis aurifrons	
	372	橙腹叶鹎	Chloropsis hardwickii	
	373	和平鸟	Irena puella	
太平鸟科 Bombycillidae	374	太平鸟	Bombycilla garrulus	
	375	小太平鸟	Bombycilla japonica	
伯劳科 Laniidae	376	虎纹伯劳	Lanius tigrinus	
	377	牛头伯劳	Lanius bucephalus	
	378	红背伯劳	Lanius collurio	
	379	红尾伯劳	Lanius cristatus	
	380	荒漠伯劳	Lanius isabellious	
	381	栗背伯劳	Lanius collurioides	
	382	棕背伯劳	Lanius schach	
	383	灰背伯劳	Lanius tephronotus	
	384	黑额伯劳	Lanius minor	

续表

目科	序号	中文名	学名	备注
	385	灰伯劳	Lanius excubitor	
	386	楔尾伯劳	Lanius sphenocercus	
黄鹂科 Oriolidae	387	金黄鹂	Oriolus oriolus	
	388	黑枕黄鹂	Oriolus chinensis	
	389	黑头黄鹂	Oriolus xanthornus	
	390	朱鹂	Oriolus traillii	
	391	鹊色鹂	Oriolus mellianus	
卷尾科 Dicruridae	392	黑卷尾	Dicrurus macrocercus	
	393	灰卷尾	Dicrurus leucophaeus	
	394	鸦嘴卷尾	Dicrurus annectens	
	395	古铜色卷尾	Dicrurus aeneus	
	396	发冠卷尾	Dicrurus hottentottus	
	397	小盘尾	Dicrurus remifer	
	398	大盘尾	Dicrurus paradiseus	
椋鸟科 Sturnidae	399	灰头椋鸟	Sturnus malabaricus	
	400	灰背椋鸟	Sturnus sinensis	
	401	紫背椋鸟	Sturnus philippensis	
	402	北椋鸟	Sturnus sturninus	
	403	粉红椋鸟	Sturnus roseus	
	404	紫翅椋鸟	Sturnus vulgaris	
	405	黑冠椋鸟	Sturnus pagodarum	
	406	丝光椋鸟	Sturnus sericeus	
	407	灰椋鸟	Sturnus cineraceus	
	408	黑领椋鸟	Sturnus nigricollis	
	409	红嘴椋鸟	Sturnus burmannicus	
	410	斑椋鸟	Sturnus contra	
	411	家八哥	Acridotheres tristis	
	412	八哥	Acridotheres cristatellus	
	413	林八哥	Acridotheres grandis	
	414	白领八哥	Acridotheres albocinctus	
	415	金冠树八哥	Ampeliceps coronatus	
	416	鹩哥	Gracula religiosa	
鸦科 Corvidae	417	黑头噪鸦	Perisoreus internigrans	
	418	短尾绿鹊	Cissa thalassina	
	419	蓝绿鹊	Cissa chinensis	
	420	红嘴蓝鹊	Urocissa erythrorhyncha	

续表

目科	序号	中文名	学名	备注
	421	台湾蓝鹊	Urocissa caerulea	
	422	灰喜鹊	Cyanopica cyana	
	423	喜鹊	Pica pica	
	424	灰树鹊	Dendrocitta formosae	
	425	白尾地鸦	Podoces biddulphi	
	426	秃鼻乌鸦	Corvus frugilegus	
	427	达乌里寒鸦	Corvus dauurica	
	428	渡鸦	Corvus corax	
岩鹨科 Prunellidae	429	棕眉山岩鹨	Prunella montanella	
	430	贺兰山岩鹨	Prunella koslowi	
鹟科 Muscicapidae	431	栗背短翅鸫	Brachypteryx stellata	
鸫亚科 Turdinae	432	锈腹短翅鸫	Brachypteryx hyperythra	
	433	日本歌鸲	Luscinia akahige	
	434	红尾歌鸲	Luscinia sibilans	
	435	红喉歌鸲	Luscinia calliope	
	436	蓝喉歌鸲	Luscinia svecica	
	437	棕头歌鸲	Luscinia ruficeps	
	438	金胸歌鸲	Luscinia pectardens	
	439	黑喉歌鸲	Luscinia obscura	
	440	蓝歌鸲	Luscinia cyane	
	441	红胁蓝尾鸲	Tarsiger cyanurus	
	442	棕腹林鸲	Tarsiger hyperythrus	
	443	台湾林鸲	Tarsiger johnstoniae	
	444	鹊鸲	Copsychus saularis	
	445	贺兰山红尾鸲	Phoenicurus alaschanicus	
	446	北红尾鸲	Phoenicurus auroreus	
	447	蓝额长脚地鸲	Cinclidium frontale	
	448	紫宽嘴鸫	Cochoa purpurea	
	449	绿宽嘴鸫	Cochoa viridis	
	450	白喉石䳭	Saxicola insignis	
	451	黑喉石䳭	Saxicola torquata	
	452	黑白林䳭	Saxicola jerdoni	
	453	台湾紫啸鸫	Myiophoneus insularis	
	454	白眉地鸫	Zoothera sibirica	
	455	虎斑地鸫	Zoothera dauma	
	456	黑胸鸫	Turdus dissimilis	

续表

目科	序号	中文名	学名	备注
	457	灰背鸫	Turdus hortulorum	
	458	乌灰鸫	Turdus cardis	
	459	棕背黑头鸫	Turdus kessleri	
	460	褐头鸫	Turdus feae	
	461	白腹鸫	Turdus pallidus	
	462	斑鸫	Turdus naumanni	
	463	白眉歌鸫	Turdus iliacus	
	464	宝兴歌鸫	Turdus mupinensis	
画眉亚科 Timaliinae	465	剑嘴鹛	Xiphirhynchus superciliaris	
	466	丽星鹩鹛	Spelaeornis formosus	
	467	楔头鹩鹛	Sphenocicla humei	
	468	宝兴鹛雀	Moupinia poecilotis	
	469	矛纹草鹛	Babax lanceolatus	
	470	大草鹛	Babax waddelli	
	471	棕草鹛	Babax koslowi	
	472	黑脸噪鹛	Garrulax perspicillatus	
	473	白喉噪鹛	Garrulax albogularis	
	474	白冠噪鹛	Garrulax leucolophus	
	475	小黑领噪鹛	Garrulax monileger	
	476	黑领噪鹛	Garrulax pectoralis	
	477	条纹噪鹛	Garrulax striatus	
	478	白颈噪鹛	Garrulax strepitans	
	479	褐胸噪鹛	Garrulax maesi	
	480	黑喉噪鹛	Garrulax chinensis	
	481	黄喉噪鹛	Garrulax galbanus	
	482	杂色噪鹛	Garrulax variegatus	
	483	山噪鹛	Garrulax davidi	
	484	黑额山噪鹛	Garrulax sukatschewi	
	485	灰翅噪鹛	Garrulax cineraceus	
	486	斑背噪鹛	Garrulax lunulatus	
	487	白点噪鹛	Garrulax bieti	
	488	大噪鹛	Garrulax maximus	
	489	眼纹噪鹛	Garrulax ocellatus	
	490	灰胁噪鹛	Garrulax caerulatus	
	491	棕噪鹛	Garrulax poecilorhynchus	
	492	栗颈噪鹛	Garrulax ruficollis	

续表

目科	序号	中文名	学名	备注
	493	斑胸噪鹛	Garrulax merulinus	
	494	画眉	Garrulax canorus	
	495	白颊噪鹛	Garrulax sannio	
	496	细纹噪鹛	Garrulax lineatus	
	497	蓝翅噪鹛	Garrulax squamatus	
	498	纯色噪鹛	Garrulax subunicolor	
	499	橙翅噪鹛	Garrulax elliotii	
	500	灰腹噪鹛	Garrulax henrici	
	501	黑顶噪鹛	Garrulax affinis	
	502	玉山噪鹛	Garrulax morrisonianus	
	503	红头噪鹛	Garrulax erythrocephalus	
	504	丽色噪鹛	Garrulax formosus	
	505	赤尾噪鹛	Garrulax milnei	
	506	红翅薮鹛	Liocichla phoenicea	
	507	灰胸薮鹛	Liocichla omeiensis	
	508	黄痣薮鹛	Liocichla steerii	
	509	银耳相思鸟	Leiothrix argentauris	
	510	红嘴相思鸟	Leiothrix lutea	
	511	棕腹䴗鹛	Pteruthius rufiventer	
	512	灰头斑翅鹛	Actinodura souliei	
	513	台湾斑翅鹛	Actinodura morrisoniana	
	514	金额雀鹛	Alcippe variegaticeps	
	515	黄喉雀鹛	Alcippe cinerea	
	516	棕头雀鹛	Alcippe ruficapilla	
	517	棕喉雀鹛	Alcippe rufogularis	
	518	褐顶雀鹛	Alcippe brunnea	
	519	灰奇鹛	Heterophasia gracilis	
	520	白耳奇鹛	Heterophasia auricularis	
	521	褐头凤鹛	Yuhina brunneiceps	
	522	红嘴鸦雀	Conostoma aemodium	
	523	三趾鸦雀	Paradoxornis paradoxus	
	524	褐鸦雀	Paradoxornis unicolor	
	525	斑胸鸦雀	Paradoxornis flavirostris	
	526	点胸鸦雀	Paradoxornis guttaticollis	
	527	白眶鸦雀	Paradoxornis conspicillatus	
	528	棕翅缘鸦雀	Paradoxornis webbianus	

续表

目科	序号	中文名	学名	备注
	529	褐翅缘鸦雀	Paradoxornis brunneus	
	530	暗色鸦雀	Paradoxornis zappeyi	
	531	灰冠鸦雀	Paradoxornis przewalskii	
	532	黄额鸦雀	Paradoxornis fulvifrons	
	533	黑喉鸦雀	Paradoxornis nipalensis	
	534	短尾鸦雀	Paradoxornis davidianus	
	535	黑眉鸦雀	Paradoxornis atrosuper-ciliaris	
	536	红头鸦雀	Paradoxornis ruficeps	
	537	灰头鸦雀	Paradoxornis gularis	
	538	震旦鸦雀	Paradoxornis heudei	
	539	山鹛	Rhopophilus pekinensis	
莺亚科 Sylviinae	540	鳞头树莺	Cettia squameiceps	
	541	巨嘴短翅莺	Bradypterus major	
	542	斑背大尾莺	Megalurus pryeri	
	543	北蝗莺	Locustella ochotensis	
	544	矛斑蝗莺	Locustella lanceolata	
	545	苍眉蝗莺	Locustella fasciolata	
	546	大苇莺	Acrocephalus arundinaceus	
	547	黑眉苇莺	Acrocephalus bistrigiceps	
	548	细纹苇莺	Acrocephalus sorghophilus	
	549	叽咋柳莺	Phylloscopus collybita	
	550	东方叽咋柳莺	Phylloscopus sindianus	
	551	林柳莺	Phylloscopus sibilatrix	
	552	黄腹柳莺	Phylloscopus affinis	
	553	棕腹柳莺	Phylloscopus subaffinis	
	554	灰柳莺	Phylloscopus griseolus	
	555	褐柳莺	Phylloscopus fuscatus	
	556	烟柳莺	Phylloscopus fuligiventer	
	557	棕眉柳莺	Phylloscopus armandii	
	558	巨嘴柳莺	Phylloscopus schwarzi	
	559	橙斑翅柳莺	Phylloscopus pulcher	
	560	黄眉柳莺	Phylloscopus inornatus	
	561	黄腰柳莺	Phylloscopus proregulus	
	562	甘肃柳莺	Phylloscopus gansunensis	

续表

目科	序号	中文名	学名	备注
	563	四川柳莺	Phylloscopus sichuanensis	
	564	灰喉柳莺	Phylloscopus maculipennis	
	565	极北柳莺	Phylloscopus borealis	
	566	乌嘴柳莺	Phylloscopus magnirostris	
	567	暗绿柳莺	Phylloscopus trochiloides	
	568	双斑绿柳莺	Phylloscopus plumbeitarsus	
	569	灰脚柳莺	Phylloscopus tenellipes	
	570	冕柳莺	Phylloscopus coronatus	
	571	冠纹柳莺	Phylloscopus reguloides	
	572	峨嵋柳莺	Phylloscopus emeiansis	
	573	海南柳莺	Phylloscopus hainanus	
	574	白斑尾柳莺	Phylloscopus davisoni	
	575	黑眉柳莺	Phylloscopus ricketti	
	576	戴菊	Regulus regulus	
	577	台湾戴菊	Regulus goodfellowi	
	578	宽嘴鹟莺	Tickellia hodgsoni	
	579	凤头雀莺	Leptopoecile elegans	
鹟亚科 Muscicapinae	580	白喉林鹟	Rhinomyias brunneata	
	581	白眉［姬］鹟	Ficedula zanthopygia	
	582	黄眉［姬］鹟	Ficedula narcissina	
	583	鸲［姬］鹟	Ficedula mugimaki	
	584	红喉［姬］鹟	Ficedula parva	
	585	棕腹大仙鹟	Niltava davidi	
	586	乌鹟	Muscicapa sibirica	
	587	灰纹鹟	Muscicapa griseisticta	
	588	北灰鹟	Muscicapa latirostris	
	589	褐胸鹟	Muscicapa muttui	
	590	寿带［鸟］	Terpsiphone paradisi	
	591	紫寿带鸟	Terpsiphone atrocaudata	
山雀科 Paridae	592	大山雀	Parus major	
	593	西域山雀	Parus bokharensis	
	594	绿背山雀	Parus monticolus	
	595	台湾黄山雀	Parus holsti	
	596	黄颊山雀	Parus spilonotus	
	597	黄腹山雀	Parus venustulus	
	598	灰蓝山雀	Parus cyanus	

续表

目科	序号	中文名	学名	备注
	599	煤山雀	Parus ater	
	600	黑冠山雀	Parus rubidiventris	
	601	褐冠山雀	Parus dichrous	
	602	沼泽山雀	Parus palustris	
	603	褐头山雀	Parus montanus	
	604	白眉山雀	Parus superciliosus	
	605	红腹山雀	Parus davidi	
	606	杂色山雀	Parus varius	
	607	黄眉林雀	Sylviparus modestus	
	608	冕雀	Melanochlora sultanea	
	609	银喉［长尾］山雀	Aegithalos caudatus	
	610	红头［长尾］山雀	Aegithalos concinnus	
	611	黑眉［长尾］山雀	Aegithalos iouschistos	
	612	银脸［长尾］山雀	Aegithalos fuliginosus	
科 Sittidae	613	淡紫	Sitta solangiae	
	614	巨	Sitta magna	
	615	丽	Sitta formosa	
	616	滇	Sitta yunnanensis	
攀雀科 Remizidae	617	攀雀	Remiz pendulinus	
太阳鸟科 Nectariniidae	618	紫颊直嘴太阳鸟	Anthreptes singalensis	
	619	黄腹花蜜鸟	Nectarinia jugularis	
	620	紫色蜜鸟	Nectarinia asiatica	
	621	蓝枕花蜜鸟	Nectarinia hypogrammica	
	622	黑胸太阳鸟	Aethopyga saturata	
	623	黄腰太阳鸟	Aethopyga siparaja	
	624	火尾太阳鸟	Aethopyga ignicauda	
	625	蓝喉太阳鸟	Aethopyga gouldiae	
	626	绿喉太阳鸟	Aethopyga nipalensis	

续表

目科	序号	中文名	学名	备注
	627	叉尾太阳鸟	Aethopyga christinae	
	628	长嘴捕蛛鸟	Arachnothera longirostris	
	629	纹背捕蛛鸟	Arachnothera magna	
绣眼鸟科 Zosteropidae	630	暗绿绣眼鸟	Zosterops japonica	
	631	红胁绣眼鸟	Zosterops erythropleura	
	632	灰腹绣眼鸟	Zosterops palpebrosa	
文鸟科 Ploceidae	633	［树］麻雀	Passer montanus	
	634	山麻雀	Passer rutilans	
	635	［红］梅花雀	Estrilda amandava	
	636	栗腹文鸟	Lonchura malacca	
雀科 Fringillidae	637	燕雀	Fringilla montifringilla	
	638	金翅［雀］	Carduelis sinica	
	639	黄雀	Carduelis spinus	
	640	白腰朱顶雀	Carduelis flammea	
	641	极北朱顶雀	Carduelis hornemanni	
	642	黄嘴朱顶雀	Carduelis flavirostris	
	643	赤胸朱顶雀	Carduelis cannabina	
	644	桂红头岭雀	Leucosticte sillemi	
	645	粉红腹岭雀	Leucosticte arctoa	
	646	大朱雀	Carpodacus rubicilla	
	647	拟大朱雀	Carpodacus rubicilloides	
	648	红胸朱雀	Carpodacus puniceus	
	649	暗胸朱雀	Carpodacus nipalensis	
	650	赤朱雀	Carpodacus rubescens	
	651	沙色朱雀	Carpodacus synoicus	
	652	红腰朱雀	Carpodacus rhodochlamys	
	653	点翅朱雀	Carpodacus rhodopeplus	
	654	棕朱雀	Carpodacus edwardsii	
	655	酒红朱雀	Carpodacus vinaceus	
	656	玫红眉朱雀	Carpodacus rhodochrous	
	657	红眉朱雀	Carpodacus pulcherrimus	
	658	曙红朱雀	Carpodacus eos	
	659	白眉朱雀	Carpodacus thura	
	660	普通朱雀	Carpodacus erythrinus	
	661	北朱雀	Carpodacus roseus	
	662	斑翅朱雀	Carpodacus trifasciatus	

续表

目科	序号	中文名	学名	备注
	663	藏雀	Kozlowia roborowskii	
	664	松雀	Pinicola enucleator	
	665	红交嘴雀	Loxia curvirostra	
	666	白翅交嘴雀	Loxia leucoptera	
	667	长尾雀	Uragus sibiricus	
	668	血雀	Haematospiza sipahi	
	669	金枕黑雀	Pyrrhoplectes epauletta	
	670	褐灰雀	Pyrrhula nipalensis	
	671	灰头灰雀	Pyrrhala erythaca	
	672	红头灰雀	Pyrrhula erythrocephala	
	673	灰腹灰雀	Pyrrhula griseiventris	
	674	红腹灰雀	Pyrrhula pyrrhula	
	675	黑头蜡嘴雀	Eophona personata	
	676	黑尾蜡嘴雀	Eophona migratoria	
	677	锡嘴雀	Coccothraustes coccothraustes	
	678	朱鹀	Urocynchramus pylzowi	
	679	黍鹀	Emberiza calandra	
	680	白头鹀	Emberiza leucocephala	
	681	黑头鹀	Emberiza melanocephala	
	682	褐头鹀	Emberiza bruniceps	
	683	栗鹀	Emberiza rutila	
	684	黄胸鹀	Emberiza aureola	
	685	黄喉鹀	Emberiza elegans	
	686	黄鹀	Emberiza citrinella	
	687	灰头鹀	Emberiza spodocephala	
	688	硫黄鹀	Emberiza sulphurata	
	689	圃鹀	Emberiza hortulana	
	690	灰颈鹀	Emberiza buchanani	
	691	灰眉岩鹀	Emberiza cia	
	692	三道眉草鹀	Emberiza cioides	
	693	栗斑腹鹀	Emberiza jankowskii	
	694	栗耳鹀	Emberiza fucata	
	695	田鹀	Emberiza rustica	
	696	小鹀	Emberiza pusilla	

续表

目科	序号	中文名	学名	备注
	697	黄眉鹀	Emberiza chrysophrys	
	698	灰鹀	Emberiza variabilis	
	699	白眉鹀	Emberiza tristrami	
	700	藏鹀	Emberiza koslowi	
	701	红颈苇鹀	Emberiza yessoensis	
	702	苇鹀	Emberiza pallasi	
	703	芦鹀	Emberiza schoeniclus	
	704	蓝鹀	Latoucheornis siemsseni	
	705	凤头鹀	Melophus lathami	
	706	铁爪鹀	Calcarius lapponicus	
	707	雪鹀	Plectrophenax nivalis	
两栖纲 AMPHIBIA 3目10科293种				
无足目 APODA or GYMNOPHIONA				
鱼螈科 Ichthyophidae	1	版纳鱼螈	Ichthyophis bannanica	
有尾目 CAUDATA（URODELA）				
小鲵科 Hynobiidae	2	无斑山溪鲵	Batrachuperus karlschmidti	
	3	龙洞山溪鲵	Batrachuperus longdongensis	
	4	山溪鲵	Batrachuperus pinchonii	
	5	北方山溪鲵	Batrachuperus tibetanus	
	6	盐源山溪鲵	Batrachuperus yenyuanensis	
	7	安吉小鲵	Hynobius amjiensis	
	8	中国小鲵	Hynobius chinensis	
	9	台湾小鲵	Hynobius formosanus	
	10	东北小鲵	Hynobius leechii	
	11	满洲小鲵	Hynobius mantchuricus	
	12	能高山小鲵	Hynobius sonani	
	13	巴鲵	Liua shihi	
	14	爪鲵	Onychodactylus fischeri	
	15	商城肥鲵	Pachyhynobius shangchengensis	

续表

目科	序号	中文名	学名	备注
	16	新疆北鲵	Ranodon sibiricus	
	17	秦巴北鲵	Ranodon tsinpaensis	
	18	极北鲵	Salamandrella keyserlingii	
蝾螈科 Salamandridae	19	呈贡蝾螈	Cynops chenggongensis	
	20	蓝尾蝾螈	Cynops cyanurus	
	21	东方蝾螈	Cynops orientalis	
	22	潮汕蝾螈	Cynops orphicus	
	23	滇池蝾螈	Cynops wolterstorffi	
	24	琉球棘螈	Echinotriton andersoni	
	25	黑斑肥螈	Pachytriton brevipes	
	26	无斑肥螈	Pachytriton labiatus	
	27	尾斑瘰螈	Paramesotriton caudopunctatus	
	28	中国瘰螈	Paramesotriton chinesis	
	29	富钟瘰螈	Paramesotriton fuzhongensis	
	30	广西瘰螈	Paramesotriton guangxiensis	
	31	香港瘰螈	Paramesotriton hongkongensis	
	32	棕黑疣螈	Tylototriton verrucosus	
无尾目 SALIENTIA (ANURA)				
铃蟾科 Bombinidae	33	强婚刺铃蟾	Bombina fortinuptialis	
	34	大蹼铃蟾	Bombina maxima	
	35	微蹼铃蟾	Bombina microdeladigitora	
	36	东方铃蟾	Bombina orientalis	
角蟾科 Megophryidae	37	沙坪无耳蟾	Atympanophrys shapingensis	
	38	宽头短腿蟾	Brachytarsophrys carinensis	
	39	缅北短腿蟾	Brachytarsophrys feae	
	40	平顶短腿蟾	Brachytarsophrys platyparietus	
	41	沙巴拟髭蟾	Leptobrachium chapaense	

续表

目科	序号	中文名	学名	备注
	42	东南亚拟髭蟾	Leptobrachium hasseltii	
	43	高山掌突蟾	Leptolalax alpinus	
	44	峨山掌突蟾	Leptolalax oshanensis	
	45	掌突蟾	Leptolalax pelodytoides	
	46	腹斑掌突蟾	Leptolalax ventripunctatus	
	47	淡肩角蟾	Megophrys boettgeri	
	48	短肢角蟾	Megophrys brachykolos	
	49	尾突角蟾	Megophrys caudoprocta	
	50	大围山角蟾	Megophrys daweimontis	
	51	大花角蟾	Megophrys giganticus	
	52	腺角蟾	Megophrys glandulosa	
	53	肯氏角蟾	Megophrys kempii	
	54	挂墩角蟾	Megophrys kuatunensis	
	55	白颌大角蟾	Megophrys lateralis	
	56	莽山角蟾	Megophrys mangshanensis	
	57	小角蟾	Megophrys minor	
	58	南江角蟾	Megophrys nankiangensis	
	59	峨眉角蟾	Megophrys omeimontis	
	60	突肛角蟾	Megophrys pachyproctus	
	61	粗皮角蟾	Megophrys palpebralespinosa	
	62	凹项角蟾	Megophrys parva	
	63	棘指角蟾	Megophrys spinatus	
	64	小口拟角蟾	Ophryophryne microstoma	
	65	突肛拟角蟾	Ophryophryne pachyproctus	
	66	川北齿蟾	Oreolalax chuanbeiensis	
	67	棘疣齿蟾	Oreolalax granulosus	
	68	景东齿蟾	Oreolalax jingdongensis	
	69	利川齿蟾	Oreolalax lichuanensis	
	70	大齿蟾	Oreolalax major	
	71	密点齿蟾	Oreolalax multipunctatus	
	72	峨眉齿蟾	Oreolalax omeimontis	
	73	秉志齿蟾	Oreolalax pingii	
	74	宝兴齿蟾	Oreolalax popei	
	75	红点齿蟾	Oreolalax rhodostigmatus	
	76	疣刺齿蟾	Oreolalax rugosus	
	77	无蹼齿蟾	Oreolalax schrmidti	

续表

目科	序号	中文名	学名	备注
	78	乡城齿蟾	Oreolalax xiangchengensis	
	79	高山齿突蟾	Scutiger alticola	
	80	西藏齿突蟾	Scutiger boulengeri	
	81	金项齿突蟾	Scutiger chintingensis	
	82	胸腺齿突蟾	Scutiger glandulatus	
	83	贡山齿突蟾	Scutiger gongshanensis	
	84	六盘齿突蟾	Scutiger liupanensis	
	85	花齿突蟾	Scutiger maculatus	
	86	刺胸齿突蟾	Scutiger mammatus	
	87	宁陕齿突蟾	Scutiger ningshanensis	
	88	林芝齿突蟾	Scutiger nyingchiensis	
	89	平武齿突蟾	Scutiger pingwuensis	
	90	皱皮齿突蟾	Scutiger ruginosus	
	91	锡金齿突蟾	Scutiger sikkimmensis	
	92	圆疣齿突蟾	Scutiger tuberculatus	
	93	魏氏齿突蟾	Scutiger weigoldi	
	94	哀牢髭蟾	Vibrissaphora ailaonica	
	95	峨眉髭蟾	Vibrissaphora boringii	
	96	雷山髭蟾	Vibrissaphora leishanensis	
	97	刘氏髭蟾	Vibrissaphora liui	
蟾蜍科 Bufonidae	98	哀牢蟾蜍	Bufo ailaoanus	
	99	华西蟾蜍	Bufo andrewsi	
	100	盘谷蟾蜍	Bufo bankorensis	
	101	隐耳蟾蜍	Bufo cryptotympanicus	
	102	头盔蟾蜍	Bufo galeatus	
	103	中华蟾蜍	Bufo gargarizans	
	104	喜山蟾蜍	Bufo himalayanus	
	105	沙湾蟾蜍	Bufo kabischi	
	106	黑眶蟾蜍	Bufo melanostictus	
	107	岷山蟾蜍	Bufo minshanicus	
	108	新疆蟾蜍	Bufo nouettei	
	109	花背蟾蜍	Bufo raddei	
	110	史氏蟾蜍	Bufo stejnegeri	
	111	西藏蟾蜍	Bufo tibetanus	
	112	圆疣蟾蜍	Bufo tuberculatus	
	113	绿蟾蜍	Bufo viridis	

续表

目科	序号	中文名	学名	备注
	114	卧龙蟾蜍	Bufo wolongensis	
	115	鳞皮厚蹼蟾	Pelophryne scalpta	
	116	无棘溪蟾	Torrentophryne aspinia	
	117	疣棘溪蟾	Torrentophryne tuberospinia	
树蟾科 Hylidae	118	华西树蟾	Hyla annectans annectans	
	119	中国树蟾	Hyla chinensis	
	120	贡山树蟾	Hyla gongshanensi	
	121	日本树蟾	Hyla japonica	
	122	三港树蟾	Hyla sanchiangensis	
	123	华南树蟾	Hyla simplex	
	124	秦岭树蟾	Hyla tsinlingensis	
	125	昭平树蟾	Hyla zhaopingensis	
姬蛙科 Microhylidae	126	云南小狭口蛙	Calluella yunnanensis	
	127	花细狭口蛙	Kalophrynus interlineatus	
	128	孟连细狭口蛙	Kalophrynus menglienicus	
	129	北方狭口蛙	Kaloula borealis	
	130	花狭口蛙	Kaloula pulchra	
	131	四川狭口蛙	Kaloula rugifera	
	132	多疣狭口蛙	Kaloula verrucosa	
	133	大姬蛙	Microhyla berdmorei	
	134	粗皮姬蛙	Microhyla butleri	
	135	小弧斑姬蛙	Microhyla heymonsi	
	136	合征姬蛙	Microhyla mixtura	
	137	饰纹姬蛙	Microhyla ornata	
	138	花姬蛙	Microhyla pulchra	
	139	德力娟蛙	Micryletta inornata	
	140	台湾娟蛙	Microhyla steinegeri	
蛙科 Ranidae	141	西域湍蛙	Amolops afghanus	
	142	崇安湍蛙	Amolops chunganensis	
	143	棘皮湍蛙	Amolops granulosus	
	144	海南湍蛙	Amolops hainanensis	
	145	香港湍蛙	Amolops hongkongensis	
	146	康定湍蛙	Amolops kangtinggensis	
	147	凉山湍蛙	Amolops liangshanensis	
	148	理县湍蛙	Amolops lifanensis	
	149	棕点湍蛙	Amolops loloensis	

续表

目科	序号	中文名	学名	备注
	150	突吻湍蛙	Amolops macrorhynchu	
	151	四川湍蛙	Amolops mantzorum	
	152	勐养湍蛙	Amolops mengyangensis	
	153	山湍蛙	Amolops monticola	
	154	华南湍蛙	Amolops ricketti	
	155	小湍蛙	Amolops torrentis	
	156	绿点湍蛙	Amolops viridimaculatus	
	157	武夷湍蛙	Amolops wuyiensis	
	158	北小岩蛙	Micrixalus borealis	
	159	刘氏小岩蛙	Micrixalus liui	
	160	网纹小岩蛙	Micrixalus reticulatus	
	161	西藏小岩蛙	Micrixalus xizangensis	
	162	高山倭蛙	Nanorana parkeri	
	163	倭蛙	Nanorana pleskei	
	164	腹斑倭蛙	Nanorana ventripunctata	
	165	尖舌浮蛙	Occidozyga lima	
	166	圆舌浮蛙	Occidozyga martensii	
	167	缅北棘蛙	Paa arnoldi	
	168	大吉岭棘蛙	Paa blanfordii	
	169	棘腹蛙	Paa boulengeri	
	170	错那棘蛙	Paa conaensis	
	171	小棘蛙	Paa exilispinosa	
	172	眼斑棘蛙	Paa feae	
	173	九龙棘蛙	Paa jiulongensis	
	174	棘臂蛙	Paa liebigii	
	175	刘氏棘蛙	Paa liui	
	176	花棘蛙	Paa maculosa	
	177	尼泊尔棘蛙	Paa polunini	
	178	合江棘蛙	Paa robertingeri	
	179	侧棘蛙	Paa shini	
	180	棘胸蛙	Paa spinosa	
	181	双团棘胸蛙	Paa yunnanensis	
	182	弹琴蛙	Rana adenopleura	
	183	阿尔泰林蛙	Rana altaica	
	184	黑龙江林蛙	Rana amurensis	
	185	云南臭蛙	Rana andersonii	

续表

目科	序号	中文名	学名	备注
	186	安龙臭蛙	Rana anlungensis	
	187	中亚林蛙	Rana asiatica	
	188	版纳蛙	Rana bannanica	
	189	海蛙	Rana cancrivora	
	190	昭觉林蛙	Rana chaochiaoensis	
	191	中国林蛙	Rana chensinensis	
	192	峰斑蛙	Rana chevronta	
	193	仙姑弹琴蛙	Rana daunchina	
	194	海参威蛙	Rana dybowskii	
	195	脆皮蛙	Rana fragilis	
	196	叶邦蛙	Rana gerbillus	
	197	无指盘臭蛙	Rana grahami	
	198	沼蛙	Rana guentheri	
	199	合江臭蛙	Rana hejiangensis	
	200	桓仁林蛙	Rana huanrenensis	
	201	日本林蛙	Rana japonica	
	202	光务臭蛙	Rana kuangwuensis	
	203	大头蛙	Rana kuhlii	
	204	崑崙林蛙	Rana kunyuensis	
	205	阔褶蛙	Rana latouchii	
	206	泽蛙	Rana limnocharis	
	207	江城蛙（暂名）	Rana lini	
	208	大绿蛙	Rana livida	
	209	长肢蛙	Rana longicrus	
	210	龙胜臭蛙	Rana lungshengensis	
	211	长趾蛙	Rana macrodactyla	
	212	绿臭蛙	Rana margaretae	
	213	小山蛙	Rana minima	
	214	多齿蛙（暂名）	Rana multidenticulata	
	215	黑斜线蛙	Rana nigrolineata	
	216	黑斑蛙	Rana nigromaculata	
	217	黑耳蛙	Rana nigrotympanica	
	218	黑带蛙	Rana nigrovittata	
	219	金线蛙	Rana plancyi	
	220	滇蛙	Rana pleuraden	
	221	八重山弹琴蛙	Rana psaltes	

续表

目科	序号	中文名	学名	备注
	222	隆肛蛙	Rana quadranus	
	223	湖蛙	Rana ridibunda	
	224	粗皮蛙	Rana rugosa	
	225	库利昂蛙	Rana sanguinea	
	226	桑植蛙	Rana sangzhiensis	
	227	梭德氏蛙	Rana sauteri	
	228	花臭蛙	Rana schmackeri	
	229	胫腺蛙	Rana shuchinae	
	230	细刺蛙	Rana spinulosa	
	231	棕背蛙	Rana swinhoana	
	232	台北蛙	Rana taipehensis	
	233	腾格里蛙	Rana tenggerensis	
	234	滇南臭蛙	Rana tiannanensis	
	235	天台蛙	Rana tientaiensis	
	236	凹耳蛙	Rana tormotus	
	237	棘肛蛙	Rana unculuanus	
	238	竹叶蛙	Rana versabilis	
	239	威宁蛙	Rana weiningensis	
	240	雾川臭蛙	Rana wuchuanensis	
	241	明全蛙	Rana zhengi	
树蛙科 Rhacophoridae	242	日本溪树蛙	Buergeria japonica	
	243	海南溪树蛙	Buergeria oxycephala	
	244	壮溪树蛙	Buergeria robusta	
	245	背条跳树蛙	Chirixalus doriae	
	246	琉球跳树蛙	Chirixalus eiffingeri	
	247	面天跳树蛙	Chirixalus idiootocus	
	248	侧条跳树蛙	Chirixalus vittatus	
	249	白斑小树蛙	Philautus albopunctatus	
	250	安氏小树蛙	Philautus andersoni	
	251	锯腿小树蛙	Philautus cavirostris	
	252	黑眼脸小树蛙	Philautus gracilipes	
	253	金秀小树蛙	Philautus jinxiuensis	
	254	陇川小树蛙	Philautus longchuanensis	
	255	墨脱小树蛙	Philautus medogensis	
	256	勐腊小树蛙	Philautus menglaensis	
	257	眼斑小树蛙	Philautus ocellatus	

续表

目科	序号	中文名	学名	备注
	258	白颊小树蛙	Philautus palpebralis	
	259	红吸盘小树蛙	Philautus rhododiscus	
	260	香港小树蛙	Philautus romeri	
	261	经甫泛树蛙	Polypedates chenfui	
	262	大泛树蛙	Polypedates dennysi	
	263	杜氏泛树蛙	Polypedates dugritei	
	264	棕褶泛树蛙	Polypedates feae	
	265	洪佛泛树蛙	Polypedates hungfuensis	
	266	斑腿泛树蛙	Polypedates megacephalus	
	267	无声囊泛树蛙	Polypedates mutus	
	268	黑点泛树蛙	Polypedates nigropunctatus	
	269	峨眉泛树蛙	Polypedates omeimontis	
	270	屏边泛树蛙	Polypedates pingbianensis	
	271	普洱泛树蛙	Polypedates puerensis	
	272	昭觉泛树蛙	Polypedates zhaojuensis	
	273	民雄树蛙	Rhacophorus arvalis	
	274	橙腹树蛙	Rhacophorus aurantiventris	
	275	双斑树蛙	Rhacophorus bipunctatus	
	276	贡山树蛙	Rhacophorus gongshanensis	
	277	大吉岭树蛙	Rhacophorus jerdonii	
	278	白颌树蛙	Rhacophorus maximus	
	279	莫氏树蛙	Rhacophorus moltrechti	
	280	伊伽树蛙	Rhacophorus naso	
	281	翡翠树蛙	Rhacophorus prasinatus	
	282	黑蹼树蛙	Rhacophorus reinwardtii	
	283	红蹼树蛙	Rhacophorus rhodopus	
	284	台北树蛙	Rhacophorus taipeianus	
	285	横纹树蛙	Rhacophorus translineatus	
	286	疣腿树蛙	Rhacophorus tuberculatus	
	287	疣足树蛙	Rhacophorus verrucopus	
	288	瑶山树蛙	Rhacophorus yaoshanensis	
	289	马来疣斑树蛙	Theloderma asperum	
	290	广西疣斑树蛙	Theloderma kwangsiensis	
	291	西藏疣斑树蛙	Theloderma moloch	

续表

目科	序号	中文名	学名	备注
爬行纲 REPTILIA　2目20科395种				
龟鳖目 TESTUDINES				
平胸龟科 Platysternidae	1	平胸龟	Platysternon megacephalum	
淡水龟科 Bataguridae	2	大头乌龟	Chinemys megalocephala	
	3	黑颈水龟	Chinemys nigricans	
	4	乌龟	Chinemys reevesii	
	5	黄缘盒龟	Cistoclemmys flavomarginata	
	6	黄额盒龟	Cistoclemmys galbinifrons	
	7	金头闭壳龟	Cuora aurocapitata	
	8	百色闭壳龟	Cuora mccordi	
	9	潘氏闭壳龟	Cuora pani	
	10	琼崖闭壳龟	Cuora serrata	
	11	周氏闭壳龟	Cuora zhoui	
	12	齿缘龟	Cyclemys dentata	
	13	艾氏拟水龟	Mauremys iversoni	
	14	黄喉拟水龟	Mauremys mutica	
	15	腊戍拟水龟	Mauremys pritchardi	
	16	缺颌花龟	Ocadia glyphistoma	
	17	菲氏花龟	Ocadia philippeni	
	18	中华花龟	Ocadia sinensis	
	19	锯缘摄龟	Pyxidea mouhotii	
	20	眼斑龟	Sacalia bealei	
	21	拟眼斑龟	Sacalia pseudocellata	
	22	四眼斑龟	Sacalia quadriocellata	
陆龟科 Testudinidae	23	缅甸陆龟	Indotestudo elongata	
鳖科 Trionychidae	24	砂鳖	Pelodiscus axenaria	
	25	东北鳖	Pelodiscus maackii	
	26	小鳖	Pelodiscus parviformis	
	27	鳖	Pelodiscus sinensis	
	28	斑鳖	Rafetus swinhoei	
有鳞目 SQUAMATA				
蜥蜴亚目 LACERTILIA				
壁虎科 Gekkonidae	29	隐耳漠虎	Alsophylax pipiens	

续表

目科	序号	中文名	学名	备注
	30	新疆漠虎	Alsophylax przewalskii	
	31	蝎虎	Cosymbotus platyurus	
	32	长裸趾虎	Cyrtodactylus elongatus	
	33	卡西裸趾虎	Cyrtodactylus khasiensis	
	34	墨脱裸趾虎	Cyrtodactylus medogensis	
	35	灰裸趾虎	Cyrtodactylus russowii	
	36	西藏裸趾虎	Cyrtodactylus tibetanus	
	37	莎车裸趾虎	Cyrtodactylus yarkandensis	
	38	截趾虎	Gehyra mutilata	
	39	耳疣壁虎	Gekko auriverrucosus	
	40	中国壁虎	Gekko chinensis	
	41	铅山壁虎	Gekko hokouensis	
	42	多疣壁虎	Gekko japonicus	
	43	兰屿壁虎	Gekko kikuchii	
	44	海南壁虎	Gekko similignum	
	45	蹼趾壁虎	Gekko subpalmatus	
	46	无蹼壁虎	Gekko swinhonis	
	47	太白壁虎	Gekko taibaiensis	
	48	原尾蜥虎	Hemidactylus bowringii	
	49	密疣蜥虎	Hemidactylus brookii	
	50	疣尾蜥虎	Hemidactylus frenatus	
	51	锯尾蜥虎	Hemidactylus garnotii	
	52	台湾蜥虎	Hemidactylus stejneger	
	53	沙坝半叶趾虎	Hemiphyllodactylus chapaensis	
	54	云南半叶趾虎	Hemiphyllodactylus yunnanensis	
	55	鳞趾虎	Lepidodactylus lugubris	
	56	雅美鳞趾虎	Lepidodactylus yami	
	57	新疆沙虎	Teratoscincus przewalskii	
	58	吐鲁番沙虎	Teratoscincus roborowskii	
	59	伊犁沙虎	Teratoscincus scincus	
	60	托克逊沙虎	Teratoscincus toksunicus	
睑虎科 Eublepharidae	61	睑虎	Goniurosaurus hainanensis	
	62	凭祥睑虎	Goniurosaurus luii	

续表

目科	序号	中文名	学名	备注
鬣蜥科 Agamidae	63	长棘蜥	Acanthosaura armata	
	64	丽棘蜥	Acanthosaura lepidogaster	
	65	短肢树蜥	Calotes brevipes	
	66	棕背树蜥	Calotes emma	
	67	绿背树蜥	Calotes jerdoni	
	68	蚌西树蜥	Calotes kakhienensis	
	69	西藏树蜥	Calotes kingdonwardi	
	70	墨脱树蜥	Calotes medogensis	
	71	细鳞树蜥	Calotes microlepis	
	72	白唇树蜥	Calotes mystaceus	
	73	变色树蜥	Calotes versicolor	
	74	裸耳飞蜥	Draco blanfordii	
	75	斑飞蜥	Draco maculatus	
	76	长肢攀蜥	Japalura andersoniana	
	77	短肢攀蜥	Japalura brevipes	
	78	裸耳攀蜥	Japalura dymondi	
	79	草绿攀蜥	Japalura flaviceps	
	80	宜宾攀蜥	Japalura grahami	
	81	喜山攀蜥	Japalura kumaonensis	
	82	宜兰攀蜥（新拟）	Japalura luei	
	83	溪头攀蜥	Japalura makii	
	84	米仓山攀蜥	Japalura micangshanensis	
	85	琉球攀蜥	Japalura polygonata	
	86	丽纹攀蜥	Japalura splendida	
	87	台湾攀蜥	Japalura swinhonis	
	88	四川攀蜥	Japalura szechwanensis	
	89	昆明攀蜥	Japalura varcoae	
	90	云南攀蜥	Japalura yunnanensis	
	91	喜山岩蜥	Laudakia himalayana	
	92	西藏岩蜥	Laudakia papenfussi	
	93	拉萨岩蜥	Laudakia sacra	
	94	新疆岩蜥	Laudakia stoliczkana	
	95	塔里木岩蜥	Laudakia tarimensis	
	96	南亚岩蜥	Laudakia tuberculata	

续表

目科	序号	中文名	学名	备注
	97	吴氏岩蜥	Laudakia wui	
	98	蜡皮蜥	Leiolepis reevesii	
	99	异鳞蜥	Oriocalotes paulus	
	100	白条沙蜥	Phrynocephalus albolineatus	
	101	叶城沙蜥	Phrynocephalus axillaris	
	102	红尾沙蜥	Phrynocephalus erythrurus	
	103	南疆沙蜥	Phrynocephalus forsythii	
	104	草原沙蜥	Phrynocephalus frontalis	
	105	奇台沙蜥	Phrynocephalus grumgrzimailoi	
	106	居延沙蜥	Phrynocephalus guentheri	
	107	乌拉尔沙蜥	Phrynocephalus guttatus	
	108	旱地沙蜥	Phrynocephalus helioscopus	
	109	红原沙蜥	Phrynocephalus hongyuanensis	
	110	无斑沙蜥	Phrynocephalus immaculatus	
	111	白梢沙蜥	Phrynocephalus koslowi	
	112	库车沙蜥	Phrynocephalus ludovici	
	113	大耳沙蜥	Phrynocephalus mystaceus	
	114	宽鼻沙蜥	Phrynocephalus nasatus	
	115	荒漠沙蜥	Phrynocephalus przewalskii	
	116	西藏沙蜥	Phrynocephalus theobaldi	
	117	变色沙蜥	Phrynocephalus versicolor	
	118	青海沙蜥	Phrynocephalus vlangalii	
	119	泽当沙蜥	Phrynocephalus zetangensis	
	120	长鬣蜥	Physignathus cocincinus	
	121	喉褶蜥	Ptyctolaemus gularis	

续表

目科	序号	中文名	学名	备注
	122	草原蜥	Trapelus sanguinolentus	
蛇蜥科 Anguidae	123	台湾脆蛇蜥	Ophisaurus formosensis	
	124	细脆蛇蜥	Ophisaurus gracilis	
	125	海南脆蛇蜥	Ophisaurus hainanensis	
	126	脆蛇蜥	Ophisaurus harti	
巨蜥科 Varanidae	127	孟加拉巨蜥	Varanus bengalensis	
双足蜥科 Dibamidae	128	香港双足蜥	Dibamus bogadeki	
	129	白尾双足蜥	Dibamus bourreti	
蜥蜴科 Lacertidae	130	丽斑麻蜥	Eremias argus	
	131	敏麻蜥	Eremias arguta	
	132	山地麻蜥	Eremias brenchleyi	
	133	喀什麻蜥	Eremias buechneri	
	134	网纹麻蜥	Eremias grammica	
	135	密点麻蜥	Eremias multiocellata	
	136	荒漠麻蜥	Eremias przewalskii	
	137	快步麻蜥	Eremias velox	
	138	虫纹麻蜥	Eremias vermiculata	
	139	捷蜥蜴	Lacerta agilis	
	140	胎生蜥蜴	Lacerta vivipara	
	141	峨眉地蜥	Platyplacopus intermedius	
	142	台湾地蜥	Platyplacopus kuehnei	
	143	崇安地蜥	Platyplacopus sylvaticus	
	144	黑龙江草蜥	Takydromus amurensis	
	145	台湾草蜥	Takydromus formosanus	
	146	雪山草蜥	Takydromus hsuehshanensis	
	147	恒春草蜥	Takydromus sauteri	
	148	北草蜥	Takydromus septentrionalis	
	149	南草蜥	Takydromus sexlineatus	
	150	蓬莱草蜥	Takydromus stejnegeri	
	151	白条草蜥	Takydromus wolteri	
石龙子科 Scincidae	152	阿赖山裂脸蜥	Asymblepharus alaicus	
	153	光蜥	Ateuchosaurus chinensis	
	154	岩岸蜥	Emoia atrocostatata	
	155	黄纹石龙子	Eumeces capito	
	156	中国石龙子	Eumeces chinensis	
	157	蓝尾石龙子	Eumeces elegans	

续表

目科	序号	中文名	学名	备注
	158	刘氏石龙子	Eumeces liui	
	159	崇安石龙子	Eumeces popei	
	160	四线石龙子	Eumeces quadrilineatus	
	161	大渡石龙子	Eumeces tunganus	
	162	长尾南蜥	Mabuya longicaudata	
	163	多棱南蜥	Mabuya multicarinata	
	164	多线南蜥	Mabuya multifasciata	
	165	昆明滑蜥	Scincella barbouri	
	166	长肢滑蜥	Scincella doriae	
	167	台湾滑蜥	Scincella formosensis	
	168	喜山滑蜥	Scincella himalayana	
	169	桓仁滑蜥	Scincella huanrenensis	
	170	拉达克滑蜥	Scincella ladacensis	
	171	宁波滑蜥	Scincella modesta	
	172	山滑蜥	Scincella monticola	
	173	康定滑蜥	Scincella potanini	
	174	西域滑蜥	Scincella przewalskii	
	175	南滑蜥	Scincella reevesii	
	176	瓦山滑蜥	Scincella schmidti	
	177	锡金滑蜥	Scincella sikimmensis	
	178	秦岭滑蜥	Scincella tsinlingensis	
	179	墨脱蜓蜥	Sphenomorphus courcyanus	
	180	股鳞蜓蜥	Sphenomorphus incognitus	
	181	铜蜓蜥	Sphenomorphus indicus	
	182	斑蜓蜥	Sphenomorphus maculata	
	183	台湾蜓蜥	Sphenomorphus taiwanensis	
	184	缅甸棱蜥	Tropidophorus berdmorei	
	185	广西棱蜥	Tropidophorus guangxiensis	
	186	海南棱蜥	Tropidophorus hainanus	
	187	中国棱蜥	Tropidophorus sinicus	
蛇亚目 SERPENTES				
盲蛇科 Typhlopidae	188	白头钩盲蛇	Ramphotyphlops albiceps	
	189	钩盲蛇	Ramphotyphlops braminus	
	190	大盲蛇	Typhlops diardii	
	191	恒春盲蛇	Typhlops koshunensis	

续表

目科	序号	中文名	学名	备注
瘰鳞蛇科 Acrochordidae	192	瘰鳞蛇	Acrochordus granulatus	
闪鳞蛇科 Xenopeltidae	193	海南闪鳞蛇	Xenopeltis hainanensis	
	194	闪鳞蛇	Xenopeltis unicolor	
盾尾蛇科 Uropeltidae	195	红尾筒蛇	Cylindrophis ruffus	
蟒科 Boida	196	红沙蟒	Eryx miliaris	
	197	东疆沙蟒	Eryx orentalis-xinjiangensis	
	198	东方沙蟒	Eryx tataricus	
游蛇科 Colubridae	199	青脊蛇	Achalinus ater	
	200	台湾脊蛇	Achalinus formosanus	
	201	海南脊蛇	Achalinus hainanus	
	202	井冈山脊蛇	Achalinus jinggangensis	
	203	美姑脊蛇	Achalinus meiguensis	
	204	阿里山脊蛇	Achalinus niger	
	205	棕脊蛇	Achalinus rufescens	
	206	黑脊蛇	Achalinus spinalis	
	207	绿瘦蛇	Ahaetulla prasina	
	208	无颞鳞腹链蛇	Amphiesma atemporale	
	209	黑带腹链蛇	Amphiesma. bitaeniatum	
	210	白眉腹链蛇	Amphiesma boulengeri	
	211	绣链腹链蛇	Amphiesma craspedogaster	
	212	棕网腹链蛇	Amphiesma johannis	
	213	卡西腹链蛇	Amphiesma khasiense	
	214	瓦屋山腹链蛇	Amphiesma metusium	
	215	台北腹链蛇	Amphiesma miyajimae	
	216	腹斑腹链蛇	Amphiesma modestum	
	217	八线腹链蛇	Amphiesma octolineatum	
	218	丽纹腹链蛇	Amphiesma optatum	
	219	双带腹链蛇	Amphiesma parallelum	
	220	平头腹链蛇	Amphiesma platyceps	
	221	坡普腹链蛇	Amphiesma popei	
	222	棕黑腹链蛇	Amphiesma sauteri	
	223	草腹链蛇	Amphiesma stolatum	
	224	缅北腹链蛇	Amphiesma venningi	

续表

目科	序号	中文名	学名	备注
	225	东亚腹链蛇	Amphiesma vibakari	
	226	白眶蛇	Amphiesmoides ornaticeps	
	227	滇西蛇	Atretium yunnanensis	
	228	珠光蛇	Blythia reticulata	
	229	绿林蛇	Boiga cyanea	
	230	广西林蛇	Boiga guangxiensis	
	231	绞花林蛇	Boiga kraepelini	
	232	繁花林蛇	Boiga multomaculata	
	233	尖尾两头蛇	Calamaria pavimentata	
	234	钝尾两头蛇	Calamaria septentrionalis	
	235	云南两头蛇	Calamaria yunnanensis	
	236	金花蛇	Chrysopelea ornata	
	237	花脊游蛇	Coluber ravergieri	
	238	黄脊游蛇	Coluber spinalis	
	239	纯绿翠青蛇	Cyclophiops doriae	
	240	翠青蛇	Cyclophiops major	
	241	横纹翠青蛇	Cyclophiops multicinctus	
	242	喜山过树蛇	Dendrelaphis gorei	
	243	过树蛇	Dendrelaphis pictus	
	244	八莫过树蛇	Dendrelaphis subocularis	
	245	黄链蛇	Dinodon flavozonatum	
	246	粉链蛇	Dinodon rosozonatum	
	247	赤链蛇	Dinodon rufozonatum	
	248	白链蛇	Dinodon septentrionale	
	249	赤峰锦蛇	Elaphe anomala	
	250	双斑锦蛇	Elaphe bimaculata	
	251	王锦蛇	Elaphe carinata	
	252	团花锦蛇	Elaphe davidi	
	253	白条锦蛇	Elaphe dione	
	254	灰腹绿锦蛇	Elaphe frenata	
	255	南峰锦蛇	Elaphe hodgsonii	
	256	玉斑锦蛇	Elaphe mandarina	
	257	百花锦蛇	Elaphe moellendorffi	
	258	横斑锦蛇	Elaphe perlacea	
	259	紫灰锦蛇	Elaphe porphyracea	
	260	绿锦蛇	Elaphe prasina	

续表

目科	序号	中文名	学名	备注
	261	三索锦蛇	Elaphe radiata	
	262	红点锦蛇	Elaphe rufodorsata	
	263	棕黑锦蛇	Elaphe schrenckii	
	264	黑眉锦蛇	Elaphe taeniura	
	265	黑斑水蛇	Enhydris bennettii	
	266	腹斑水蛇	Enhydris bocourti	
	267	中国水蛇	Enhydris chinensis	
	268	铅色水蛇	Enhydris plumbea	
	269	滑鳞蛇	Liopeltis frenatus	
	270	白环蛇	Lycodon aulicus	
	271	双全白环蛇	Lycodon fasciatus	
	272	老挝白环蛇	Lycodon laoensis	
	273	黑背白环蛇	Lycodon ruhstrati	
	274	细白环蛇	Lycodon subcinctus	
	275	颈棱蛇	Macropisthodon rudis	
	276	水游蛇	Natrix natrix	
	277	棋斑水游蛇	Natrix tessellata	
	278	喜山小头蛇	Oligodon albocinctus	
	279	方花小头蛇	Oligodon bellus	
	280	菱斑小头蛇	Oligodon catenata	
	281	中国小头蛇	Oligodon chinensis	
	282	紫棕小头蛇	Oligodon cinereus	
	283	管状小头蛇	Oligodon cyclurus	
	284	台湾小头蛇	Oligodon formosanus	
	285	昆明小头蛇	Oligodon kunmingensis	
	286	圆斑小头蛇	Oligodon lacroixi	
	287	龙胜小头蛇	Oligodon lungshenensis	
	288	黑带小头蛇	Oligodon melanozonatus	
	289	横纹小头蛇	Oligodon multizonatus	
	290	宁陕小头蛇	Oligodon ningshanensis	
	291	饰纹小头蛇	Oligodon ornatus	
	292	山斑小头蛇	Oligodon taeniatus	
	293	香港后棱蛇	Opisthotropis andersonii	
	294	横纹后棱蛇	Opisthotropis balteata	
	295	莽山后棱蛇	Opisthotropis cheni	
	296	广西后棱蛇	Opisthotropis guangxiensis	

续表

目科	序号	中文名	学名	备注
	297	沙坝后棱蛇	Opisthotropis jacobi	
	298	挂墩后棱蛇	Opisthotropis kuatunensis	
	299	侧条后棱蛇	Opisthotropis lateralis	
	300	山溪后棱蛇	Opisthotropis latouchii	
	301	福建后棱蛇	Opisthotropis maxwelli	
	302	老挝后棱蛇	Opisthotropis praemaxillaris	
	303	平鳞钝头蛇	Pareas boulengeri	
	304	棱鳞钝头蛇	Pareas carinatus	
	305	钝头蛇	Pareas chinensis	
	306	台湾钝头蛇	Pareas formosensis	
	307	缅甸钝头蛇	Pareas hamptoni	
	308	横斑钝头蛇	Pareas macularius	
	309	横纹钝头蛇	Pareas margaritophorus	
	310	喜山钝头蛇	Pareas monticola	
	311	福建钝头蛇	Pareas stanleyi	
	312	颈斑蛇	Plagiopholis blakewayi	
	313	缅甸颈斑蛇	Plagiopholis nuchalis	
	314	福建颈斑蛇	Plagiopholis styani	
	315	云南颈斑蛇	Plagiopholis unipostocularis	
	316	紫沙蛇	Psammodynastes pulverulentus	
	317	花条蛇	Psammophis lineolatus	
	318	横纹斜鳞蛇	Pseudoxenodon bambusicola	
	319	崇安斜鳞蛇	Pseudoxenodon karlschmidti	
	320	斜鳞蛇	Pseudoxenodon macrops	
	321	花尾斜鳞蛇	Pseudoxenodon stejnegeri	
	322	灰鼠蛇	Ptyas korros	
	323	滑鼠蛇	Ptyas mucosus	
	324	海南颈槽蛇	Rhabdophis adleri	

续表

目科	序号	中文名	学名	备注
	325	喜山颈槽蛇	Rhabdophis himalayanus	
	326	缅甸颈槽蛇	Rhabdophis leonardi	
	327	黑纹颈槽蛇	Rhabdophis nigrocinctus	
	328	颈槽颈槽蛇	Rhabdophis nuchalis	
	329	九龙颈槽蛇	Rhabdophis pentasupralabialis	
	330	红脖颈槽蛇	Rhabdophis subminiatus	
	331	台湾颈槽蛇	Rhabdophis swinhonis	
	332	虎斑颈槽蛇	Rhabdophis tigrinus	
	333	黄腹杆蛇	Rhabdops bicolor	
	334	尖喙蛇	Rhynchophis boulengeri	
	335	黑头剑蛇	Sibynophis chinensis	
	336	黑领剑蛇	Sibynophis collaris	
	337	环纹华游蛇	Sinonatrix aequifasciata	
	338	赤链华游蛇	Sinonatrix annularis	
	339	华游蛇	Sinonatrix percarinata	
	340	温泉蛇	Thermophis baileyi	
	341	山坭蛇	Trachischium monticola	
	342	小头坭蛇	Trachischium tenuiceps	
	343	渔游蛇	Xenochrophis piscator	
	344	黑网乌梢蛇	Zaocys carinatus	
	345	乌梢蛇	Zaocys dhumnades	
	346	黑线乌梢蛇	Zaocys nigromarginatus	
眼镜蛇科 Elapidae 眼镜蛇亚科 Elapinae	347	金环蛇	Bungarus fasciatus	
	348	银环蛇	Bungarus multicinctus	
	349	福建丽纹蛇	Calliophis kelloggi	
	350	丽纹蛇	Calliophis macclellandi	
	351	台湾丽纹蛇	Calliophis sauteri	
	352	舟山眼镜蛇	Naja atra	
	353	孟加拉眼镜蛇	Naja kaouthia	
	354	眼镜王蛇	Ophiophagus hannah	
扁尾海蛇亚科 Laticaudinae	355	蓝灰扁尾海蛇	Laticauda colubrina	
	356	扁尾海蛇	Laticauda laticaudata	

续表

目科	序号	中文名	学名	备注
	357	半环扁尾海蛇	Laticauda semifasciata	
海蛇亚科 Hydrophiinae	358	棘眦海蛇	Acalyptophis peronii	
	359	棘鳞海蛇	Astrotia stokesii	
	360	龟头海蛇	Emydocephalus ijimae	
	361	青灰海蛇	Hydrophis caerulescens	
	362	青环海蛇	Hydrophis cyanocinctus	
	363	环纹海蛇	Hydrophis fasciatus	
	364	小头海蛇	Hydrophis gracilis	
	365	黑头海蛇	Hydrophis melanocephalus	
	366	淡灰海蛇	Hydrophis ornatus	
	367	截吻海蛇	Kerilia jerdonii	
	368	平颏海蛇	Lapemis curtus	
	369	长吻海蛇	Pelamis platurus	
	370	海蝰	Praescutata viperina	
蝰科 Viperidae				
白头蝰亚科 Azemiopinae	371	白头蝰	Azemiops feae	
蝮亚科 Crotalinae	372	尖吻蝮	VDeinagkistrodon acutus	
	373	短尾蝮	Gloydius brevicaudus	
	374	中介蝮	Gloydius intermedius	
	375	六盘山蝮	Gloydius liupanensis	
	376	秦岭蝮	Gloydius qinlingensis	
	377	岩栖蝮	Gloydius saxatilis	
	378	蛇岛蝮	Gloydius shedaoensis	
	379	高原蝮	Gloydius strauchi	
	380	乌苏里蝮	Gloydius ussuriensis	
	381	莽山烙铁头蛇	Ermia mangshanensis	
	382	山烙铁头蛇	Ovophis monticola	
	383	察隅烙铁头蛇	Ovophis zayuensis	
	384	菜花原矛头蝮	Protobothrops jerdonii	
	385	原矛头蝮	Protobothrops mucrosquamatus	

续表

目科	序号	中文名	学名	备注
	386	乡城原矛头蝮	Protobothrops xiangchengensis	
	387	白唇竹叶青蛇	Trimeresurus albolabris	
	388	台湾竹叶青蛇	Trimeresurus gracilis	
	389	墨脱竹叶青蛇	Trimeresurus medoensis	
	390	竹叶青蛇	Trimeresurus stejnegeri	
	391	西藏竹叶青蛇	Trimeresurus tibetanus	
	392	云南竹叶青蛇	Trimeresurus yunnanensis	
蝰亚科 Viperinae	393	极北蝰	Vipera berus	
	394	圆斑蝰	Vipera russelii	
	395	草原蝰	Vipera ursinii	
昆虫纲 INSECTA 17目72科120属110种				
襀翅目 Plecoptera				
襀科 Perlidae	1	江西叉突虫责	Furcaperla jiangxiensis	
	2	海南华钮虫责	Sinacronearia hainana	
扁襀科 Peltoperlidae	3	吉氏小扁虫责	Microperla jeei	
	4	史氏长卷虫责	Perlomyer smithae	
螳螂目 Mantodea				
怪螳科 Amorphoscelidae		怪螳属（所有种）	Amorphoscelis spp.	
竹节虫目 Phasmatodea				
竹节虫科 Phasmatidae	5	魏氏巨虫脩	Tirachoidea westwoodi	
	6	四川无肛虫脩	Paraentoria sichuanensis	
	7	尖峰岭彪虫脩	Pharnacia jianfenglingensis	
	8	污色无翅刺虫脩	Cnipsus colorantis	
叶虫脩科 Phyllidae		叶虫脩属（所有种）	Phyllium spp.	
杆虫脩科 Bacillidae	9	广西瘤虫脩	Datames guangxiensis	
异虫脩科 Heteronemiidae	10	褐脊瘤胸虫脩	Trachythorax fuscocarinatus	

续表

目科	序号	中文名	学名	备注
	11	中华仿圆筒虫䖴	Paragongylopus sinensis 啮虫目 Psocoptera	
围啮科 Peripsocidae	12	食蚧双突围啮	Diplopsocus phagococcus	
啮科 Psocidae	13	线斑触啮	Psococerastis linearis	
缨翅目 Thysanoptera				
纹蓟马科 Aeolothripidae	14	黄脊扁角纹蓟马	Mymarothrips fiavidonotus	
同翅目 Homoptera				
蛾蜡蝉科 Flatidae	15	墨脱埃蛾蜡蝉	Exoma medogensis	
蜡蝉科 Fulgoridae	16	红翅梵蜡蝉	Aphaena rabiala	
颜蜡蝉科 Eurybrachidae	17	漆点旌翅颜蜡蝉	Ancyra annamensis	
蝉科 Cicadidae		碧蝉属（所有种）	Hea spp.	
		彩蝉属（所有种）	Gallogaena spp.	
		琥珀蝉属（所有种）	Ambrogaena spp.	
		硫磺蝉属（所有种）	Sulphogaena spp.	
		拟红眼蝉属（所有种）	Paratalainga spp.	
		笃蝉属（所有种）	Tosena spp.	
犁胸蝉科 Aetalionidae	18	西藏管尾犁胸蝉	Darthula xizangensis	
角蝉科 Membracidae	19	周氏角蝉	Choucentrus sinensis	
棘蝉科 Machaerotidae	20	新象棘蝉	Neosigmasoma manglunensis	

续表

目科	序号	中文名	学名	备注
毛管蚜科 Greenideidae	21	野核桃声毛管蚜	Mollitrichosiphum juglandisuctum	
扁蚜科 Hormaphididae	22	柳粉虱蚜	Aleurodaphis sinisalicis	
半翅目 Hemiptera				
负子蝽科 Belostomatidae	23	田鳖	Lethocerus indicus	
盾蝽科 Scutelleridae	24	山字宽盾蝽	Poecilocoris sanszesingatus	
猎蝽科 Reduviidae	25	海南杆虫脩猎蝽	Ischnobaenella hainana	
广翅目 Megaloptera				
齿蛉科 Corydalidae	26	中华脉齿蛉	Neuromus sinensis	
蛇蛉目 Raphidioptera				
盲蛇蛉科 Inocelliidae	27	硕华盲蛇蛉	Sininocellia gigantos	
脉翅目 Neuroptera				
旌蛉科 Nemopteridae	28	中华旌蛉	Nemopistha sinica	
鞘翅目 Coleoptera				
虎甲科 Cicindelidae	29	双锯球胸虎甲	Therates biserratus	
步甲科 Carabidae		步甲属拉步甲亚属（所有种）	Carabus spp.	Coptolabrus spp
		步甲属硕步甲亚属（所有种）	Carabus spp.	Aptomopterus spp.
两栖甲科 Amphizoidae	30	大卫两栖甲	Amphizoa davidi	
	31	中华两栖甲	Amphizoa sinica	
叩甲科 Elateridae	32	大尖鞘叩甲	Oxynopterus annamensis	
	33	凹头叩甲	Ceropectus messi	
	34	丽叩甲	Campsosternus auratus	
	35	黔丽叩甲	Campsosternus guizhouensis	

续表

目科	序号	中文名	学名	备注
	36	二斑丽叩甲	Campsosternus bimaculatu	
	37	朱肩丽叩甲	Campsosternus gemma	
	38	绿腹丽叩甲	Campsosternus fruhstorferi	
	39	眼纹斑叩甲	Cryptalaus larvatus	
	40	豹纹斑叩甲	Cryptalaus sordidus	
	41	木棉梳角叩甲	Pectocera fortunei	
吉丁虫科 Buprestidae	42	海南硕黄吉丁	Megaloxantha hainana	
	43	红绿金吉丁	Chrysochroa vittata	
	44	北部湾金吉丁	Chrysochroa tonkinensis	
	45	绿点椭圆吉丁	Sternocera aequisignata	
瓢虫科 Coccinellidae	46	三色红瓢虫	Amida tricolor	
	47	龟瓢虫	Epiverta chelonia	
拟步甲科 Tenebrionidae	48	李氏长足甲	Adesmia lii	Oteroselis lii
臂金龟科 Euchiridae		彩壁金龟属（所有种）	Cheirotonus spp.	
	49	戴褐臂金龟	Propomacrus davidi	
犀金龟科 Dynastidae	50	胫晓扁犀金龟	Eophileurus tibialis	
		叉犀金龟属（所有种）	Allomyrina spp.	
	51	葛蛀犀金龟	Oryctes gnu	
	52	细角尤犀金龟	Eupatorus gracilicornis	
鳃金龟科 Melolonthidae	53	背黑正鳃金龟	Malaisius melanodiscus	
花金龟科 Cetoniidae	54	群斑带花金龟	Taeniodera coomani	
	55	褐斑背角花金龟	Neophaedimus auzouxi	
	56	四斑幽花金龟	Iumnos ruckeri	
锹甲科 Lucanidae	57	中华奥锹甲	Odontolabis sinensis	
	58	巨叉锹甲	Lucanus planeti	
	59	幸运锹甲	Lucanida fortunei	
天牛科 Cerambycidae	60	细点音天牛	Heterophilus punctulatus	
	61	红腹膜花天牛	Necydalis rufiabdominis	

续表

目科	序号	中文名	学名	备注
	62	畸腿半鞘天牛	Merionoeda splendida	
叶甲科 Chrysomelidae	63	超高萤叶甲	Galeruca altissima	
锥象科 Brentidae	64	大宽喙象	Baryrrhynchus cratus	
捻翅目 Strepsiptera				
栉虫扇科 Halictophagidae	65	拟蚤蝼虫扇	Tridactyloxenos coniferus	
长翅目 Mecoptera				
蝎蛉科 Parnorpidae	66	周氏新蝎蛉	Neopanorpa choui	
毛翅目 Trichoptera				
石蛾科 Phryganeidae	67	中华石蛾	Phryganea sinensis	
鳞翅目 Lepidoptera				
蛉蛾科 Neopseustidae	68	梵净蛉蛾	Neopseustis fanjingshana	
小翅蛾科 Micropterygidae	69	井冈小翅蛾	Paramartyria jinggangana	
长角蛾科 Adelidae	70	大黄长角蛾	Nemophora amurensis	
举肢蛾科 Heliodinidae	71	北京举肢蛾	Beijinga utila	
燕蛾科 Uraniidae	72	巨燕蛾	Nyctalemon patroclus	
灯蛾科 Arctiidae	73	紫曲纹灯蛾	Gonerda bretaudiaui	
桦蛾科 Endromidae	74	陇南桦蛾	Mirina longnanensis	
大蚕蛾科 Saturniidae	75	半目大蚕蛾	Antheraea yamamai	
	76	乌桕大蚕蛾	Attacus atlas	
	77	冬青大蚕蛾	Attacus edwardsi	
萝纹蛾科 Brahmaeidae	78	黑褐萝纹蛾	Brahmaea christophi	
凤蝶科 Papilionidae		喙凤蝶属（所有种）	Teinopalpus spp.	
		虎凤蝶属（所有种）	Luehdorfia spp.	
	79	锤尾凤蝶	Losaria coon	
	80	台湾凤蝶	Papilio thaiwanus	
	81	红斑美凤蝶	Papilio rumanzovius	
	82	旖凤蝶	Iphiclides podalirius	
		尾凤蝶属（所有种）	Bhutanitis spp.	

续表

目科	序号	中文名	学名	备注
		曙凤蝶属（所有种）	Atrophaneura spp.	
		裳凤蝶属（所有种）	Troides spp.	
		宽尾凤蝶属（所有种）	Agehana spp.	
	83	燕凤蝶	Lamproptera curia	
	84	绿带燕凤蝶	Lamproptera meges	
粉蝶科 Pieridae		眉粉蝶属（所有种）	Zegris spp.	
蛱蝶科 Nymphalidae	85	最美紫蛱蝶	Sasakia pulcherrima	
	86	黑紫蛱蝶	Sasakia funebris	
	87	枯叶蛱蝶	Kallima inachus	
绢蝶科 Parnassidae		绢蝶属（所有种）	Parnassius spp.	
眼蝶科 Satyridae	88	黑眼蝶	Ethope henrici	
		岳眼蝶属（所有种）	Orinoma spp.	
	89	豹眼蝶	Nosea hainanensis	
环蝶科 Amathusiidae		箭环蝶属（所有种）	Stichophthalma spp.	
	90	森下交脉环蝶	Amathuxidia morishitai	
灰蝶科 Lycaenidae		陕灰蝶属（所有种）	Shaanxiana spp.	
	91	虎灰蝶	Yamamotozephyrus kwangtungensis	
弄蝶科 Hesperiidae	92	大伞弄蝶	Bibasis miracula	
双翅目 Diptera				
食虫虻科 Asilidae	93	古田钉突食虫虻	Euscelidia gutianensis	

续表

目科	序号	中文名	学名	备注
突眼蝇科 Diopsidae	94	中国突眼蝇	Diopsis chinica	
甲蝇科 Celyphidae	95	铜绿狭甲蝇	Spaniocelyphus cupreus	
膜翅目 Hymenoptera				
叶蜂科 Tenthredinidae	96	海南木莲枝角叶蜂	Cladiucha manglietiae	
姬蜂科 Ichneumonidae	97	蝙蛾角突姬蜂	Megalomya hepialivora	
	98	黑蓝凿姬蜂	Xorides nigricaeruleus	Epixorides nigricaeruleus
	99	短异潜水蜂	Atopotypus succinatus	
茧蜂科 Braconidae	100	马尾茧蜂	Euurobracon yokohamae	
	101	梵净山华甲茧蜂	Siniphanerotomella fanjingshana	
	102	天牛茧蜂	Parabrulleia shibuensis	
金小蜂科 Pteromalidae	103	丽锥腹金小蜂	Solenura ania	
离颚细蜂科 Vanhornidae	104	贵州华颚细蜂	Vanhornia guizhouensis	
虫系蜂科 Sclerogibbidae	105	中华新虫系蜂	Caenoscleroglibba sinica	
泥蜂科 Sphecidae	106	叶齿金绿泥蜂	Chlorion lobatum	
蚁科 Formicidae	107	双齿多刺蚁	Polyrhachis dives	
	108	鼎突多刺蚁	Polyrhachis vicina	
蜜蜂科 Apidae	109	伪猛熊蜂	Bombus persoatus	Subterraneobombus persoatus
	110	中华蜜蜂	Apis cerana	

注:"*"原为国家Ⅱ级保护动物

国家重点保护野生动物名录

根据《中华人民共和国野生动物保护法》第二章第九条规定，原林业部和农业部共同拟定了一份名录，列出了国家一级重点保护野生动物和二级重点保护野生动物，名录还对水生、陆生动物作了具体划分，明确了由渔业、林业行政主管部门分别主管的具体种类。该名录于1988年12月10日经国务院批准，1989年1月14日由中华人民共和国林业部、农业部令第1号发布施行。

1993年4月14日，林业部发出通知，决定将《濒危野生动植物种国际贸易公约》（CITES）附录一和附录二所列非原产中国的所有野生动物（如犀牛、食蟹猴、袋鼠、鸵鸟、非洲象、斑马等），分别核准为国家一级和国家二级保护野生动物。2003年2月21日，国家林业局令第7号发布，将麝科麝属所有种由国家二级保护野生动物调整为国家一级保护野生动物，以全面加强麝资源保护。

中名	学名	保护级别 Ⅰ级	保护级别 Ⅱ级
兽纲 MAMMALIA			
灵长目	PRIMATES		
懒猴科	Lorisidae		
蜂猴（所有种）	Nycticebus spp.	Ⅰ	
猴科	Cercopithecidae		
短尾猴	Macaca arctoides		Ⅱ
熊猴	Macaca assamensis	Ⅰ	
台湾猴	Macaca cyclopis	Ⅰ	
猕猴	Macaca mulatta		Ⅱ
豚尾猴	Macaca nemestrina	Ⅰ	
藏酋猴	Macaca thibetana		Ⅱ
叶猴（所有种）	Presbytis spp.	Ⅰ	
金丝猴（所有种）	Rhinopithecus spp.	Ⅰ	
猩猩科	Pongidae		
长臂猿（所有种）	Hylobates spp.	Ⅰ	

续表

中名	学名	保护级别	
		I 级	II 级
鳞甲目	PHOLIDOTA		
鲮鲤科	Manidae		
穿山甲	Manis pentadactyla		II
食肉目	CARNIVORA		
犬科	Canidae		
豺	Cuon alpinus		II
熊科	Ursidae		
黑熊	Selenarctos thibetanus		II
棕熊	Ursus arctos		II
（包括马熊）	（U. a. pruinosus）		
马来熊	Helarctos malayanus	I	
浣熊科	Procyonidae		
小熊猫	Ailurus fulgens		II
大熊猫科	Ailuropodidae		
大熊猫	Ailuropoda melanoleuca	I	
鼬科	Mustelidae		
石貂	Martes foina		II
紫貂	Martes zibellina	I	
黄喉貂	Martes flavigula		II
貂熊	Gulo gulo	I	
*水獭（所有种）	Lutra spp.		II
*小爪水獭	Aonyx cinerea		II
灵猫科	Viverridae		
斑林狸	Prionodon pardicolor		II
大灵猫	Viverra zibetha		II
小灵猫	Viverricula indica		II
熊狸	Arctictis binturong	I	
猫科	Felidae		
草原斑猫	Felis lybica（=silvestris）		II
荒漠猫	Felis bieti		II
丛林猫	Felis chaus		II
猞猁	Felis lynx		II
兔狲	Felis manul		II
金猫	Felis temmincki		II
渔猫	Felis viverrinus		II

续表

中名	学名	保护级别	
		I级	II级
云豹	Neofelis nebulosa	I	
豹	Panthera pardus	I	
虎	Panthera tigris	I	
雪豹	Panthera uncia	I	
*鳍足目（所有种）	PINNIPEDIA		II
海牛目	SIRENIA		
儒艮科	Dugongidae		
*儒艮	Dugong dugon	I	
鲸目	CETACEA		
喙豚科	Platanistidae		
*白鱀豚	Lipotes vexillifer	I	
海豚科	Delphinidae		
*中华白海豚	Sousa chinensis	I	
*其它鲸类	(Cetacea)		II
长鼻目	PROBOSCIDEA		
象科	Elephantidae		
亚洲象	Elephas maximus	I	
奇蹄目	PERISSODACTYLA		
马科	Equidae		
蒙古野驴	Equus hemionus	I	
西藏野驴	Equus kiang	I	
野马	Equus przewalskii	I	
偶蹄目	ARTIODACTYLA		
驼科	Camelidae		
野骆驼	Camelus ferus（=bactrianus）	I	
鼷鹿科	Tragulidae		
鼷鹿	Tragulus javanicus	I	
麝科	Moschidae		
麝（所有种）	Moschus spp.	I	
鹿科	Cervidae		
河麂	Hydropotes inermis		II
黑麂	Muntiacus crinifrons	I	
白唇鹿	Cervus albirostris	I	
马鹿	Cervus elaphus		II
（包括白臀鹿）	（C. e. macneilli）		

续表

中名	学名	保护级别 I级	保护级别 II级
坡鹿	Cervus eldi	I	
梅花鹿	Cervus nippon	I	
豚鹿	Cervus porcinus	I	
水鹿	Cervus unicolor		II
麋鹿	Elaphurus davidianus	I	
驼鹿	Alces alces		II
牛科	Bovidae		
野牛	Bos gaurus	I	
野牦牛	Bos mutus (=grunniens)	I	
黄羊	Procapra gutturosa		II
普氏原羚	Procapra przewalskii	I	
藏原羚	Procapra picticaudata		II
鹅喉羚	Gazella subgutturosa		II
藏羚	Pantholops hodgsoni	I	
高鼻羚羊	Saiga tatarica	I	
扭角羚	Budorcas taxicolor	I	
鬣羚	Capricornis sumatraensis		II
台湾鬣羚	Capricornis crispus	I	
赤斑羚	Naemorhedus cranbrooki	I	
斑羚	Naemorhedus goral		II
塔尔羊	Hemitragus jemlahicus	I	
北山羊	Capra ibex	I	
岩羊	Pseudois nayaur		II
盘羊	Ovis ammon		II
兔形目	LAGOMORPHA		
兔科	Leporidae		
海南兔	Lepus peguensis hainanus		II
雪兔	Lepus timidus		II
塔尔木兔	Lepus yarkandensis		II
啮齿目	RODENTIA		
松鼠科	Sciuridae		
巨松鼠	Ratufa bicolor		II
河狸科	Castoridae		
河狸	Castor fiber	I	
鸟纲 AVES			

续表

中名	学名	保护级别 I级	保护级别 II级
䴙䴘目	PODICIPEDIFORMES		
䴙䴘科	Podicipedidae		
角䴙䴘	Podiceps auritus		II
赤颈䴙䴘	Podiceps grisegena		II
鹱形目	PROCELLARIIFORMES		
信天翁科	Diomedeidae		
短尾信天翁	Diomedea albatrus	I	
鹈形目	PELECANIFORMES		
鹈鹕科	Pelecanidae		
鹈鹕（所有种）	Pelecanus spp.		II
鲣鸟科	Sulidae		
鲣鸟（所有种）	Sula spp.		II
鸬鹚科	Phalacrocoracidae		
海鸬鹚	Phalacrocorax pelagicus		II
黑颈鸬鹚	Phalacrocorax niger		II
军舰鸟科	Fregatidae		
白腹军舰鸟	Fregata andrewsi	I	
鹳形目	CICONIIFORMES		
鹭科	Ardeidae		
黄嘴白鹭	Egretta eulophotes		II
岩鹭	Egretta sacra		II
海南虎斑鳽	Gorsachius magnificus		II
小苇鳽	Ixbrychus minutus		II
鹳科	Ciconiidae		
彩鹳	Ibis leucocephalus		II
白鹳	Ciconia ciconia	I	
黑鹳	Ciconia nigra	I	
鹮科	Threskiornithidae		
白鹮	Threskiornis aethiopicus		II
黑鹮	Pseudibis papillosa		II
朱鹮	Nipponia nippon	I	
彩鹮	Plegadis falcinellus		II
白琵鹭	Platalea leucorodia		II
黑脸琵鹭	Platalea minor		II
雁形目	ANSERIFORMES		

— 71 —

续表

中名	学名	保护级别	
		I级	II级
鸭科	Anatidae		
红胸黑雁	Branta ruficollis		II
白额雁	Anser albifrons		II
天鹅（所有种）	Cygnus spp.		II
鸳鸯	Aix galericulata		II
中华秋沙鸭	Mergus squamatus	I	
隼形目	FALCONIFORMES		
鹰科	Accipitridae		
金雕	Aquila chrysaetos	I	
白肩雕	Aquila heliaca	I	
玉带海雕	Haliaeetus leucoryphus	I	
白尾海雕	Haliaeetus albcilla	I	
虎头海雕	Haliaeetus pelagicus	I	
拟兀鹫	Pseudogyps bengalensis	I	
胡兀鹫	Gypaetus barbatus	I	
其它鹰类	（Accipitridae）		II
隼科（所有种）	Falconidae		II
鸡形目	GALLIFORMES		
松鸡科	Tetraonidae		
细嘴松鸡	Tetrao parvirostris	I	
黑琴鸡	Lyrurus tetrix		II
柳雷鸟	Lagopus lagopus		II
岩雷鸟	Lagopus mutus		II
镰翅鸟	Falcipennis falcipennis		II
花尾榛鸡	Tetrastes bonasia		II
斑尾榛鸡	Tetrastes sewerzowi	I	
雉科	Phasianidae		
雪鸡（所有种）	Tetraogallus spp.		II
雉鹑	Tetraophasis obscurus	I	
四川山鹧鸪	Arborophila rufipectus	I	
海南山鹧鸪	Arborophila ardens	I	
血雉	Ithaginis cruentus		II
黑头角雉	Tragopan melanocephalus	I	
红胸角雉	Tragopan satyra	I	
灰腹角雉	Tragopan blythii	I	

续表

中名	学名	保护级别 I级	II级
红腹角雉	Tragopan temminckii		II
黄腹角雉	Tragopan caboti	I	
虹雉（所有种）	Lophophorusspp.	I	
藏马鸡	Crossoptilon crossoptilon		II
蓝马鸡	Crossoptilon aurtun		II
褐马鸡	Crossoptilon mantchuricum	I	
黑鹇	Lophura leucomelana		II
白鹇	Lophura nycthemera		II
蓝鹇	Lophura swinhoii	I	
原鸡	Gallus gallus		II
勺鸡	Pucrasia macrolopha		II
黑颈长尾雉	Syrmaticus humiae	I	
白冠长尾雉	Syrmaticus reevesii		II
白颈长尾雉	Syrmaticus ewllioti	I	
黑长尾雉	Syrmaticus mikado	I	
锦鸡（所有种）	Chrysolophusspp.		II
孔雀雉	Polyplectron bicalcaratum	I	
绿孔雀	Pavo muticus	I	
鹤形目	GRUIFORMES		
鹤科	Gruidae		
灰鹤	Grus grus		II
黑颈鹤	Grus nigricollis	I	
白头鹤	Grus monacha	I	
沙丘鹤	Grus canadensis		II
丹顶鹤	Grus japonensis	I	
白枕鹤	Grus vipio		II
白鹤	Grus leucogeranus	I	
赤颈鹤	Grus antigone	I	
蓑羽鹤	Anthropoides virgo		II
秧鸡科	Rallidae		
长脚秧鸡	Crex crex		II
姬田鸡	Porzana parva		II
棕背田鸡	Porzana bicolor		II
花田鸡	Coturnicops noveboracensis		II
鸨科	Otidae		

续表

中名	学名	保护级别 I 级	保护级别 II 级
鸨（所有种）	Otis spp.	I	
形鸻目	CHARADRIIFORMES		
雉鸻科	Jacanidae		
铜翅水雉	Metopidius indicus		II
鹬科	Soolopacidae		
小勺鹬	Numenius borealis		II
小青脚鹬	Tringa guttifer		II
燕鸻科	Glareolidae		
灰燕鸻	Glareola lactea		II
鸥形目	LARIFORMES		
鸥科	Laridae		
遗鸥	Larus relictus	I	
小鸥	Larus minutus		II
黑浮鸥	Chlidonias niger		II
黄嘴河燕鸥	Sterna aurantia		II
黑嘴端凤头燕鸥	Thalasseus zimmermanni		II
鸽形目	COLUMBIFORMES		
沙鸡科	Pteroclididae		
黑腹沙鸡	Pterocles orientalis		II
鸠鸽科	Columbidae		
绿鸠（所有种）	Treron spp.		II
黑颏果鸠	Ptilinopus leclancheri		II
皇鸠（所有种）	Ducula spp.		II
斑尾林鸽	Columba palumbus		II
鹃鸠（所有种）	Macropygia spp.		II
鹦形目	PSITTACIFORMES		
鹦鹉科（所有种）	Psittacidae spp.		II
鹃形目	CUCULIFORMES		
杜鹃科	Cuculidae		
鸦鹃（所有种）	Centropus spp.		II
鸮形目（所有种）	STRIGIFORMES spp.		II
雨燕目	APODIFORMES		
雨燕科	Apodidae		
灰喉针尾雨燕	Hirundapus cochinchinensis		II
凤头雨燕科	Hemiprocnidae		

续表

中名	学名	保护级别 I级	保护级别 II级
凤头雨燕	Hemiprocne longipennis		II
咬鹃目	TROGONIFORMES		
咬鹃科	Trogonidae		
橙胸咬鹃	Harpactes oreskios		II
佛法僧目	CORACIIFORMES		
翠鸟科	Alcedinidae		
蓝耳翠鸟	Alcedo meninting		II
鹳嘴翠鸟	Pelargopsis capensis		II
蜂虎科	Meropidae		
黑胸蜂虎	Merops leschenaulti		II
绿喉蜂虎	Merops orientalis		II
犀鸟科（所有种）	Bucertidae		II
鴷形目	PICIFORMES		
啄木鸟科	Picidae		
白腹黑啄木鸟	Dryocopus javensis		II
雀形目	PASSERIFORMES		
阔嘴鸟科（所有种）	Eurylaimidae spp.		II
八色鸫科（所有种）	Pittidae spp.		II
爬行纲 REPTILIA			
龟鳖目	TESTUDOFORMES		
龟科	Emydidae		
*地龟	Geoemyda spengleri		II
*三线闭壳龟	Cuora trifasciata		II
*云南闭壳龟	Cuora yunnanensis		II
陆龟科	Testudinidae		
四爪陆龟	Testudo horsfieldi	I	
凹甲陆龟	Manouria impressa		II
海龟科	Cheloniidae		
*蠵龟	Caretta caretta		II
*绿海龟	Chelonia mydas		II
*玳瑁	Eretmochelys imbricata		II
*太平洋丽龟	Lepidochelys olivacea		II
棱皮龟科	Dermochelyidae		
*棱皮龟	Dermochelys coriacea		II
鳖科	Trionychidae		

续表

中名	学名	保护级别	
		I 级	II 级
*鼋	Pelochelys bibroni	I	
*山瑞鳖	Trionyx steindachneri		II
蜥蜴目	LACERTIFORMES		
壁虎科	Gekkonidae		
大壁虎	Gekko gecko		II
鳄蜥科	Shinisauridae		
蜥鳄	Shinisaurus crocodilurus	I	
巨蜥科	Varanidae		
巨蜥	Varanus salvator	I	
蛇目	SERPENTIFORMES		
蟒科	Boidae		
蟒	Python molurus	I	
鳄目	CROCODILIFORMES		
鼍科	Alligatoridae		
扬子鳄	Alligator sinensis	I	
两栖纲 AMPHIBIA			
有尾目	CAUDATA		
隐鳃鲵科	Cryptobranchidae		
*大鲵	Andrias davidianus		II
蝾螈科	Salamandridae		
*细痣疣螈	Tylototriton asperrimus		II
*镇海疣螈	Tylototriton chinhaiensis		II
*贵州疣螈	Tylototriton kweichowensis		II
*大凉疣螈	Tylototriton taliangensis		II
*细瘰疣螈	Tylototriton verrucosus		II
无尾目	ANURA		
蛙科	Ranidae		
虎纹蛙	Rana tigrina		II
鱼纲 PISCES			
鲈形目	PERCIFORMES		
石首鱼科	Sciaenidae		
*黄唇鱼	Bahaba flavolabiata		II
杜父鱼科	Cottidae		
*松江鲈鱼	Trachidermus fasciatus		II
海龙鱼目	SYNGNATHIFORMES		

续表

中名	学名	保护级别 I级	保护级别 II级
海龙鱼科	Syngnathidae		
*克氏海马鱼	Hippocampus kelloggi		II
鲤形目	CYPRINIFORMES		
胭脂鱼科	Catostomidae		
*胭脂鱼	Myxocyprinus asiaticus		II
鲤科	Cyprinidae		
*唐鱼	Tanichthys albonubes		II
*大头鲤	Cyprinus pellegrini		II
*金钱鲃	Sinocyclocheilus grahami grahami		II
*新疆大头鱼	Aspiorhynchus laticeps	I	
*大理裂腹鱼	Schizothorax taliensis		II
鳗鲡目	ANGUILLIFORMES		
鳗鲡科	Anguillidae		
*花鳗鲡	Anguilla marmorata		II
鲑形目	SALMONIFORMES		
鲑科	Salmonidae		
*川陕哲罗鲑	Hucho bleekeri		II
*秦岭细鳞鲑	Brachymystax lenok tsinlingensis		II
鲟形目	ACIPENSERIFORMES		
鲟科	Acipenseridae		
*中华鲟	Acipenser sinensis	I	
*达氏鲟	Acipenser dabryanus	I	
匙吻鲟科	Polyodontidae		
*白鲟	Psephurus gladius	I	
文昌鱼纲 APPENDICULARIA			
文昌鱼目	AMPHIOXIFORMES		
文昌鱼科	Branchiostomatidae		
*文昌鱼	Branchiotoma belcheri		II
珊瑚纲 ANTHOZOA			
柳珊瑚目	GORGONACEA		
红珊瑚科	Coralliidae		
*红珊瑚	Coralliumspp.	I	
腹足纲 GASTROPODA			
中腹足目	MESOGASTROPODA		
宝贝科	Cypraeidae		

续表

中名	学名	保护级别	
		I 级	II 级
*虎斑宝贝	Cypraea tigris		II
冠螺科	Cassididae		
*冠螺	Cassis cornuta		II
瓣鳃纲 LAMELLIBRANCHIA			
异柱目	ANISOMYARIA		
珍珠贝科	Pteriidae		
*大珠母贝	Pinctada maxima		II
真瓣鳃目	EULAMELLIBRANCHIA		
砗磲科	Tridacnidae		
*库氏砗磲	Tridacna cookiana	I	
蚌科	Unionidae		
*佛耳丽蚌	Lamprotula mansuyi		II
头足纲 CEPHALOPODA			
四鳃目	TETRABRANCHIA		
鹦鹉螺科	Nautilidae		
*鹦鹉螺	Nautilus pompilius	I	
昆虫纲 INSECTA			
双尾目	DIPLURA		
铗科	Japygidae		
伟铗	Atlasjapyx atlas		II
蜻蜓目	ODONATA		
箭蜓科	Gomphidae		
尖板曦箭蜓	Heliogomphus retroflexus		II
宽纹北箭蜓	Ophiogomphus spinicorne		II
缺翅目	ZORAPTERA		
缺翅虫科	Zorotypidae		
中华缺翅虫	Zorotypus sinensis		II
墨脱缺翅虫	Zorotypus medoensis		II
蛩蠊目	GRYLLOBLATTODAE		
蛩蠊科	Grylloblattidae		
中华蛩蠊	Galloisiana sinensis	I	
鞘翅目	COLEOPTERA		
步甲科	Carabidae		
拉步甲	Carabus (Coptolabrus) lafossei		II
硕步甲	Carabus (Apoptoterus) davidi		II

续表

中名	学名	保护级别	
		I 级	II 级
臂金龟科	Euchiridae		
彩臂金龟（所有种）	Cheirotonus spp.		II
犀金龟科	Dynastidae		
叉犀金龟	Allomyrina davidis		II
鳞翅目	LEPIDOPTERA		
凤蝶科	Papilionidae		
金斑喙凤蝶	Teinopalpus aureus	I	
双尾褐凤蝶	Bhutanitis mansfieldi		II
三尾褐凤蝶	Bhutanitis thaidina dongchuanensis		II
中华虎凤蝶	Luehdorfia chinensis huashanensis		II
绢蝶科	Parnassidae		
阿波罗绢蝶	Parnassius apollo		II
肠鳃纲 ENTEROPNEUSTA			
柱头虫科	Balanoglossidae		
*多鳃孔舌形虫	Glossobalanus polybranchioporus	I	
玉钩虫科	Harrimaniidae		
*黄岛长吻虫	Saccoglossus hwangtauensis	I	

注：标"*"者，由渔业行政主管部门主管；未标"*"者，由林业行政主管部门主管。另外，前文提到的《濒危野生动植物种国际贸易公约》（CITES）中被核准为国家一级和二级保护野生动物的非原产中国的物种（如犀牛、斑马等）并未详列在上表中。

中华人民共和国自然保护区条例

中华人民共和国国务院令

第687号

现公布《国务院关于修改部分行政法规的决定》，自公布之日起施行。

总理　李克强
2017年10月7日

（1994年10月9日中华人民共和国国务院令第167号发布；根据2011年1月8日《国务院关于废止和修改部分行政法规的决定》第一次修订；根据2017年10月07日《国务院关于修改部分行政法规的决定》第二次修订）

第一章　总　则

第一条　为了加强自然保护区的建设和管理，保护自然环境和自然资源，制定本条例。

第二条　本条例所称自然保护区，是指对有代表性的自然生态系统、珍稀濒危野生动植物物种的天然集中分布区、有特殊意义的自然遗迹等保护对象所在的陆地、陆地水体或者海域，依法划出一定面积予以特殊保护和管理的区域。

第三条　凡在中华人民共和国领域和中华人民共和国管辖的其他海域内建设和管理自然保护区，必须遵守本条例。

第四条　国家采取有利于发展自然保护区的经济、技术政策和措施，将自然保护区的发展规划纳入国民经济和社会发展计划。

第五条　建设和管理自然保护区，应当妥善处理与当地经济建设和居民生产、生活的关系。

第六条 自然保护区管理机构或者其行政主管部门可以接受国内外组织和个人的捐赠,用于自然保护区的建设和管理。

第七条 县级以上人民政府应当加强对自然保护区工作的领导。

一切单位和个人都有保护自然保护区内自然环境和自然资源的义务,并有权对破坏、侵占自然保护区的单位和个人进行检举、控告。

第八条 国家对自然保护区实行综合管理与分部门管理相结合的管理体制。

国务院环境保护行政主管部门负责全国自然保护区的综合管理。

国务院林业、农业、地质矿产、水利、海洋等有关行政主管部门在各自的职责范围内,主管有关的自然保护区。

县级以上地方人民政府负责自然保护区管理的部门的设置和职责,由省、自治区、直辖市人民政府根据当地具体情况确定。

第九条 对建设、管理自然保护区以及在有关的科学研究中做出显著成绩的单位和个人,由人民政府给予奖励。

第二章 自然保护区的建设

第十条 凡具有下列条件之一的,应当建立自然保护区:

(一)典型的自然地理区域、有代表性的自然生态系统区域以及已经遭受破坏但经保护能够恢复的同类自然生态系统区域;

(二)珍稀、濒危野生动植物物种的天然集中分布区域;

(三)具有特殊保护价值的海域、海岸、岛屿、湿地、内陆水域、森林、草原和荒漠;

(四)具有重大科学文化价值的地质构造、著名溶洞、化石分布区、冰川、火山、温泉等自然遗迹;

(五)经国务院或者省、自治区、直辖市人民政府批准,需要予以特殊保护的其他自然区域。

第十一条 自然保护区分为国家级自然保护区和地方级自然保护区。

在国内外有典型意义、在科学上有重大国际影响或者有特殊科学研究价值的自然保护区，列为国家级自然保护区。

除列为国家级自然保护区的外，其他具有典型意义或者重要科学研究价值的自然保护区列为地方级自然保护区。地方级自然保护区可以分级管理，具体办法由国务院有关自然保护区行政主管部门或者省、自治区、直辖市人民政府根据实际情况规定，报国务院环境保护行政主管部门备案。

第十二条 国家级自然保护区的建立，由自然保护区所在的省、自治区、直辖市人民政府或者国务院有关自然保护区行政主管部门提出申请，经国家级自然保护区评审委员会评审后，由国务院环境保护行政主管部门进行协调并提出审批建议，报国务院批准。

地方级自然保护区的建立，由自然保护区所在的县、自治县、市、自治州人民政府或者省、自治区、直辖市人民政府有关自然保护区行政主管部门提出申请，经地方级自然保护区评审委员会评审后，由省、自治区、直辖市人民政府环境保护行政主管部门进行协调并提出审批建议，报省、自治区、直辖市人民政府批准，并报国务院环境保护行政主管部门和国务院有关自然保护区行政主管部门备案。

跨两个以上行政区域的自然保护区的建立，由有关行政区域的人民政府协商一致后提出申请，并按照前两款规定的程序审批。

建立海上自然保护区，须经国务院批准。

第十三条 申请建立自然保护区，应当按照国家有关规定填报建立自然保护区申报书。

第十四条 自然保护区的范围和界线由批准建立自然保护区的人民政府确定，并标明区界，予以公告。

确定自然保护区的范围和界线，应当兼顾保护对象的完整性和适度性，以及当地经济建设和居民生产、生活的需要。

第十五条 自然保护区的撤销及其性质、范围、界线的调整或者改变，应当经原批准建立自然保护区的人民政府批准。

任何单位和个人，不得擅自移动自然保护区的界标。

第十六条 自然保护区按照下列方法命名：

国家级自然保护区：自然保护区所在地地名加"国家级自然保护区"。

地方级自然保护区：自然保护区所在地地名加"地方级自然保护区"。

有特殊保护对象的自然保护区，可以在自然保护区所在地地名后加特殊保护对象的名称。

第十七条 国务院环境保护行政主管部门应当会同国务院有关自然保护区行政主管部门，在对全国自然环境和自然资源状况进行调查和评价的基础上，拟订国家自然保护区发展规划，经国务院计划部门综合平衡后，报国务院批准实施。

自然保护区管理机构或者该自然保护区行政主管部门应当组织编制自然保护区的建设规划，按照规定的程序纳入国家的、地方的或者部门的投资计划，并组织实施。

第十八条 自然保护区可以分为核心区、缓冲区和实验区。

自然保护区内保存完好的天然状态的生态系统以及珍稀、濒危动植物的集中分布地，应当划为核心区，禁止任何单位和个人进入；除依照本条例第二十七条的规定经批准外，也不允许进入从事科学研究活动。

核心区外围可以划定一定面积的缓冲区，只准进入从事科学研究观测活动。

缓冲区外围划为实验区，可以进入从事科学试验、教学实习、参观考察、旅游以及驯化、繁殖珍稀、濒危野生动植物等活动。

原批准建立自然保护区的人民政府认为必要时，可以在自然保护区的外围划定一定面积的外围保护地带。

第三章 自然保护区的管理

第十九条 全国自然保护区管理的技术规范和标准,由国务院环境保护行政主管部门组织国务院有关自然保护区行政主管部门制定。

国务院有关自然保护区行政主管部门可以按照职责分工,制定有关类型自然保护区管理的技术规范,报国务院环境保护行政主管部门备案。

第二十条 县级以上人民政府环境保护行政主管部门有权对本行政区域内各类自然保护区的管理进行监督检查;县级以上人民政府有关自然保护区行政主管部门有权对其主管的自然保护区的管理进行监督检查。被检查的单位应当如实反映情况,提供必要的资料。检查者应当为被检查的单位保守技术秘密和业务秘密。

第二十一条 国家级自然保护区,由其所在地的省、自治区、直辖市人民政府有关自然保护区行政主管部门或者国务院有关自然保护区行政主管部门管理。地方级自然保护区,由其所在地的县级以上地方人民政府有关自然保护区行政主管部门管理。

有关自然保护区行政主管部门应当在自然保护区内设立专门的管理机构,配备专业技术人员,负责自然保护区的具体管理工作。

第二十二条 自然保护区管理机构的主要职责是:

(一)贯彻执行国家有关自然保护的法律、法规和方针、政策;

(二)制定自然保护区的各项管理制度,统一管理自然保护区;

(三)调查自然资源并建立档案,组织环境监测,保护自然保护区内的自然环境和自然资源;

(四)组织或者协助有关部门开展自然保护区的科学研究工作;

(五)进行自然保护的宣传教育;

(六)在不影响保护自然保护区的自然环境和自然资源的前提下,组织开展参观、旅游等活动。

第二十三条 管理自然保护区所需经费,由自然保护区所在地的县级以上地方人民政府安排。国家对国家级自然保护区的管理，给予适当的资金补助。

第二十四条 自然保护区所在地的公安机关，可以根据需要在自然保护区设置公安派出机构，维护自然保护区内的治安秩序。

第二十五条 在自然保护区内的单位、居民和经批准进入自然保护区的人员，必须遵守自然保护区的各项管理制度，接受自然保护区管理机构的管理。

第二十六条 禁止在自然保护区内进行砍伐、放牧、狩猎、捕捞、采药、开垦、烧荒、开矿、采石、挖沙等活动；但是，法律、行政法规另有规定的除外。

第二十七条 禁止任何人进入自然保护区的核心区。因科学研究的需要，必须进入核心区从事科学研究观测、调查活动的，应当事先向自然保护区管理机构提交申请和活动计划，并经自然保护区管理机构批准；其中，进入国家级自然保护区核心区的，应当经省、自治区、直辖市人民政府有关自然保护区行政主管部门批准。

自然保护区核心区内原有居民确有必要迁出的，由自然保护区所在地的地方人民政府予以妥善安置。

第二十八条 禁止在自然保护区的缓冲区开展旅游和生产经营活动。因教学科研的目的，需要进入自然保护区的缓冲区从事非破坏性的科学研究、教学实习和标本采集活动的，应当事先向自然保护区管理机构提交申请和活动计划，经自然保护区管理机构批准。

从事前款活动的单位和个人，应当将其活动成果的副本提交自然保护区管理机构。

第二十九条 在自然保护区的实验区内开展参观、旅游活动的，由自然保护区管理机构编制方案，方案应当符合自然保护区管理目标。

在自然保护区组织参观、旅游活动的，应当严格按照前款规定的方案进行，并加强管理；进入自然保护区参观、旅游的单位和个人，应当服从自然保护区管理机构的管理。

严禁开设与自然保护区保护方向不一致的参观、旅游项目。

第三十条 自然保护区的内部未分区的,依照本条例有关核心区和缓冲区的规定管理。

第三十一条 外国人进入自然保护区,应当事先向自然保护区管理机构提交活动计划,并经自然保护区管理机构批准;其中,进入国家级自然保护区的,应当经省、自治区、直辖市环境保护、海洋、渔业等有关自然保护区行政主管部门按照各自职责批准。

进入自然保护区的外国人,应当遵守有关自然保护区的法律、法规和规定,未经批准,不得在自然保护区内从事采集标本等活动。

第三十二条 在自然保护区的核心区和缓冲区内,不得建设任何生产设施。在自然保护区的实验区内,不得建设污染环境、破坏资源或者景观的生产设施;建设其他项目,其污染物排放不得超过国家和地方规定的污染物排放标准。在自然保护区的实验区内已经建成的设施,其污染物排放超过国家和地方规定的排放标准的,应当限期治理;造成损害的,必须采取补救措施。

在自然保护区的外围保护地带建设的项目,不得损害自然保护区内的环境质量;已造成损害的,应当限期治理。

限期治理决定由法律、法规规定的机关作出,被限期治理的企业事业单位必须按期完成治理任务。

第三十三条 因发生事故或者其他突然性事件,造成或者可能造成自然保护区污染或者破坏的单位和个人,必须立即采取措施处理,及时通报可能受到危害的单位和居民,并向自然保护区管理机构、当地环境保护行政主管部门和自然保护区行政主管部门报告,接受调查处理。

第四章 法律责任

第三十四条 违反本条例规定,有下列行为之一的单位和个人,由自然保护区管理机构责令其改正,并可以根据不同情节处以

100 元以上 5000 元以下的罚款：

（一）擅自移动或者破坏自然保护区界标的；

（二）未经批准进入自然保护区或者在自然保护区内不服从管理机构管理的；

（三）经批准在自然保护区的缓冲区内从事科学研究、教学实习和标本采集的单位和个人，不向自然保护区管理机构提交活动成果副本的。

第三十五条　违反本条例规定，在自然保护区进行砍伐、放牧、狩猎、捕捞、采药、开垦、烧荒、开矿、采石、挖沙等活动的单位和个人，除可以依照有关法律、行政法规规定给予处罚的以外，由县级以上人民政府有关自然保护区行政主管部门或者其授权的自然保护区管理机构没收违法所得，责令停止违法行为，限期恢复原状或者采取其他补救措施；对自然保护区造成破坏的，可以处以 300 元以上 10000 元以下的罚款。

第三十六条　自然保护区管理机构违反本条例规定，拒绝环境保护行政主管部门或者有关自然保护区行政主管部门监督检查，或者在被检查时弄虚作假的，由县级以上人民政府环境保护行政主管部门或者有关自然保护区行政主管部门给予 300 元以上 3000 元以下的罚款。

第三十七条　自然保护区管理机构违反本条例规定，有下列行为之一的，由县级以上人民政府有关自然保护区行政主管部门责令限期改正；对直接责任人员，由其所在单位或者上级机关给予行政处分：

（一）开展参观、旅游活动未编制方案或者编制的方案不符合自然保护区管理目标的；

（二）开设与自然保护区保护方向不一致的参观、旅游项目的；

（三）不按照编制的方案开展参观、旅游活动的；

（四）违法批准人员进入自然保护区的核心区，或者违法批准外国人进入自然保护区的；

（五）有其他滥用职权、玩忽职守、徇私舞弊行为的。

第三十八条 违反本条例规定，给自然保护区造成损失的，由县级以上人民政府有关自然保护区行政主管部门责令赔偿损失。

第三十九条 妨碍自然保护区管理人员执行公务的，由公安机关依照《中华人民共和国治安管理处罚法》的规定给予处罚；情节严重，构成犯罪的，依法追究刑事责任。

第四十条 违反本条例规定，造成自然保护区重大污染或者破坏事故，导致公私财产重大损失或者人身伤亡的严重后果，构成犯罪的，对直接负责的主管人员和其他直接责任人员依法追究刑事责任。

第四十一条 自然保护区管理人员滥用职权、玩忽职守、徇私舞弊，构成犯罪的，依法追究刑事责任；情节轻微，尚不构成犯罪的，由其所在单位或者上级机关给予行政处分。

第五章 附 则

第四十二条 国务院有关自然保护区行政主管部门可以根据本条例，制定有关类型自然保护区的管理办法。

第四十三条 各省、自治区、直辖市人民政府可以根据本条例，制定实施办法。

第四十四条 本条例自1994年12月1日起施行。

最高人民法院关于审理破坏野生动物资源刑事案件具体应用法律若干问题的解释

法释〔2000〕37号

(2000年11月17日由最高人民法院审判委员会第1141次会议通过,自2000年12月11日起施行)

为依法惩处破坏野生动物资源的犯罪活动,根据刑法的有关规定,现就审理这类案件具体应用法律的若干问题解释如下:

第一条 刑法第三百四十一条第一款规定的"珍贵、濒危野生动物",包括列入国家重点保护野生动物名录的国家一、二级保护野生动物、列入《濒危野生动植物种国际贸易公约》附录一、附录二的野生动物以及驯养繁殖的上述物种。

第二条 刑法第三百四十一条第一款规定的"收购",包括以营利、自用等为目的的购买行为;"运输",包括采用携带、邮寄、利用他人、使用交通工具等方法进行运送的行为;"出售",包括出卖和以营利为目的的加工利用行为。

第三条 非法猎捕、杀害、收购、运输、出售珍贵、濒危野生动物具有下列情形之一的,属于"情节严重":

(一)达到本解释附表所列相应数量标准的;

(二)非法猎捕、杀害、收购、运输、出售不同种类的珍贵、濒危野生动物,其中两种以上分别达到附表所列"情节严重"数量标准一半以上的。

非法猎捕、杀害、收购、运输、出售珍贵、濒危野生动物具有下列情形之一的,属于"情节特别严重:

（一）达到本解释附表所列相应数量标准的；

（二）非法猎捕、杀害、收购、运输、出售不同种类的珍贵、濒危野生动物，其中两种以上分别达到附表所列"情节特别严重"数量标准一半以上的。

第四条 非法猎捕、杀害、收购、运输、出售珍贵、濒危野生动物构成犯罪，具有下列情形之一的，可以认定为"情节严重"；非法猎捕、杀害、收购、运输、出售珍贵、濒危野生动物符合本解释第三条第一款的规定，并具有下列情形之一的，可以认定为"情节特别严重"：

（一）犯罪集团的首要分子；

（二）严重影响对野生动物的科研、养殖等工作顺利进行的；

（三）以武装掩护方法实施犯罪的；

（四）使用特种车、军用车等交通工具实施犯罪的；

（五）造成其他重大损失的。

第五条 非法收购、运输、出售珍贵、濒危野生动物制品具有下列情形之一的，属于"情节严重"：

（一）价值在十万元以上的；

（二）非法获利五万元以上的；

（三）具有其他严重情节的。

非法收购、运输、出售珍贵、濒危野生动物制品具有下列情形之一的，属于"情节特别严重"：

（一）价值在二十万元以上的；

（二）非法获利十万元以上的；

（三）具有其他特别严重情节的。

第六条 违反狩猎法规，在禁猎区、禁猎期或者使用禁用的工具、方法狩猎，具有下列情形之一的，属于非法狩猎"情节严重"：

（一）非法狩猎野生动物二十只以上的；
（二）违反狩猎法规，在禁猎区或者禁猎期使用禁用的工具、方法狩猎的；
（三）具有其他严重情节的。

第七条 使用爆炸、投毒、设置电网等危险方法破坏野生动物资源，构成非法猎捕、杀害珍贵、濒危野生动物罪或者非法狩猎罪，同时构成刑法第一百一十四条或者第一百一十五条规定之罪的，依照处罚较重的规定定罪处罚。

第八条 实施刑法第三百四十一条规定的犯罪，又以暴力、威胁方法抗拒查处，构成其他犯罪的，依照数罪并罚的规定处罚。

第九条 伪造、变造、买卖国家机关颁发的野生动物允许进出口证明书、特许猎捕证、狩猎证、驯养繁殖许可证等公文、证件构成犯罪的，依照刑法第二百八十条第一款的规定以伪造、变造、买卖国家机关公文、证件罪定罪处罚。

实施上述行为构成犯罪，同时构成刑法第二百二十五条第二项规定的非法经营罪的，依照处罚较重的规定定罪处罚。

第十条 非法猎捕、杀害、收购、运输、出售《濒危野生动植物种国际贸易公约》附录一、附录二所列的非原产于我国的野生动物"情节严重"、"情节特别严重"的认定标准，参照本解释第三条、第四条以及附表所列与其同属的国家一、二级保护野生动物的认定标准执行；没有与其同属的国家一、二级保护野生动物的，参照与其同科的国家一、二级保护野生动物的认定标准执行。

第十一条 珍贵、濒危野生动物制品的价值，依照国家野生动物保护主管部门的规定核定；核定价值低于实际交易价格的，以实际交易价格认定。

第十二条 单位犯刑法第三百四十一条规定之罪，定罪量刑标准依照本解释的有关规定执行。

附：

非法猎捕、杀害、收购、运输、出售珍贵、濒危野生动物刑事案件
"情节严重"、"情节特别严重"数量认定标准

中文名	拉丁文名	级别	情节严重	情节特别严重
虎	Panthera tigris	I	0	1
朱鹮	Nipponia nippon	I	0	1
高鼻羚羊	Saiga tatarica	I	0	1
云豹	Neofelis nebulosa	I	0	1
野马	Equus przewalskii	I	0	1
亚洲象	Elephas maximus	I	0	1
大熊猫	Ailuropoda melanoleuca	I	0	1
雪豹	Panthera uncia	I	0	1
豹	Panthera pardus	I	0	1
金丝猴（所有种）	Rhinopithecus spp.	I	0	1
白唇鹿	Cervus albirostris	I	1	2
熊狸	Arctictis binturong	I	1	2
黑麂	Muntiacus crinifrons	I	1	2
野牛	Bos gaurus	I	1	2
坡鹿	Cervus eldi	I	1	2
普氏原羚	Procapra przewalskii	I	1	2
麋鹿	Elaphurus davidianus	I	1	2
河狸	Castor fiber	I	1	2
叶猴（所有种）	Presbytis spp.	I	1	2
赤颈鹤	Grus antigone	I	1	2
长臂猿（所有种）	Hylobates spp.	I	1	2
扭角羚	Budorcas taxicolor	I	1	2
扬子鳄	Alligator sinensis	I	1	2
野骆驼	Camelus ferus（=bactrianus）	I	1	2
台湾猴	Macaca cyclopis	I	1	2
白鹤	Grus leucogeranus	I	2	3
熊猴	Macaca assamensis	I	2	3
蓝鹇	Lophura swinhoii	I	2	3
黄腹角雉	Tragopan caboti	I	2	3
灰腹角雉	Tragopan blythii	I	2	3
蒙古野驴	Equus hemionus	I	2	3
丹顶鹤	Grus japonensis	I	2	3

续表

中文名	拉丁文名	级别	情节严重	情节特别严重
豚鹿	Cervus porcinus	I	2	3
孔雀雉	Polyplectrom bicalcaratum	I	2	3
鼷鹿	Tragulus javanicus	I	2	3
豚尾猴	Nacaca nemestrina	I	2	3
貂熊	Gulo gulo	I	2	3
绿孔雀	Pavo muticus	I	2	3
黑颈鹤	Grus nigricollis	I	2	3
白尾海雕	Haliaeetus albcilla	I	2	3
台湾鬣羚	Capricornis crispus	I	2	3
梅花鹿	Cervus nippon	I	2	3
白头鹤	Grus monacha	I	2	3
黑头角雉	Tragopan melanocephalus	I	2	3
褐马鸡	Crossoptilon mantchuricum	I	2	3
马来熊	Helarctos malayanus	I	2	3
中华沙秋鸭	Mergus squamatus	I	2	3
野牦牛	Bos mutus（=grunniens）	I	2	3
藏羚	Pantholops hodgsoni	I	2	3
赤斑羚	Naemorhedus cranbrooki	I	2	4
巨蜥	Varanus salvator	I	2	4
白鹳	Ciconia ciconia	I	2	4
玉带海雕	Haliaeetus leucoryphus	I	2	4
红胸角雉	Tragopan satyra	I	2	4
金雕	Aquila chrysaetos	I	2	4
北山羊	Capra ibex	I	2	4
蜥鳄	Shinisaurus crocodilurus	I	2	4
短尾信天翁	Diomedea albatrus	I	2	4
拟兀鹫	Pseudogyps bengalensis	I	2	4
黑鹳	Ciconia nigra	I	2	4
胡兀鹫	Gypaetus barbatus	I	2	4
黑长尾雉	Syrmaticus mikado	I	2	4
遗鸥	Larus relictus	I	2	4
白腹军舰鸟	Fregata andrewsi	I	2	4
塔尔羊	Hemitragus jemlahicus	I	2	4
蟒	Python molurus	I	2	4
虎头海雕	Haliaeetus pelagicus	I	2	4
虹雉（所有种）	Lophophorus spp.	I	2	4

续表

中文名	拉丁文名	级别	情节严重	情节特别严重
白颈长尾雉	Syrmaticus ewllioti	I	2	4
黑颈长尾雉	Syrmaticus humiae	I	2	4
白肩雕	Aquila heliaca	I	2	4
紫貂	Martes zibellina	I	3	4
蜂猴	Nycticebus spp.	I	3	4
雉鹑	Tetraophasis obscurus	I	3	5
四川山鹧鸪	Arborophila rufipectus	I	3	5
细嘴松鸡	Tetrao parvirostris	I	3	5
西藏野驴	Equus kiang	I	3	5
海南山鹧鸪	Arborophila ardens	I	3	5
斑尾榛鸡	Tetrastes sewerzowi	I	3	5
金斑喙凤蝶	Teinopalpus aureus	I	3	6
中华蚤蠊	Galloisiana sinensis	I	3	6
鸨（所有种）	Otis spp.	I	4	6
四爪陆龟	Testudo horsfieldi	I	4	8
猞猁	Felis lynx	II	2	3
鬣羚	Capricornis sumatraensis	II	3	4
彩鹳	Ibis leucocephalus	II	3	4
镰翅鸡	Falcipennis falcipennis	II	3	4
棕熊（包括马熊）	Ursus arctos（U. a. pruinosus）	II	3	5
驼鹿	Alces alces	II	3	5
大灵猫	Viverra zibetha	II	3	5
小熊猫	Ailurus fulgens	II	3	5
黑熊	Selenarctos thibetanus	II	3	5
兔狲	Felis manul	II	3	5
盘羊	Ovis ammon	II	3	5
水鹿	Cervus unicolor	II	3	5
麝（所有种）	Moschus spp.	II	3	5
藏马鸡	Crossoptilon crossoptilon	II	4	6
红腹角雉	Tragopan temminckii	II	4	6
马鹿（含白臀鹿）	Cervus elaphus（C. e. macneilli）	II	4	6
豺	Cuon alpinus	II	4	6
血雉	Ithaginis cruentus	II	4	6
白冠长尾雉	Syrmaticus reevesii	II	4	6
草原斑猫	Felis lybica（=silvestris）	II	4	8
鹅喉羚	Gazella subgutturosa	II	4	8

续表

中文名	拉丁文名	级别	情节严重	情节特别严重
小灵猫	Viverricula indica	II	4	8
白琵鹭	Platalea leucorodia	II	4	8
红胸黑雁	Branta ruficollis	II	4	8
沙丘鹤	Grus canadensis	II	4	8
黑颈鸬鹚	Phalacrocorax niger	II	4	8
其他鹰类	(Accipitridae)	II	4	8
斑林狸	Prionodon pardicolor	II	4	8
海鸬鹚	Phalacrocorax pelagicus	II	4	8
金猫	felis temmincki	II	4	8
柳雷鸟	Lagopus lagopus	II	4	8
河麂	Hydropotes inermis	II	4	8
黑腹沙鸡	Pterocles orientalis	II	4	8
白鹮	Threskiornis aethiopicus	II	4	8
彩鹮	Pseudibis falcinellus	II	4	8
鹈鹕（所有种）	Pelecanus spp.	II	4	8
斑羚	Naemorhedus goral	II	4	8
白枕鹤	Grus vipio	II	4	8
灰鹤	Grus grus	II	4	8
渔猫	felis viverrinus	II	4	8
黑琴鸡	Lyrurus tetrix	II	4	8
锦鸡（所有种）	Chrysolophus spp.	II	4	8
黑脸琵鹭	Platalea minor	II	4	8
黑鹮	Pseudibis papillosa	II	4	8
黑嘴端凤头燕鸥	Thalasseus zimmermanni	II	4	8
藏原羚	Procapra picticaudata	II	4	8
丛林猫	Felis chaus	II	4	8
岩羊	Pseudois nayaur	II	4	8
犀鸟科（所有种）	Bucerotidae	II	4	8
黄喉貂	Martes flavigula	II	4	10
石貂	Martes foina	II	4	10
蓝马鸡	Crossoptilon aurtum	II	4	10
荒漠猫	Felis bieti	II	4	10
绿鸠（所有种）	Treron spp.	II	6	8
赤颈䴙䴘	Podiceps grisegena	II	6	8
勺鸡	Pucrasia macrolopha	II	6	8
原鸡	Gallus gallus	II	6	8

续表

中文名	拉丁文名	级别	情节严重	情节特别严重
黑鹇	Lophura leucomelana	II	6	8
中华虎凤蝶	Luehdorfia chinensis huashanensis	II	6	10
双尾褐凤蝶	Bhutanitis mansfieldi	II	6	10
岩雷鸟	Lagopus mutus	II	6	10
彩臂金龟（所有种）	Cheirotonus spp.	II	6	10
硕步甲	Carabus (Apotopterus) davidi	II	6	10
拉步甲	Carabus (Coptolabrus) lafossei	II	6	10
隼类（所有种）	Falconidae	II	6	10
宽纹北箭蜓	Ophiogomphus spinicorne	II	6	10
尖板曦箭蜓	Heliogomphus retroflexus	II	6	10
鸳鸯	Aix galericulata	II	6	10
天鹅（所有种）	Cygnus spp.	II	6	10
凹甲陆龟	Manouria impressa	II	6	10
猕猴	Macaca mulatto	II	6	10
阿波罗绢蝶	Parnassius apollo	II	6	10
白额雁	Anser albifrons	II	6	10
白腹黑啄木鸟	Dryocopus javensis	II	6	10
黑胸蜂虎	Merops leschenaultia	II	6	10
鹳嘴翠鸟	Pelargopsis capensis	II	6	10
蓝耳翠鸟	Alcedo meninting	II	6	10
凤头雨燕	Hemiprocne longipennis	II	6	10
灰喉针尾雨燕	Hirundapus cochinchinensis	II	6	10
鸮形目（所有种）	Strigiformfs	II	6	10
鸦鹃（所有种）	Centropus spp.	II	6	10
鹦鹉科（所有种）	Psittacidae.	II	6	10
鹃鸠（所有种）	Macropygia spp.	II	6	10
斑尾林鸽	Columba palumbus	II	6	10
叉犀金龟	Allomyrina davidis	II	6	10
小苇鳽	Ixbrychus minutus	II	6	10
海南虎斑	Gorsachius magnificus	II	6	10
黄嘴河燕鸥	Sterna aurantia	II	6	10
黑浮鸥	Chlidonias niger	II	6	10
小鸥	Larus minutus	II	6	10
黄嘴白鹭	Egretta eulophotes	II	6	10
黑颏果鸠	Ptilinopus leclancheri	II	6	10
皇鸠（所有种）	Ducula spp.	II	6	10

续表

中文名	拉丁文名	级别	情节严重	情节特别严重
灰燕鸻	Glareola lacteal	II	6	10
小青脚鹬	Tringa guttifer	II	6	10
铜翅水雉	Metopidius indicus	II	6	10
花田鸡	Coturnicops noveboracensis	II	6	10
棕背田鸡	Porzana bicolor	II	6	10
鲣鸟（所有种）	Sula spp.	II	6	10
姬田鸡	Porzana parva	II	6	10
橙胸咬鹃	Harpactes oreskios	II	6	10
长脚秧鸡	Crex crex	II	6	10
蓑羽鹤	Anthropoides virgo	II	6	10
角䴘	Podiceps auritus	II	6	10
绿喉蜂虎	Merops orientalis	II	6	10
巨松鼠	Ratufa bicolor	II	6	10
藏酋猴	Macaca thibetana	II	6	10
阔嘴鸟科（所有种）	Eurylaimidae	II	6	10
八色鸫科（所有种）	Pittidae	II	6	10
白鹇	Lophura nycthemera	II	6	10
雪兔	Lepus timidus	II	6	10
海南兔	Lepus peguensis hainanus	II	6	10
伟蜓（虫八）	Atlasjapyx atlas	II	6	10
短尾猴	Macaca arctoides	II	6	10
三尾褐凤蝶	Bhutanitis thaidina dongchuanensis	II	6	10
中华缺翅虫	Zorotypus sinensis	II	6	10
墨脱缺翅虫	Zorotypus medoensis	II	6	10
岩鹭	Egretta sacra	II	6	20
黄羊	Procapra gutturosa	II	8	15
小杓鹬	Numenius borealis	II	8	15
穿山甲	Manis pentadactyla	II	8	16
大壁虎	Gekko gecko	II	10	20
雪鸡（所有种）	Tetraogallus spp.	II	10	20
花尾榛鸡	Tetrastes bonasia	II	10	20
塔里木兔	Lepus yarkandensis	II	20	40
虎纹蛙	Rana tigrina	II	100	200

中华人民共和国陆生野生动物保护实施条例

中华人民共和国国务院令

第 666 号

《国务院关于修改部分行政法规的决定》已经 2016 年 1 月 13 日国务院第 119 次常务会议通过，现予公布，自公布之日起施行。

总理　李克强

2016 年 2 月 6 日

（1992 年 2 月 12 日国务院批准；1992 年 3 月 1 日林业部发布；根据 2011 年 1 月 8 日《国务院关于废止和修改部分行政法规的决定》〔国务院令第 588 号〕修订；根据 2016 年 2 月 6 日《国务院关于修改部分行政法规的决定》〔国务院令第 666 号〕修订)

第一章　总　　则

第一条　根据《中华人民共和国野生动物保护法》（以下简称

《野生动物保护法》）的规定，制定本条例。

第二条　本条例所称陆生野生动物，是指依法受保护的珍贵、濒危、有益的和有重要经济、科学研究价值的陆生野生动物（以下简称野生动物）；所称野生动物产品，是指陆生野生动物的任何部分及其衍生物。

第三条　国务院林业行政主管部门主管全国陆生野生动物管理工作。

省、自治区、直辖市人民政府林业行政主管部门主管本行政区域内陆生野生动物管理工作。自治州、县和市人民政府陆生野生动物管理工作的行政主管部门，由省、自治区、直辖市人民政府确定。

第四条　县级以上各级人民政府有关主管部门应当鼓励、支持有关科研、教学单位开展野生动物科学研究工作。

第五条　野生动物行政主管部门有权对《野生动物保护法》和本条例的实施情况进行监督检查，被检查的单位和个人应当给予配合。

第二章　野生动物保护

第六条　县级以上地方各级人民政府应当开展保护野生动物的宣传教育，可以确定适当时间为保护野生动物宣传月、爱鸟周等，提高公民保护野生动物的意识。

第七条　国务院林业行政主管部门和省、自治区、直辖市人民政府林业行政主管部门，应当定期组织野生动物资源调查，建立资源档案，为制定野生动物资源保护发展方案、制定和调整国家和地方重点保护野生动物名录提供依据。

野生动物资源普查每十年进行一次。

第八条　县级以上各级人民政府野生动物行政主管部门，应当组织社会各方面力量，采取生物技术措施和工程技术措施，维护和改善野生动物生存环境，保护和发展野生动物资源。

禁止任何单位和个人破坏国家和地方重点保护野生动物的生息繁衍场所和生存条件。

第九条 任何单位和个人发现受伤、病弱、饥饿、受困、迷途的国家和地方重点保护野生动物时，应当及时报告当地野生动物行政主管部门，由其采取救护措施；也可以就近送具备救护条件的单位救护。救护单位应当立即报告野生动物行政主管部门，并按照国务院林业行政主管部门的规定办理。

第十条 有关单位和个人对国家和地方重点保护野生动物可能造成的危害，应当采取防范措施。因保护国家和地方重点保护野生动物受到损失的，可以向当地人民政府野生动物行政主管部门提出补偿要求。经调查属实并确实需要补偿的，由当地人民政府按照省、自治区、直辖市人民政府的有关规定给予补偿。

第三章 野生动物猎捕管理

第十一条 禁止猎捕、杀害国家重点保护野生动物。

有下列情形之一，需要猎捕国家重点保护野生动物的，必须申请特许猎捕证：

（一）为进行野生动物科学考察、资源调查，必须猎捕的；

（二）为驯养繁殖国家重点保护野生动物，必须从野外获取种源的；

（三）为承担省级以上科学研究项目或者国家医药生产任务，必须从野外获取国家重点保护野生动物的；

（四）为宣传、普及野生动物知识或者教学、展览的需要，必须从野外获取国家重点保护野生动物的；

（五）因国事活动的需要，必须从野外获取国家重点保护野生动物的；

（六）为调控国家重点保护野生动物种群数量和结构，经科学论证必须猎捕的；

（七）因其他特殊情况，必须捕捉、猎捕国家重点保护野生动物的。

第十二条 申请特许猎捕证的程序如下：

（一）需要捕捉国家一级保护野生动物的，必须附具申请人所在地和捕捉地的省、自治区、直辖市人民政府林业行政主管部门签署的意见，向国务院林业行政主管部门申请特许猎捕证；

（二）需要在本省、自治区、直辖市猎捕国家二级保护野生动物的，必须附具申请人所在地的县级人民政府野生动物行政主管部门签署的意见，向省、自治区、直辖市人民政府林业行政主管部门申请特许猎捕证；

（三）需要跨省、自治区、直辖市猎捕国家二级保护野生动物的，必须附具申请人所在地的省、自治区、直辖市人民政府林业行政主管部门签署的意见，向猎捕地的省、自治区、直辖市人民政府林业行政主管部门申请特许猎捕证。

动物园需要申请捕捉国家一级保护野生动物的，在向国务院林业行政主管部门申请特许猎捕证前，须经国务院建设行政主管部门审核同意；需要申请捕捉国家二级保护野生动物的，在向申请人所在地的省、自治区、直辖市人民政府林业行政主管部门申请特许猎捕证前，须经同级政府建设行政主管部门审核同意。

负责核发特许猎捕证的部门接到申请后，应当在3个月内作出批准或者不批准的决定。

第十三条 有下列情形之一的，不予发放特许猎捕证：

（一）申请猎捕者有条件以合法的非猎捕方式获得国家重点保护野生动物的种源、产品或者达到所需目的的；

（二）猎捕申请不符合国家有关规定或者申请使用的猎捕工具、方法以及猎捕时间、地点不当的；

（三）根据野生动物资源现状不宜捕捉、猎捕的。

第十四条 取得特许猎捕证的单位和个人，必须按照特许猎捕证规定的种类、数量、地点、期限、工具和方法进行猎捕，防止误伤野生动物或者破坏其生存环境。猎捕作业完成后，应当在 10 日内向猎捕地的县级人民政府野生动物行政主管部门申请查验。

县级人民政府野生动物行政主管部门对在本行政区域内猎捕国家重点保护野生动物的活动，应当进行监督检查，并及时向批准猎捕的机关报告监督检查结果。

第十五条　猎捕非国家重点保护野生动物的，必须持有狩猎证，并按照狩猎证规定的种类、数量、地点、期限、工具和方法进行猎捕。

狩猎证由省、自治区、直辖市人民政府林业行政主管部门按照国务院林业行政主管部门的规定印制，县级人民政府野生动物行政主管部门或者其授权的单位核发。

狩猎证每年验证 1 次。

第十六条　省、自治区、直辖市人民政府林业行政主管部门，应当根据本行政区域内非国家重点保护野生动物的资源现状，确定狩猎动物种类，并实行年度猎捕量限额管理。狩猎动物种类和年度猎捕量限额，由县级人民政府野生动物行政主管部门按照保护资源、永续利用的原则提出，经省、自治区、直辖市人民政府林业行政主管部门批准，报国务院林业行政主管部门备案。

第十七条　县级以上地方各级人民政府野生动物行政主管部门应当组织狩猎者有计划地开展狩猎活动。

在适合狩猎的区域建立固定狩猎场所的，必须经省、自治区、直辖市人民政府林业行政主管部门批准。

第十八条　禁止使用军用武器、汽枪、毒药、炸药、地枪、排铳、非人为直接操作并危害人畜安全的狩猎装置、夜间照明行猎、歼灭性围猎、火攻、烟熏以及县级以上各级人民政府或者其野生动物行政主管部门规定禁止使用的其他狩猎工具和方法狩猎。

第十九条　外国人在中国境内对国家重点保护野生动物进行野外考察、标本采集或者在野外拍摄电影、录像的，必须向国家重点保护野生动物所在地的省、自治区、直辖市人民政府林业行政主管部门提出申请，经其审核后，报国务院林业行政主管部门或者其授权的单位批准。

第二十条 外国人在中国境内狩猎，必须在国务院林业行政主管部门批准的对外国人开放的狩猎场所内进行，并遵守中国有关法律、法规的规定。

第四章 野生动物驯养繁殖管理

第二十一条 驯养繁殖国家重点保护野生动物的，应当持有驯养繁殖许可证。

国务院林业行政主管部门和省、自治区、直辖市人民政府林业行政主管部门可以根据实际情况和工作需要，委托同级有关部门审批或者核发国家重点保护野生动物驯养繁殖许可证。动物园驯养繁殖国家重点保护野生动物的，林业行政主管部门可以委托同级建设行政主管部门核发驯养繁殖许可证。

驯养繁殖许可证由国务院林业行政主管部门印制。

第二十二条 从国外或者外省、自治区、直辖市引进野生动物进行驯养繁殖的，应当采取适当措施，防止其逃至野外；需要将其放生于野外的，放生单位应当向所在省、自治区、直辖市人民政府林业行政主管部门提出申请，经省级以上人民政府林业行政主管部门指定的科研机构进行科学论证后，报国务院林业行政主管部门或者其授权的单位批准。

擅自将引进的野生动物放生于野外或者因管理不当使其逃至野外的，由野生动物行政主管部门责令限期捕回或者采取其他补救措施。

第二十三条 从国外引进的珍贵、濒危野生动物，经国务院林业行政主管部门核准，可以视为国家重点保护野生动物；从国外引进的其他野生动物，经省、自治区、直辖市人民政府林业行政主管部门核准，可以视为地方重点保护野生动物。

第五章 野生动物经营利用管理

第二十四条 收购驯养繁殖的国家重点保护野生动物或者其产品的单位，由省、自治区、直辖市人民政府林业行政主管部门商有关部门提出，经同级人民政府或者其授权的单位批准，凭批准文件向工商行政管理部门申请登记注册。

依照前款规定经核准登记的单位，不得收购未经批准出售的国家重点保护野生动物或者其产品。

第二十五条 经营利用非国家重点保护野生动物或者其产品的，应当向工商行政管理部门申请登记注册。

第二十六条 禁止在集贸市场出售、收购国家重点保护野生动物或者其产品。

持有狩猎证的单位和个人需要出售依法获得的非国家重点保护野生动物或者其产品的，应当按照狩猎证规定的种类、数量向经核准登记的单位出售，或者在当地人民政府有关部门指定的集贸市场出售。

第二十七条 县级以上各级人民政府野生动物行政主管部门和工商行政管理部门，应当对野生动物或者其产品的经营利用建立监督检查制度，加强对经营利用野生动物或者其产品的监督管理。

对进入集贸市场的野生动物或者其产品，由工商行政管理部门进行监督管理；在集贸市场以外经营野生动物或者其产品，由野生动物行政主管部门、工商行政管理部门或者其授权的单位进行监督管理。

第二十八条 运输、携带国家重点保护野生动物或者其产品出县境的，应当凭特许猎捕证、驯养繁殖许可证，向县级人民政府野生动物行政主管部门提出申请，报省、自治区、直辖市人民政府林业行政主管部门或者其授权的单位批准。动物园之间因繁殖动物，需要运输国家重点保护野生动物的，可以由省、自治区、直辖市人民政府林业行政主管部门授权同级建设行政主管部门审批。

第二十九条 出口国家重点保护野生动物或者其产品的，以及进出口中国参加的国际公约所限制进出口的野生动物或者其产品的,必须经进出口单位或者个人所在地的省、自治区、直辖市人民政府林业行政主管部门审核,报国务院林业行政主管部门或者国务院批准;属于贸易性进出口活动的,必须由具有有关商品进出口权的单位承担。

动物园因交换动物需要进出口前款所称野生动物的,国务院林业行政主管部门批准前或者国务院林业行政主管部门报请国务院批准前,应当经国务院建设行政主管部门审核同意。

第三十条 利用野生动物或者其产品举办出国展览等活动的经济收益,主要用于野生动物保护事业。

第六章 奖励和惩罚

第三十一条 有下列事迹之一的单位和个人,由县级以上人民政府或者其野生动物行政主管部门给予奖励:

(一)在野生动物资源调查、保护管理、宣传教育、开发利用方面有突出贡献的;

(二)严格执行野生动物保护法规,成绩显著的;

(三)拯救、保护和驯养繁殖珍贵、濒危野生动物取得显著成效的;

(四)发现违反野生动物保护法规行为,及时制止或者检举有功的;

(五)在查处破坏野生动物资源案件中有重要贡献的;

(六)在野生动物科学研究中取得重大成果或者在应用推广科研成果中取得显著效益的;

(七)在基层从事野生动物保护管理工作5年以上并取得显著成绩的;

(八)在野生动物保护管理工作中有其他特殊贡献的。

第三十二条 非法捕杀国家重点保护野生动物的,依照刑法有关规定追究刑事责任;情节显著轻微危害不大的,或者犯罪情节轻微不需要判处刑罚的,由野生动物行政主管部门没收猎获物、猎捕工具和违法所得,吊销特许猎捕证,并处以相当于猎获物价值 10 倍以下的罚款,没有猎获物的处 1 万元以下罚款。

第三十三条 违反野生动物保护法规,在禁猎区、禁猎期或者使用禁用的工具、方法猎捕非国家重点保护野生动物,依照《野生动物保护法》第三十二条的规定处以罚款的,按照下列规定执行:

(一)有猎获物的,处以相当于猎获物价值 8 倍以下的罚款;

(二)没有猎获物的,处 2000 元以下罚款。

第三十四条 违反野生动物保护法规,未取得狩猎证或者未按照狩猎证规定猎捕非国家重点保护野生动物,依照《野生动物保护法》第三十三条的规定处以罚款的,按照下列规定执行:

(一)有猎获物的,处以相当于猎获物价值 5 倍以下的罚款;

(二)没有猎获物的,处 1000 元以下罚款。

第三十五条 违反野生动物保护法规,在自然保护区、禁猎区破坏国家或者地方重点保护野生动物主要生息繁衍场所,依照《野生动物保护法》第三十四条的规定处以罚款的,按照相当于恢复原状所需费用 3 倍以下的标准执行。

在自然保护区、禁猎区破坏非国家或者地方重点保护野生动物主要生息繁衍场所的,由野生动物行政主管部门责令停止破坏行为,限期恢复原状,并处以恢复原状所需费用 2 倍以下的罚款。

第三十六条 违反野生动物保护法规,出售、收购、运输、携带国家或者地方重点保护野生动物或者其产品的,由工商行政管理部门或者其授权的野生动物行政主管部门没收实物和违法所得,可以并处相当于实物价值 10 倍以下的罚款。

第三十七条 伪造、倒卖、转让狩猎证或者驯养繁殖许可证,依照《野生动物保护法》第三十七条的规定处以罚款的,按照 5000 元以下的标准执行。伪造、倒卖、转让特许猎捕证或者允许进出口证明书,依照《野生动物保护法》第三十七条的规定处以罚款的,按照 5 万元以下的标准执行。

第三十八条 违反野生动物保护法规,未取得驯养繁殖许可证或者超越驯养繁殖许可证规定范围驯养繁殖国家重点保护野生动物的,由野生动物行政主管部门没收违法所得,处3000元以下罚款,可以并处没收野生动物、吊销驯养繁殖许可证。

第三十九条 外国人未经批准在中国境内对国家重点保护野生动物进行野外考察、标本采集或者在野外拍摄电影、录像的,由野生动物行政主管部门没收考察、拍摄的资料以及所获标本,可以并处5万元以下罚款。

第四十条 有下列行为之一,尚不构成犯罪,应当给予治安管理处罚的,由公安机关依照《中华人民共和国治安管理处罚法》的规定予以处罚:

(一)拒绝、阻碍野生动物行政管理人员依法执行职务的;

(二)偷窃、哄抢或者故意损坏野生动物保护仪器设备或者设施的;

(三)偷窃、哄抢、抢夺非国家重点保护野生动物或者其产品的;

(四)未经批准猎捕少量非国家重点保护野生动物的。

第四十一条 违反野生动物保护法规,被责令限期捕回而不捕的,被责令限期恢复原状而不恢复的,野生动物行政主管部门或者其授权的单位可以代为捕回或者恢复原状,由被责令限期捕回者或者被责令限期恢复原状者承担全部捕回或者恢复原状所需的费用。

第四十二条 违反野生动物保护法规,构成犯罪的,依法追究刑事责任。

第四十三条 依照野生动物保护法规没收的实物,按照国务院林业行政主管部门的规定处理。

第七章 附 则

第四十四条 本条例由国务院林业行政主管部门负责解释。

第四十五条 本条例自发布之日起施行。

中华人民共和国水生野生动物保护实施条例

中华人民共和国国务院令
第 645 号

《国务院关于修改部分行政法规的决定》已经 2013 年 12 月 4 日国务院第 32 次常务会议通过，现予公布，自公布之日起施行。

总理 李克强
2013 年 12 月 7 日

(1993 年 10 月 5 日农业部令第 1 号发布；根据 2011 年 1 月 8 日《国务院关于废止和修改部分行政法规的决定》第一次修订；根据 2013 年 12 月 7 日《国务院关于修改部分行政法规的决定》第二次修订)

第一章 总 则

第一条 根据《中华人民共和国野生动物保护法》(以下简称《野生动物保护法》) 的规定，制定本条例。

第二条 本条例所称水生野生动物,是指珍贵、濒危的水生野生动物;所称水生野生动物产品,是指珍贵、濒危的水生野生动物的任何部分及其衍生物。

第三条 国务院渔业行政主管部门主管全国水生野生动物管理工作。

县级以上地方人民政府渔业行政主管部门主管本行政区域内水生野生动物管理工作。

《野生动物保护法》和本条例规定的渔业行政主管部门的行政处罚权,可以由其所属的渔政监督管理机构行使。

第四条 县级以上各级人民政府及其有关主管部门应当鼓励、支持有关科研单位、教学单位开展水生野生动物科学研究工作。

第五条 渔业行政主管部门及其所属的渔政监督管理机构,有权对《野生动物保护法》和本条例的实施情况进行监督检查,被检查的单位和个人应当给予配合。

第二章 水生野生动物保护

第六条 国务院渔业行政主管部门和省、自治区、直辖市人民政府渔业行政主管部门,应当定期组织水生野生动物资源调查,建立资源档案,为制定水生野生动物资源保护发展规划、制定和调整国家和地方重点保护水生野生动物名录提供依据。

第七条 渔业行政主管部门应当组织社会各方面力量,采取有效措施,维护和改善水生野生动物的生存环境,保护和增殖水生野生动物资源。

禁止任何单位和个人破坏国家重点保护的和地方重点保护的水生野生动物生息繁衍的水域、场所和生存条件。

第八条 任何单位和个人对侵占或者破坏水生野生动物资源的行为,有权向当地渔业行政主管部门或者其所属的渔政监督管理机构检举和控告。

第九条 任何单位和个人发现受伤、搁浅和因误入港湾、河汊而被困的水生野生动物时,应当及时报告当地渔业行政主管部门或者其所属的渔政监督管理机构,由其采取紧急救护措施;也可以要求附近具备救护条件的单位采取紧急救护措施,并报告渔业行政主管部门。已经死亡的水生野生动物,由渔业行政主管部门妥善处理。

捕捞作业时误捕水生野生动物的,应当立即无条件放生。

第十条 因保护国家重点保护的和地方重点保护的水生野生动物受到损失的,可以向当地人民政府渔业行政主管部门提出补偿要求。经调查属实并确实需要补偿的,由当地人民政府按照省、自治区、直辖市人民政府有关规定给予补偿。

第十一条 国务院渔业行政主管部门和省、自治区、直辖市人民政府,应当在国家重点保护的和地方重点保护的水生野生动物的主要生息繁衍的地区和水域,划定水生野生动物自然保护区,加强对国家和地方重点保护水生野生动物及其生存环境的保护管理,具体办法由国务院另行规定。

第三章 水生野生动物管理

第十二条 禁止捕捉、杀害国家重点保护的水生野生动物。

有下列情形之一,确需捕捉国家重点保护的水生野生动物的,必须申请特许捕捉证:

(一) 为进行水生野生动物科学考察、资源调查,必须捕捉的;

(二) 为驯养繁殖国家重点保护的水生野生动物,必须从自然水域或者场所获取种源的;

(三) 为承担省级以上科学研究项目或者国家医药生产任务,必须从自然水域或者场所获取国家重点保护的水生野生动物的;

（四）为宣传、普及水生野生动物知识或者教学、展览的需要，必须从自然水域或者场所获取国家重点保护的水生野生动物的；

（五）因其他特殊情况，必须捕捉的。

第十三条 申请特许捕捉证的程序：

（一）需要捕捉国家一级保护水生野生动物的，必须附具申请人所在地和捕捉地的省、自治区、直辖市人民政府渔业行政主管部门签署的意见，向国务院渔业行政主管部门申请特许捕捉证；

（二）需要在本省、自治区、直辖市捕捉国家二级保护水生野生动物的，必须附具申请人所在地的县级人民政府渔业行政主管部门签署的意见，向省、自治区、直辖市人民政府渔业行政主管部门申请特许捕捉证；

（三）需要跨省、自治区、直辖市捕捉国家二级保护水生野生动物的，必须附具申请人所在地的省、自治区、直辖市人民政府渔业行政主管部门签署的意见，向捕捉地的省、自治区、直辖市人民政府渔业行政主管部门申请特许捕捉证。

动物园申请捕捉国家一级保护水生野生动物的，在向国务院渔业行政主管部门申请特许捕捉证前，须经国务院建设行政主管部门审核同意；申请捕捉国家二级保护水生野生动物的，在向申请人所在地的省、自治区、直辖市人民政府渔业行政主管部门申请特许捕捉证前，须经同级人民政府建设行政主管部门审核同意。

负责核发特许捕捉证的部门接到申请后，应当自接到申请之日起3个月内作出批准或者不批准的决定。

第十四条 有下列情形之一的，不予发放特许捕捉证：

（一）申请人有条件以合法的非捕捉方式获得国家重点保护的水生野生动物的种源、产品或者达到其目的的；

（二）捕捉申请不符合国家有关规定，或者申请使用的捕捉工具、方法以及捕捉时间、地点不当的；

（三）根据水生野生动物资源现状不宜捕捉的。

第十五条 取得特许捕捉证的单位和个人,必须按照特许捕捉证规定的种类、数量、地点、期限、工具和方法进行捕捉,防止误伤水生野生动物或者破坏其生存环境。捕捉作业完成后,应当及时向捕捉地的县级人民政府渔业行政主管部门或者其所属的渔政监督管理机构申请查验。

县级人民政府渔业行政主管部门或者其所属的渔政监督管理机构对在本行政区域内捕捉国家重点保护的水生野生动物的活动,应当进行监督检查,并及时向批准捕捉的部门报告监督检查结果。

第十六条 外国人在中国境内进行有关水生野生动物科学考察、标本采集、拍摄电影、录像等活动的,必须经国家重点保护的水生野生动物所在地的省、自治区、直辖市人民政府渔业行政主管部门批准。

第十七条 驯养繁殖国家一级保护水生野生动物的,应当持有国务院渔业行政主管部门核发的驯养繁殖许可证;驯养繁殖国家二级保护水生野生动物的,应当持有省、自治区、直辖市人民政府渔业行政主管部门核发的驯养繁殖许可证。

动物园驯养繁殖国家重点保护的水生野生动物的,渔业行政主管部门可以委托同级建设行政主管部门核发驯养繁殖许可证。

第十八条 禁止出售、收购国家重点保护的水生野生动物或者其产品。因科学研究、驯养繁殖、展览等特殊情况,需要出售、收购、利用国家一级保护水生野生动物或者其产品的,必须向省、自治区、直辖市人民政府渔业行政主管部门提出申请,经其签署意见后,报国务院渔业行政主管部门批准;需要出售、收购、利用国家二级保护水生野生动物或者其产品的,必须向省、自治区、直辖市人民政府渔业行政主管部门提出申请,并经其批准。

第十九条 县级以上各级人民政府渔业行政主管部门和工商行政管理部门,应当对水生野生动物或者其产品的经营利用建立监督检查制度,加强对经营利用水生野生动物或者其产品的监督管理。

对进入集贸市场的水生野生动物或者其产品，由工商行政管理部门进行监督管理，渔业行政主管部门给予协助；在集贸市场以外经营水生野生动物或者其产品，由渔业行政主管部门、工商行政管理部门或者其授权的单位进行监督管理。

第二十条　运输、携带国家重点保护的水生野生动物或者其产品出县境的，应当凭特许捕捉证或者驯养繁殖许可证，向县级人民政府渔业行政主管部门提出申请，报省、自治区、直辖市人民政府渔业行政主管部门或者其授权的单位批准。动物园之间因繁殖动物，需要运输国家重点保护的水生野生动物的，可以由省、自治区、直辖市人民政府渔业行政主管部门授权同级建设行政主管部门审批。

第二十一条　交通、铁路、民航和邮政企业对没有合法运输证明的水生野生动物或者其产品，应当及时通知有关主管部门处理，不得承运、收寄。

第二十二条　从国外引进水生野生动物的，应当向省、自治区、直辖市人民政府渔业行政主管部门提出申请，经省级以上人民政府渔业行政主管部门指定的科研机构进行科学论证后，报国务院渔业行政主管部门批准。

第二十三条　出口国家重点保护的水生野生动物或者其产品的，进出口中国参加的国际公约所限制进出口的水生野生动物或者其产品的，必须经进出口单位或者个人所在地的省、自治区、直辖市人民政府渔业行政主管部门审核，报国务院渔业行政主管部门批准；属于贸易性进出口活动的，必须由具有有关商品进出口权的单位承担。

动物园因交换动物需要进出口前款所称水生野生动物的，在国务院渔业行政主管部门批准前，应当经国务院建设行政主管部门审核同意。

第二十四条　利用水生野生动物或者其产品举办展览等活动的经济收益，主要用于水生野生动物保护事业。

第四章 奖励和惩罚

第二十五条 有下列事迹之一的单位和个人,由县级以上人民政府或者其渔业行政主管部门给予奖励:

(一) 在水生野生动物资源调查、保护管理、宣传教育、开发利用方面有突出贡献的;

(二) 严格执行野生动物保护法规,成绩显著的;

(三) 拯救、保护和驯养繁殖水生野生动物取得显著成效的;

(四) 发现违反水生野生动物保护法律、法规的行为,及时制止或者检举有功的;

(五) 在查处破坏水生野生动物资源案件中作出重要贡献的;

(六) 在水生野生动物科学研究中取得重大成果或者在应用推广有关的科研成果中取得显著效益的;

(七) 在基层从事水生野生动物保护管理工作5年以上并取得显著成绩的;

(八) 在水生野生动物保护管理工作中有其他特殊贡献的。

第二十六条 非法捕杀国家重点保护的水生野生动物的,依照刑法有关规定追究刑事责任;情节显著轻微危害不大的,或者犯罪情节轻微不需要判处刑罚的,由渔业行政主管部门没收捕获物、捕捉工具和违法所得,吊销特许捕捉证,并处以相当于捕获物价值10倍以下的罚款,没有捕获物的处以1万元以下的罚款。

第二十七条 违反野生动物保护法律、法规,在水生野生动物自然保护区破坏国家重点保护的或者地方重点保护的水生野生动物主要生息繁衍场所,依照《野生动物保护法》第三十四条的规定处以罚款的,罚款幅度为恢复原状所需费用的3倍以下。

第二十八条 违反野生动物保护法律、法规,出售、收购、运输、携带国家重点保护的或者地方重点保护的水生野生动物或者其产品的,由工商行政管理部门或者其授权的渔业行政主管部门没收实物和违法所得,可以并处相当于实物价值10倍以下的罚款。

第二十九条 伪造、倒卖、转让驯养繁殖许可证,依照《野生动物保护法》第三十七条的规定处以罚款的,罚款幅度为5000元以下。伪造、倒卖、转让特许捕捉证或者允许进出口证明书,依照《野生动物保护法》第三十七条的规定处以罚款的,罚款幅度为5万元以下。

第三十条 违反野生动物保护法规,未取得驯养繁殖许可证或者超越驯养繁殖许可证规定范围,驯养繁殖国家重点保护的水生野生动物的,由渔业行政主管部门没收违法所得,处3000元以下的罚款,可以并处没收水生野生动物、吊销驯养繁殖许可证。

第三十一条 外国人未经批准在中国境内对国家重点保护的水生野生动物进行科学考察、标本采集、拍摄电影、录像的,由渔业行政主管部门没收考察、拍摄的资料以及所获标本,可以并处5万元以下的罚款。

第三十二条 有下列行为之一,尚不构成犯罪,应当给予治安管理处罚的,由公安机关依照《中华人民共和国治安管理处罚法》的规定予以处罚:

(一)拒绝、阻碍渔政检查人员依法执行职务的;

(二)偷窃、哄抢或者故意损坏野生动物保护仪器设备或者设施的。

第三十三条 依照野生动物保护法规的规定没收的实物,按照国务院渔业行政主管部门的有关规定处理。

第五章 附 则

第三十四条 本条例由国务院渔业行政主管部门负责解释。

第三十五条 本条例自发布之日起施行。

附 录

中华人民共和国水生野生动物利用特许办法

中华人民共和国农业部令
2013 年第 5 号

《农业部关于修订部分规章的决定》业经 2013 年 12 月 18 日农业部第 10 次常务会议审议通过，现予公布，自公布之日起施行。

中华人民共和国农业部部长
2013 年 12 月 31 日

(1999 年 6 月 24 日农业部令第 15 号公布；根据 2004 年 7 月 1 日农业部令第 38 号、2010 年 11 月 26 日农业部令 2010 年第 11 号、2013 年 12 月 31 日农业部令 2013 年第 5 号修订)

第一章 总 则

第一条 为保护、发展和合理利用水生野生动物资源，加强水生野生动物的保护与管理，规范水生野生动物利用特许证件的发放及使用，根据《中华人民共和国野生动物保护法》、《中华人民共和国水生野生动物保护实施条例》的规定，制定本办法。

第二条 凡需要捕捉、驯养繁殖、运输以及展览、表演、出售、收购、进出口等利用水生野生动物或其产品的，按照本办法实行特许管理。

除第三十八条、第四十条外，本办法所称水生野生动物，是指珍贵、濒危的水生野生动物；所称水生野生动物产品，是指珍贵、濒危水生野生动物的任何部分及其衍生物。

第三条　农业部主管全国水生野生动物利用特许管理工作，负责国家一级保护水生野生动物或其产品利用和进出口水生野生动物或其产品的特许审批。

省级渔业行政主管部门负责本行政区域内国家二级保护水生野生动物或其产品利用特许审批；县级以上渔业行政主管部门负责本行政区域内水生野生动物或其产品特许申请的审核。

第四条　农业部组织国家濒危水生野生动物物种科学委员会，对水生野生动物保护与管理提供咨询和评估。

审批机关在批准驯养繁殖、经营利用以及重要的进出口水生野生动物或其产品等特许申请前，应当委托国家濒危水生野生动物物种科学委员会对特许申请进行评估。评估未获通过的，审批机关不得批准。

第五条　申请水生野生动物或其产品利用特许的单位和个人，必须填报《水生野生动物利用特许证件申请表》（以下简称《申请表》）。《申请表》可向所在地县级以上渔业行政主管部门领取。

第六条　经审批机关批准的，可以按规定领取水生野生动物利用特许证件。

水生野生动物利用特许证件包括《水生野生动物特许捕捉证》（以下简称《捕捉证》）、《水生野生动物驯养繁殖许可证》（以下简称《驯养繁殖证》）、《水生野生动物特许运输证》（以下简称《运输证》）、《水生野生动物经营利用许可证》（以下简称《经营利用证》）。

第七条　各级渔业行政主管部门及其所属的渔政监督管理机构，有权对本办法的实施情况进行监督检查，被检查的单位和个人应当给予配合。

第二章　捕捉管理

第八条　禁止捕捉、杀害水生野生动物。因科研、教学、驯养繁殖、展览、捐赠等特殊情况需要捕捉水生野生动物的，必须办理《捕捉证》。

第九条 凡申请捕捉水生野生动物的，应当如实填写《申请表》，并随表附报有关证明材料：

（一）因科研、调查、监测、医药生产需要捕捉的，必须附上省级以上有关部门下达的科研、调查、监测、医药生产计划或任务书复印件1份，原件备查；

（二）因驯养繁殖需要捕捉的，必须附上《驯养繁殖证》复印件1份；

（三）因驯养繁殖、展览、表演、医药生产需捕捉的，必须附上单位营业执照或其他有效证件复印件1份；

（四）因国际交往捐赠、交换需要捕捉的，必须附上当地县级以上渔业行政主管部门或外事部门出据的公函证明原件1份、复印件1份。

第十条 申请捕捉国家一级保护水生野生动物的，申请人应当将《申请表》和证明材料报所在地省级人民政府渔业行政主管部门签署意见。省级人民政府渔业行政主管部门应当在20日内签署意见，并报农业部审批。

需要跨省捕捉国家一级保护水生野生动物的，申请人应当将《申请表》和证明材料报所在地省级人民政府渔业行政主管部门签署意见。所在地省级人民政府渔业行政主管部门应当在20日内签署意见，并转送捕捉地省级人民政府渔业行政主管部门签署意见。捕捉地省级人民政府渔业行政主管部门应当在20日内签署意见，并报农业部审批。

农业部自收到省级人民政府渔业行政主管部门报送的材料之日起40日内作出是否发放特许捕捉证的决定。

第十一条 申请捕捉国家二级保护水生野生动物的，申请人应当将《申请表》和证明材料报所在地县级人民政府渔业行政主管部门签署意见。所在地县级人民政府渔业行政主管部门应当在20日内签署意见，并报省级人民政府渔业行政主管部门审批。

省级人民政府渔业行政主管部门应当自收到县级人民政府渔业行政主管部门报送的材料之日起 40 日内作出是否发放捕捉证的决定。

需要跨省捕捉国家二级保护水生野生动物的，申请人应当将《申请表》和证明材料报所在地省级人民政府渔业行政主管部门签署意见。所在地省级人民政府渔业行政主管部门应当在 20 日内签署意见，并转送捕捉地省级人民政府渔业行政主管部门审批。

捕捉地省级人民政府渔业行政主管部门应当自收到所在地省级人民政府渔业行政主管部门报送的材料之日起 40 日内作出是否发放捕捉证的决定。

第十二条 有下列情形之一的，不予发放《捕捉证》：

（一）申请人有条件以合法的非捕捉方式获得申请捕捉对象或者达到其目的的；

（二）捕捉申请不符合国家有关规定，或者申请使用的捕捉工具、方法以及捕捉时间、地点不当的；

（三）根据申请捕捉对象的资源现状不宜捕捉的。

第十三条 取得《捕捉证》的单位和个人，在捕捉作业以前，必须向捕捉地县级渔业行政主管部门报告，并由其所属的渔政监督管理机构监督进行。

捕捉作业必须按照《捕捉证》规定的种类、数量、地点、期限、工具和方法进行，防止误伤水生野生动物或破坏其生存环境。

第十四条 捕捉作业完成后，捕捉者应当立即向捕捉地县级渔业行政主管部门或其所属的渔政监督管理机构申请查验。捕捉地县级渔业行政主管部门或渔政监督管理机构应及时对捕捉情况进行查验，收回《捕捉证》，并及时向发证机关报告查验结果、交回《捕捉证》。

第三章 驯养繁殖管理

第十五条 从事水生野生动物驯养繁殖的，应当经省级以上渔业行政主管部门批准，取得《驯养繁殖证》后方可进行。

第十六条 申请《驯养繁殖证》，应当具备以下条件：

（一）有适宜驯养繁殖水生野生动物的固定场所和必要的设施；

（二）具备与驯养繁殖水生野生动物种类、数量相适应的资金、技术和人员；

（三）具有充足的驯养繁殖水生野生动物的饲料来源。

第十七条 驯养繁殖国家一级保护水生野生动物的，向省级人民政府渔业行政主管部门提出申请。省级人民政府渔业行政主管部门应当自申请受理之日起20日内完成初步审查，并将审查意见和申请人的全部申请材料报农业部审批。

农业部应当自收到省级人民政府渔业行政主管部门报送的材料之日起15日内作出是否发放驯养繁殖许可证的决定。

驯养繁殖国家二级保护水生野生动物的，应当向省级人民政府渔业行政主管部门申请。

省级人民政府渔业行政主管部门应当自申请受理之日起20日内作出是否发放驯养繁殖证的决定。

第十八条 驯养繁殖水生野生动物的单位和个人，必须按照《驯养繁殖证》的规定进行驯养繁殖活动。

需要变更驯养繁殖种类的，应当按照本办法第十七条规定的程序申请变更手续。经批准后，由审批机关在《驯养繁殖证》上作变更登记。

第十九条 禁止将驯养繁殖的水生野生动物或其产品进行捐赠、转让、交换。因特殊情况需要捐赠、转让、交换的，申请人应当向《驯养繁殖证》发证机关提出申请，由发证机关签署意见后，按本办法第三条的规定报批。

第二十条 接受捐赠、转让、交换的单位和个人，应当凭批准文件办理有关手续，并妥善养护与管理接受的水生野生动物或其产品。

第二十一条 取得《驯养繁殖证》的单位和个人，应当遵守以下规定：

（一）遵守国家和地方野生动物保护法律法规和政策；

（二）用于驯养繁殖的水生野生动物来源符合国家规定；

（三）建立驯养繁殖物种档案和统计制度；

（四）定期向审批机关报告水生野生动物的生长、繁殖、死亡等情况；

（五）不得非法利用其驯养繁殖的水生野生动物或其产品；

（六）接受当地渔业行政主管部门的监督检查和指导。

第四章　经营管理

第二十二条　禁止出售、收购水生野生动物或其产品。因科研、驯养繁殖、展览等特殊情况需要进行出售、收购、利用水生野生动物或其产品的，必须经省级以上渔业行政主管部门审核批准，取得《经营利用证》后方可进行。

第二十三条　出售、收购、利用国家一级保护水生野生动物或其产品的，申请人应当将《申请表》和证明材料报所在地省级人民政府渔业行政主管部门签署意见。所在地省级人民政府渔业行政主管部门应当在20日内签署意见，并报农业部审批。

农业部应当自接到省级人民政府渔业行政主管部门报送的材料之日起20日内作出是否发放经营利用证的决定。

出售、收购、利用国家二级保护水生野生动物或其产品的，应当向省级人民政府渔业行政主管部门申请。

省级人民政府渔业行政主管部门应当自受理之日起20日内作出是否发放经营利用证的决定。

第二十四条　医药保健利用水生野生动物或其产品，必须具备省级以上医药卫生行政管理部门出具的所生产药物及保健品中需用水生野生动物或其产品的证明；利用驯养繁殖的水生野生动物子代或其产品的，必须具备省级以上渔业行政主管部门指定的科研单位出具的属人工繁殖的水生野生动物子代或其产品的证明。

第二十五条　申请《经营利用证》，应当具备下列条件：

（一）出售、收购、利用的水生野生动物物种来源清楚或稳定；

（二）不会造成水生野生动物物种资源破坏；

（三）不会影响国家野生动物保护形象和对外经济交往。

第二十六条 经批准出售、收购、利用水生野生动物或其产品的单位和个人，应当持《经营利用证》到出售、收购所在地的县级以上渔业行政主管部门备案后方可进行出售、收购、利用活动。

第二十七条 出售、收购、利用水生野生动物或其产品的单位和个人，应当遵守以下规定：

（一）遵守国家和地方有关野生动物保护法律法规和政策；

（二）利用的水生野生动物或其产品来源符合国家规定；

（三）建立出售、收购、利用水生野生动物或其产品档案；

（四）接受当地渔业行政主管部门的监督检查和指导。

第二十八条 地方各级渔业行政主管部门应当对水生野生动物或其产品的经营利用建立监督检查制度，加强对经营利用水生野生动物或其产品的监督管理。

第五章 运输管理

第二十九条 运输、携带、邮寄水生野生动物或其产品的，应当经省级渔业行政主管部门批准，取得《运输证》后方可进行。

第三十条 申请运输、携带、邮寄水生野生动物或其产品出县境的，申请人应当向始发地县级人民政府渔业行政主管部门提出。始发地县级人民政府渔业行政主管部门应当在10日内签署意见，并报省级人民政府渔业行政主管部门审批。

省级人民政府渔业行政主管部门应当自收到县级人民政府渔业行政主管部门报送的材料之日起20日内作出是否发放运输证的决定。

第三十一条 出口水生野生动物或其产品涉及国内运输、携带、邮寄的，申请人凭同意出口批件到始发地省级渔业行政主管部门或其授权单位办理《运输证》。

进口水生野生动物或其产品涉及国内运输、携带、邮寄的，申请人凭同意进口批件到入境口岸所在地省级渔业行政主管部门或其授权单位办理《运输证》。

第三十二条 经批准捐赠、转让、交换水生野生动物或其产品的运输，申请人凭同意捐赠、转让、交换批件到始发地省级渔业行政主管部门或者其授权单位办理《运输证》。

第三十三条 经批准收购水生野生动物或其产品的运输，申请人凭《经营利用证》和出售单位出具的出售物种种类及数量证明，到收购所在地省级渔业行政主管部门或者其授权单位办理《运输证》。

第三十四条 跨省展览、表演水生野生动物或其产品的运输，申请人凭展览、表演地省级渔业行政主管部门同意接纳展览、表演的证明到始发地省级渔业行政主管部门办理前往《运输证》；展览、表演结束后，申请人凭同意接纳展览、表演的证明及前往《运输证》回执到展览、表演地省级渔业行政主管部门办理返回《运输证》。

第三十五条 申请《运输证》，应当具备下列条件：

（一）运输、携带、邮寄的水生野生动物物种来源清楚；

（二）具备水生野生动物活体运输安全保障措施；

（三）运输、携带、邮寄的目的和用途符合国家法律法规和政策规定。

第三十六条 取得《运输证》的单位和个人，运输、携带、邮寄水生野生动物或其产品到达目的地后，必须立即向当地县级以上渔业行政主管部门报告，当地县级以上渔业行政主管部门应及时进行查验，收回《运输证》，并回执查验结果。

第三十七条 县级以上渔业行政主管部门或者其所属的渔政监督管理机构应当对进入本行政区域内的水生野生动物或其产品的利用活动进行监督检查。

第六章 进出口管理

第三十八条 出口国家重点保护的水生野生动物或者其产品，进出口中国参加的国际公约所限制进出口的水生野生动物或者其产品的，应当向进出口单位或者个人所在地的省级人民政府渔业行政主管部门申请。省级人民政府渔业行政主管部门应当自申请受理之日起 20 日内完成审核，并报农业部审批。

农业部应当自收到省级人民政府渔业行政主管部门报送的材料之日起 20 日内作出是否同意进出口的决定。

动物园因交换动物需要进口第一款规定的野生动物的,农业部在批准前,应当经国务院建设行政主管部门审核同意。

第三十九条 属于贸易性进出口活动的,必须由具有商品进出口权的单位承担,并取得《经营利用证》后方可进行。没有商品进出口权和《经营利用证》的单位,审批机关不得受理其申请。

第四十条 从国外引进水生野生动物的,应当向所在地省级人民政府渔业行政主管部门申请。省级人民政府渔业行政主管部门应当自申请受理之日起 5 日内将申请材料送其指定的科研机构进行科学论证,并应当自收到论证结果之日起 15 日内报农业部审批。

农业部应当自收到省级人民政府渔业行政主管部门报送的材料之日起 20 日内作出是否同意引进的决定。

第四十一条 出口水生野生动物或其产品的,应当具备下列条件:

(一) 出口的水生野生动物物种和含水生野生动物成分产品中物种原料的来源清楚;

(二) 出口的水生野生动物是合法取得;

(三) 不会影响国家野生动物保护形象和对外经济交往;

(四) 出口的水生野生动物资源量充足,适宜出口;

(五) 符合我国水产种质资源保护规定。

第四十二条 进口水生野生动物或其产品的,应当具备下列条件:

(一) 进口的目的符合我国法律法规和政策;

(二) 具备所进口水生野生动物活体生存必需的养护设施和技术条件;

(三) 引进的水生野生动物活体不会对我国生态平衡造成不利影响或产生破坏作用;

(四) 不影响国家野生动物保护形象和对外经济交往。

第七章 附 则

第四十三条 违反本办法规定的,由县级以上渔业行政主管部门或其所属的渔政监督管理机构依照野生动物保护法律、法规进行查处。

第四十四条 经批准捕捉、驯养繁殖、运输以及展览、表演、出售、收购、进出口等利用水生野生动物或其产品的单位和个人，应当依法缴纳水生野生动物资源保护费。缴纳办法按国家有关规定执行。

水生野生动物资源保护费专用于水生野生动物资源的保护管理、科学研究、调查监测、宣传教育、驯养繁殖与增殖放流等。

第四十五条 外国人在我国境内进行有关水生野生动物科学考察、标本采集、拍摄电影、录像等活动的，应当向水生野生动物所在地省级渔业行政主管部门提出申请。省级渔业行政主管部门应当自申请受理之日起20日内作出是否准予其活动的决定。

第四十六条 本办法规定的《申请表》和水生野生动物利用特许证件由中华人民共和国渔政局统一制订。已发放仍在使用的许可证件由原发证机关限期统一进行更换。

除《捕捉证》、《运输证》一次有效外，其它特许证件应按年度进行审验，有效期最长不超过五年。有效期届满后，应按规定程序重新报批。

各省、自治区、直辖市渔业行政主管部门应当根据本办法制定特许证件发放管理制度，建立档案，严格管理。

第四十七条 《濒危野生动植物种国际贸易公约》附录一中的水生野生动物或其产品的国内管理，按照本办法对国家一级保护水生野生动物的管理规定执行。

《濒危野生动植物种国际贸易公约》附录二、附录三中的水生野生动物或其产品的国内管理，按照本办法对国家二级保护水生野生动物的管理规定执行。

地方重点保护的水生野生动物或其产品的管理，可参照本办法对国家二级保护水生野生动物的管理规定执行。

第四十八条 本办法由农业部负责解释。

第四十九条 本办法自1999年9月1日起施行。

中国水生生物资源养护行动纲要

国务院关于印发中国水生生物资源养护行动纲要的通知
国发〔2006〕9号

各省、自治区、直辖市人民政府，国务院各部委、各直属机构：

现将农业部会同有关部门和单位制定的《中国水生生物资源养护行动纲要》印发给你们，请结合实际，认真贯彻执行。

国务院
二〇〇六年二月十四日

我国海域辽阔，江河湖泊众多，为水生生物提供了良好的繁衍空间和生存条件。受独特的气候、地理及历史等因素的影响，我国水生生物具有特有程度高、孑遗物种数量大、生态系统类型齐全等特点。我国现有水生生物2万多种，在世界生物多样性中占有重要地位。以水生生物为主体的水生生态系统，在维系自然界物质循环、净化环境、缓解温室效应等方面发挥着重要作用。丰富的水生生物是人类重要的食物蛋白来源和渔业发展的物质基础。养护和合理利用水生生物资源对促进渔业可持续发展、维护国家生态安全具有重要意义。为全面贯彻落实科学发展观，切实加强国家生态建设，依法保护和合理利用水生生物资源，实施可持续发展战略，根据新阶段、新时期和市场经济条件下水生生物资源养护管理工作的要求，制定本纲要。

第一部分 水生生物资源养护现状及存在的问题

一、现状

多年来，在党中央、国务院的领导下，经过各地区、各有关部门的共同努力，我国水生生物资源养护工作取得了一定成效。

（一）制定并实施了一系列养护管理制度和措施。渔业行政主管部门相继制定并组织实施了海洋伏季休渔、长江禁渔期、海洋捕捞渔船控制等保护管理制度，开展了水生生物资源增殖放流活动，加强了水生生物自然保护区建设和濒危水生野生动物救护工作；环保、海洋、水利、交通等部门也积极采取了重点水域污染防治、自然保护区建设、水土流失治理、水功能区划等有利于水生生物资源养护的措施。

（二）建立了较为完整的养护执法和监管体系。全国渔业行政及执法管理队伍按照统一领导、分级管理的原则，依法履行渔业行业管理、保护渔业资源、渔业水域生态环境和水生野生动植物、专属经济区渔业管理以及维护国家海洋渔业权益等职能。环保、海洋、水利、交通等部门也根据各自职责设立了相关机构，加强了执法监管工作，为水生生物资源养护工作提供了有效的组织保障。

（三）初步形成了与养护工作相适应的科研、技术推广和服务体系。全国从事水生生物资源养护方面研究和开发的科技人员有13000多人。建立了全国渔业生态环境监测网和五个海区、流域级渔业资源监测网，对我国渔业资源和渔业水域生态环境状况进行监测和评估，为水生生物资源养护工作提供了坚实的技术支撑。

二、存在的主要问题

随着我国经济社会发展和人口不断增长，水产品市场需求与资源不足的矛盾日益突出。受诸多因素影响，目前我国水生生物资源严重衰退，水域生态环境不断恶化，部分水域呈现生态荒漠化趋势，外来物种入侵危害也日益严重。养护和合理利用水生生物资源已经成为一项重要而紧迫的任务。

（一）水域污染导致水域生态环境不断恶化。近年来，我国废水排放量呈逐年增加趋势，主要江河湖泊均遭受不同程度污染，近岸海域有机物和无机磷浓度明显上升，无机氮普遍超标，赤潮等自然灾害频发，渔业水域污染事故不断增加，水生生物的主要产卵场和索饵育肥场功能明显退化，水域生产力急剧下降。

（二）过度捕捞造成渔业资源严重衰退。我国是世界上捕捞渔船和渔民数量最多的国家，由于长期采取粗放型、掠夺式的捕捞方式，造成传统优质渔业品种资源衰退程度加剧，渔获物的低龄化、小型化、低值化现象严重，捕捞生产效率和经济效益明显下降。

（三）人类活动致使大量水生生物栖息地遭到破坏。水利水电、交通航运和海洋海岸工程建设等人类活动，在创造巨大经济效益和社会效益的同时，对水域生态也造成了不利影响，水生生物的生存条件不断恶化，珍稀水生野生动植物濒危程度加剧。

第二部分 水生生物资源养护的指导思想、原则和目标

一、指导思想

以邓小平理论和"三个代表"重要思想为指导，认真贯彻党的十六大和十六届五中全会精神，全面落实科学发展观，坚持科技创新，完善管理制度，强化保护措施，养护和合理利用水生生物资源，全面提升水生生物资源养护管理水平，改善水域生态环境，实现渔业可持续发展，促进人与自然和谐，维护水生生物多样性。

二、基本原则

（一）坚持统筹协调的原则，处理好资源养护与经济社会发展的关系。科学养护要与合理利用相结合，既服从和服务于国家建设发展的大局，又通过经济社会发展不断增强水生生物资源养护能力，做到保护中开发，开发中保护。科学调度、配置和保护水资源，强化节约资源、循环利用的生产和消费意识，在尽可能减少资源消耗和破坏环境的前提下，把保护水生生物资源与转变渔业增长方式、优化渔业产业结构结合起来，提高资源利用效率，在实现渔业经济持续、健康发展的同时，促进经济增长、社会发展和资源保护相统一。

（二）坚持整体保护的原则，处理好全面保护与重点保护的关

系。将水生生物资源养护工作纳入国家生态建设的总体部署,对水生生物资源和水域生态环境进行整体性保护。同时,针对水生生物资源在水生生态系统中的主体地位和不同水生生物的特点,以资源养护为重点,实行多目标管理;在养护措施上,立足当前,着眼长远,分阶段、有步骤地加以实施。

(三)坚持因地制宜的原则,处理好系统保护与突出区域特色的关系。根据资源的区域分布特征和养护工作面临的任务,分区确定水生生物资源保护和合理利用的方向与措施:近海海域以完善海洋伏季休渔、捕捞许可管理等渔业资源管理制度为重点,保护和合理利用海洋生物资源;浅海滩涂以资源增殖、生态养殖及水域生态保护为重点,促进海水养殖增长方式转变;内陆水域以资源增殖、自然保护区建设、水域污染防治及工程建设资源与生态补偿为重点,保护水生生物多样性和水域生态的完整性。

(四)坚持务实开放的原则,处理好立足国情与履行国际义务的关系。在实际工作中,要充分考虑我国经济社会的发展阶段,立足于我国人口多、渔民多、渔船多、资源承载重的特点,结合现有工作基础,制定切实可行的保护管理措施。同时,要负责任地履行我国政府签署或参加的有关国际公约和规定的相应义务,并学习借鉴国外先进保护管理经验。

(五)坚持执法为民的原则,处理好强化管理与维护渔民权益的关系。在制订各项保护管理措施时,既要考虑符合广大渔民的长远利益,也要考虑渔民的现实承受能力,兼顾各方面利益,妥善解决好渔民的生产发展和生活出路问题,依法维护广大渔民的合法权益。要积极采取各种增殖修复手段,增加水域生产力,提高渔业经济效益,促进渔民增收。

(六)坚持共同参与的原则,处理好政府主导与动员社会力量参与的关系。水生生物资源养护是一项社会公益事业,从水生生物资源的流动性和共有性特点考虑,必须充分发挥政府保护公共资源的主导作用,建立有关部门间各司其职、加强沟通、密切配合的水生生物资源养护管理体制。同时要加强宣传教育,提高全民保护意识,充分调动各方面的积极性,形成全社会广泛动员和积极参与的良好氛围,并通过建立多元化的投融资机制,为水生生物资源养护工作提供必要的资金保障。

三、奋斗目标

(一)近期目标。到2010年,水域生态环境恶化、渔业资源衰退、濒危物种数目增加的趋势得到初步缓解,过大的捕捞能力得到压减,捕捞生产效率和经济效益有所提高。全国海洋捕捞机动渔船数量、功率和国内海洋捕捞产量,分别由2002年底的22.2万艘、1270万千瓦和1306万吨压减到19.2万艘、1143万千瓦和1200万吨左右;每年增殖重要渔业资源品种的苗种数量达到200亿尾(粒)以上;省级以上水生生物自然保护区数量达到100个以上;渔业水域污染事故调查处理率达到60%以上。

(二)中期目标。到2020年,水域生态环境逐步得到修复,渔业资源衰退和濒危物种数目增加的趋势得到基本遏制,捕捞能力和捕捞产量与渔业资源可承受能力大体相适应。全国海洋捕捞机动渔船数量、功率和国内海洋捕捞产量分别压减到16万艘、1000万千瓦和1000万吨左右;每年增殖重要渔业资源品种的苗种数量达到400亿尾(粒)以上;省级以上水生生物自然保护区数量达到200个以上;渔业水域污染事故调查处理率达到80%以上。

(三)远景展望。经过长期不懈努力,到本世纪中叶,水域生态环境明显改善,水生生物资源实现良性、高效循环利用,濒危水生野生动植物和水生生物多样性得到有效保护,水生生态系统处于整体良好状态。基本实现水生生物资源丰富、水域生态环境优美的奋斗目标。

第三部分 渔业资源保护与增殖行动

渔业资源是水生生物资源的重要组成部分,是渔业发展的物质基础。针对目前捕捞强度居高不下、渔业资源严重衰退、捕捞生产效益下降、渔民收入增长缓慢的严峻形势,为有效保护和积极恢复渔业资源,促进我国渔业持续健康发展,根据《中华人民共和国渔业法》、农业部《关于2003—2010年海洋捕捞渔船控制制度实施意见》等有关规定,参照联合国粮农组织《负责任渔业守则》的要求,实施本行动。

本行动包括重点渔业资源保护、渔业资源增殖、负责任捕捞管理三项措施:通过建立禁渔区和禁渔期制度、水产种质资源保护区等措施,对重要渔业资源实行重点保护;通过综合运用各种增殖手段,积极主动恢复渔业资源,改变渔业生产方式,提高资源利用效率,为渔民致富创造新的途径和空间;通过强化捕捞配额制度、捕捞许可证制度等各项资源保护管理制度,规范捕捞行为,维护作业秩序,保障渔业安全;通过减船和转产转业等措施,压缩捕捞能力,促进渔业产业结构调整,妥善解决捕捞渔民生产生活问题。

一、重点渔业资源保护

(一)坚持并不断完善禁渔区和禁渔期制度。针对重要渔业资源品种的产卵场、索饵场、越冬场、洄游通道等主要栖息繁衍场所及繁殖期和幼鱼生长期等关键生长阶段,设立禁渔区和禁渔期,对其产卵群体和补充群体实行重点保护。继续完善海洋伏季休渔、长江禁渔期等现有禁渔区和禁渔期制度,并在珠江、黑龙江、黄河等主要流域及重要湖泊逐步推行此项制度。

(二)加强目录和标准化管理。修订重点保护渔业资源品种名录和重要渔业资源品种最小可捕标准,推行最小网目尺寸制度和幼鱼比例检查制度。制定捕捞渔具准用目录,取缔禁用渔具,研制和推广选择性渔具。调整捕捞作业结构,压缩作业方式对资源破坏较大的渔船和渔具数量。

(三)保护水产种质资源。在具有较高经济价值和遗传育种价值的水产种质资源主要生长繁育区域建立水产种质资源保护区,并制定相应的管理办法,强化和规范保护区管理。建立水产种质资源基因库,加强对水产遗传种质资源、特别是珍稀水产遗传种质资源的保护，强化相关技术研究，促进水产种质资源可持续利用。采取综合性措施，改善渔场环境，对已遭破坏的重要渔场、重要渔业资源品种的产卵场制定并实施重建计划。

二、渔业资源增殖

（一）统筹规划、合理布局。合理确定适用于渔业资源增殖的水域滩涂，重点针对已经衰退的重要渔业资源品种和生态荒漠化严重水域，采取各种增殖方式，加大增殖力度，不断扩大增殖品种、数量和范围。合理布局增殖苗种生产基地，确保增殖苗种供应。

（二）建设人工鱼礁（巢）。制定国家和地方的沿海人工鱼礁和内陆水域人工鱼巢建设规划，科学确定人工鱼礁（巢）的建设布局、类型和数量，注重发挥人工鱼礁（巢）的规模生态效应。建立多元化投入机制，加大人工鱼礁（巢）建设力度，结合减船工作，充分利用报废渔船等废旧物资，降低建设成本。

（三）发展增养殖业。积极推进以海洋牧场建设为主要形式的区域性综合开发，建立海洋牧场示范区，以人工鱼礁为载体，底播增殖为手段，增殖放流为补充，积极发展增养殖业，并带动休闲渔业及其他产业发展，增加渔民就业机会，提高渔民收入，繁荣渔区经济。

（四）规范渔业资源增殖管理。制定增殖技术标准、规程和统计指标体系，建立增殖计划申报审批、增殖苗种检验检疫和放流过程监理制度，强化日常监管和增殖效果评价工作。大规模的增殖放流活动，要进行生态安全风险评估；人工鱼礁建设实行许可管理，大型人工鱼礁建设项目要进行可行性论证。

三、负责任捕捞管理

（一）实行捕捞限额制度。根据捕捞量低于资源增长量的原则，确定渔业资源的总可捕捞量，逐步实行捕捞限额制度。建立健全渔业资源调查和评估体系、捕捞限额分配体系和监督管理体系，公平、公正、公开地分配限额指标，积极探索配额转让的有效机制和途径。

（二）继续完善捕捞许可证制度。严格执行捕捞许可管理有关规定，按照国家下达的船网工具指标以及捕捞限额指标，严格控制制造、更新改造、购置和进口捕捞渔船以及捕捞许可证发放数量，加强对渔船、渔具等主要捕捞生产要素的有效监管，强化渔船检验和报废制度，加强渔船安全管理。

（三）强化和规范职务船员持证上岗制度。加强渔业船员法律法规和专业技能培训，逐步实行捕捞从业人员资格准入，严格控制捕捞从业人员数量。

（四）推进捕捞渔民转产转业工作。根据国家下达的船网工具控制指标及减船计划，加快渔业产业结构调整，积极引导捕捞渔民向增养殖业、水产加工流通业、休闲渔业及其他产业转移。地方各级人民政府要加大投入，落实各项配套措施，确保减船工作顺利实施。建立健全转产转业渔民服务体系，加强对转产转业渔民的专业技能培训，为其提供相关的技术和信息服务。对因实施渔业资源养护措施造成生活困难的部分渔民，当地政府要统筹考虑采取适当方式给予救助，妥善安排好他们的生活。

第四部分　生物多样性与濒危物种保护行动

生物多样性程度是衡量生态系统状态的重要标志。近年来，我国水生生物遗传多样性缺失严重，水生野生动植物物种濒危程度加剧、灭绝速度加快，外来物种入侵危害不断加大。依据《中华人民共和国野生动物保护法》、《中华人民共和国渔业法》及《生物多样性公约》和《濒危野生动植物种国际贸易公约》等有关规定，为有效保护水生生物多样性，拯救珍稀濒危水生野生动植物，并履行相关国际义务，实施本行动。

本行动通过采取自然保护区建设、濒危物种专项救护、濒危物种驯养繁殖、经营利用管理以及外来物种监管等措施，建立水生生物多样性和濒危物种保护体系，全面提高保护工作能力和水平，有效保护水生生物多样性及濒危物种，防止外来物种入侵。

一、自然保护区建设

加强水生野生动植物物种资源调查，在充分论证的基础上，结合当地实际，统筹规划，逐步建立布局合理、类型齐全、层次清晰、重点突出、面积适宜的各类水生生物自然保护区体系。建立水生野生动植物自然保护区，保护白鳍豚、中华鲟等濒危水生野生动植物以及土著、特有鱼类资源的栖息地；建立水域生态类型自然保护区，对珊瑚礁、海草床等进行重点保护。加强保护区管理能力建设，配套完善保护区管理设施，加强保护区人员业务知识和技能培训，强化各项监管措施，促进保护区的规范化、科学化管理。

二、濒危物种专项救护

建立救护快速反应体系，对误捕、受伤、搁浅、罚没的水生野生动物及时进行救治、暂养和放生。根据各种水生野生动物濒危程度和生物学特点，对白鳍豚、白鲟、水獭等亟待拯救的濒危物种，制定重点保护计划，采取特殊保护措施，实施专项救护行动。对栖息场所或生存环境受到严重破坏的珍稀濒危物种，采取迁地保护措施。

三、濒危物种驯养繁殖

对中华鲟、大鲵、海龟和淡水龟鳖类等国家重点保护的水生野生动物，建立遗传资源基因库，加强种质资源保护与利用技术研究，强化对水生野生动植物遗传资源的利用和保护。建设濒危水生野生动植物驯养繁殖基地，进行珍稀濒危物种驯养繁育核心技术攻关。建立水生野生动物人工放流制度，制订相关规划、技术规范和标准，对放流效果进行跟踪和评价。

四、经营利用管理

调整和完善国家重点保护水生野生动植物名录。建立健全水生野生动植物经营利用管理制度，对捕捉、驯养繁殖、运输、经营利用、进出口等各环节进行规范管理，严厉打击非法经营利用水生野生动植物行为。根据有关法律法规规定，完善水生野生动植物进出口审批管理制度，严格规范水生野生动植物进出口贸易活动。加强水生野生动植物物种识别和产品鉴定工作，为水生野生动植物保护管理提供技术支持。

五、外来物种监管

加强水生动植物外来物种管理，完善生态安全风险评价制度和鉴定检疫控制体系，建立外来物种监控和预警机制，在重点地区和重点水域建设外来物种监控中心和监控点，防范和治理外来物种对水域生态造成的危害。

第五部分　水域生态保护与修复行动

水域生态环境是水生生物赖以生存的物质条件，水生生物及水域生态环境共同构成了水生生态系统。针对目前水生生物生存空间被大量挤占，水域生态环境不断恶化，水域生态荒漠化趋势日益明显等问题，为有效保护和修复水域生态，维护水域生态平衡，促进经济社会发展与生态环境保护相协调，依据《中华人民共和国渔业法》、《中华人民共和国环境保护法》、《中华人民共和国水法》、《中华人民共和国水污染防治法》、《中华人民共和国海洋环境保护法》和《中华人民共和国环境影响评价法》等有关法律法规，实施本行动。

本行动通过采取水域污染与生态灾害防治、工程建设资源与生态补偿、水域生态修复和发展生态养殖等措施，强化水域生态保护管理，逐步减少人类活动和自然生态灾害对水域生态造成的破坏和损失。同时，积极采取各种生物、工程和技术措施，对已遭到破坏的水域生态进行修复和重建。

一、水域污染与生态灾害防治

各地区、各有关部门要建立污染减量排放和达标排放制度，严格控制污染物向水体排放。健全水域污染事故调查处理制度，建立突发性水域污染事故调查处理快速反应机制，规范应急处理程序，提高应急处理能力，强化污染水域环境应急监测和水产品质量安全检测工作，通过实施工程、生物、技术措施，减少污染损害，通过暂停养殖纳水、严控受污染的水产品上市等应急措施，尽量降低突发事故造成的渔业损失，保障人民群众食用安全。处置突发性水域污染事故所需财政经费，按财政部《突发事件财政应急保障预案》执行。渔业行政主管部门要加强渔业水域污染事故调查处理资质管理，及时确认污染主体，科学评估渔业资源和渔业生产者损失，依法对渔业水域污染事故进行调查处理，并督促落实。完善水域生态灾害的防灾减灾体系，开展防灾减灾技术研究，提高水域生态灾害预警预报能力，积极采取综合治理措施，减轻对渔业生产、水产品质量安全和水域生态环境造成的影响。

二、工程建设资源与生态补偿

完善工程建设项目环境影响评价制度，建立工程建设项目资源与生态补偿机制，减少工程建设的负面影响，确保遭受破坏的资源和生态得到相应补偿和修复。对水利水电、围垦、海洋海岸工程、海洋倾废区等建设工程，环保或海洋部门在批准或核准相关环境影响报告书之前，应征求渔业行政主管部门意见；对水生生物资源及水域生态环境造成破坏的，建设单位应当按照有关法律规定，制订补偿方案或补救措施，并落实补偿项目和资金。相关保护设施必须与建设项目的主体工程同时设计、同时施工、同时投入使用。

三、水域生态修复

加强水域生态修复技术研究，制定综合评价和整治修复方案。通过科学调度、优化配置水资源和采取必要的工程措施，修复因水域污染、工程建设、河道（航道）整治、采砂等人为活动遭到破坏或退化的江河鱼类产卵场等重要水域生态功能区；通过采取闸口改造、建设过鱼设施和实施灌江纳苗等措施，恢复江湖鱼类生态联系，维护江湖水域生态的完整性；通过采取湖泊生物控制、放养滤食鱼类、底栖生物移植和植被修复等措施，对富营养化严重的湖泊、潮间带、河口等水域进行综合治理；通过保护红树林、珊瑚礁、海草床等，改善沿岸及近海水域生态环境；通过合理发展海水贝藻类养殖，改善海洋碳循环，缓解温室效应。

四、推进科学养殖

制定和完善水产养殖环境方面的技术标准，强化水产养殖环监督管理。根据环境容量，合理调整养殖布局，科学确定养殖密度，优化养殖生产结构。实施养殖水质监测、环境监控、渔用药物生产审批和投入品使用管理等各项制度，加强水产苗种监督管理，实施科学投饵、施肥和合理用药，保障水产品质量安全。积极探索传统与现代相结合的生态养殖模式，建立健康养殖和生态养殖示范区，积极推广健康和生态养殖技术，减少水产养殖造成的污染。

第六部分　保障措施

一、建立健全协调高效的管理机制

水生生物资源养护是一项"功在当代、利在千秋"的伟大事业，地方各级人民政府要增强责任感和使命感，切实加强领导，将水生生物资源养护工作列入议事日程，作为一项重点工作和日常性工作来抓。根据本纲要确定的指导思想、原则和目标，结合本地实际，组织有关部门确保各项养护措施的落实和行动目标的实现。各有关部门各司其职，加强沟通，密切配合。要不断完善以渔业行政主管部门为主体，各相关部门和单位共同参与的水生生物资源养护管理体系。财政、发展改革、科技等部门要加大支持力度，渔业行政主管部门要认真组织落实，切实加强水生生物资源养护的相关工作，环保、海洋、水利、交通等部门要加强水域污染控制、生态环境保护等工作。

二、探索建立和完善多元化投入机制

水生生物资源养护工作是一项社会公益性事业，各级财政要在加大投入的同时，整合有关生物资源养护经费，统筹使用。同时，要积极改革和探索在市场经济条件下的政府投入、银行贷款、企业资金、个人捐助、国外投资、国际援助等多元化投入机制，为水生生物资源养护提供资金保障。建立健全水生生物资源有偿使用制度，完善资源与生态补偿机制。按照谁开发谁保护、谁受益谁补偿、谁损害谁修复的原则，开发利用者应依法交纳资源增殖保护费用，专项用于水生生物资源养护工作；对资源及生态造成损害的，应进行赔偿或补偿，并采取必要的修复措施。

三、大力加强法制和执法队伍建设

针对目前水生生物资源养护管理工作存在的主要问题，要抓紧制定渔业生态环境保护等方面的配套法规，形成更为完善的水生生物资源养护法律法规体系。不断建立健全各项养护管理制度，为本纲要的顺利实施提供法制保障。各地区要按照国务院有关规定，强化渔业行政执法队伍建设，开展执法人员业务培训，加强执法装备建设，增强执法能力，规范执法行为，保障执法管理经费，实行"收支两条线"管理，努力建设一支高效、廉洁的水生生物资源养护管理执法队伍。

四、积极营造全社会参与的良好氛围

水生生物资源养护是一项社会性的系统工程，需要社会各界的广泛支持和共同努力。要通过各种形式和途径，加大相关法律法规及基本知识的宣传教育力度，树立生态文明的发展观、道德观、价值观，增强国民生态保护意识，提高保护水生生物资源的自觉性和主动性。要充分发挥各类水生生物自然保护机构、水族展示与科研教育单位和新闻媒体的作用，多渠道、多形式地开展科普宣传活动，广泛普及水生生物资源养护知识，提高社会各界的认知程度，增进人们对水生生物的关注和关爱，倡导健康文明的饮食观念，自觉拒食受保护的水生野生动物，为保护工作创造良好的社会氛围。

五、努力提升科技和国际化水平

加大水生生物资源养护方面的科研投入，加强基础设施建设，整合现有科研教学资源，发挥各自技术优势。对水生生物资源养护的核心和关键技术进行多学科联合攻关，大力推广相关适用技术。加强全国水生生物资源和水域生态环境监测网络建设，对水生生物资源和水域生态环境进行调查和监测。建立水生生物资源管理信息系统，为加强水生生物资源养护工作提供参考依据。扩大水生生物资源养护的国际交流与合作，与有关国际组织、外国政府、非政府组织和民间团体等在人员、技术、资金、管理等方面建立广泛的联系和沟通。加强人才培养与交流，学习借鉴国外先进的保护管理经验，拓宽视野，创新理念，把握趋势，不断提升我国水生生物资源养护水平。

全国普法学习读本

环保节能类法律法规读本

>>>>> 动物植物保护法律法规学习读本 <<<<<

保护植物法律法规

加大全民普法力度，建设社会主义法治文化，树立宪法法律至上、法律面前人人平等的法治理念。
——中国共产党第十九次全国代表大会《决胜全面建成小康社会 夺取新时代中国特色社会主义伟大胜利》

王金锋 主编

汕头大学出版社

图书在版编目（CIP）数据

保护植物法律法规／王金锋主编． -- 汕头：汕头大学出版社（2021.7重印）

（动物植物保护法律法规学习读本）

ISBN 978-7-5658-3514-8

Ⅰ.①保… Ⅱ.①王… Ⅲ.①植物保护-法规-中国-学习参考资料 Ⅳ.①D922.681.4

中国版本图书馆 CIP 数据核字（2018）第 035128 号

保护植物法律法规　　BAOHU ZHIWU FALÜ FAGUI

主　　编：王金锋
责任编辑：邹　峰
责任技编：黄东生
封面设计：大华文苑
出版发行：汕头大学出版社
　　　　　广东省汕头市大学路 243 号汕头大学校园内　邮政编码：515063
电　　话：0754-82904613
印　　刷：三河市南阳印刷有限公司
开　　本：690mm×960mm　1/16
印　　张：18
字　　数：226 千字
版　　次：2018 年 5 月第 1 版
印　　次：2021 年 7 月第 2 次印刷
定　　价：59.60 元（全 2 册）

ISBN 978-7-5658-3514-8

版权所有，翻版必究
如发现印装质量问题，请与承印厂联系退换

前 言

习近平总书记指出："推进全民守法，必须着力增强全民法治观念。要坚持把全民普法和守法作为依法治国的长期基础性工作，采取有力措施加强法制宣传教育。要坚持法治教育从娃娃抓起，把法治教育纳入国民教育体系和精神文明创建内容，由易到难、循序渐进不断增强青少年的规则意识。要健全公民和组织守法信用记录，完善守法诚信褒奖机制和违法失信行为惩戒机制，形成守法光荣、违法可耻的社会氛围，使遵法守法成为全体人民共同追求和自觉行动。"

中共中央、国务院曾经转发了中央宣传部、司法部关于在公民中开展法治宣传教育的规划，并发出通知，要求各地区各部门结合实际认真贯彻执行。通知指出，全民普法和守法是依法治国的长期基础性工作。深入开展法治宣传教育，是全面建成小康社会和新农村的重要保障。

普法规划指出：各地区各部门要根据实际需要，从不同群体的特点出发，因地制宜开展有特色的法治宣传教育坚持集中法治宣传教育与经常性法治宣传教育相结合，深化法律进机关、进乡村、进社区、进学校、进企业、进单位的"法律六进"主题活动，完善工作标准，建立长效机制。

特别是农业、农村和农民问题，始终是关系党和人民事业发展的全局性和根本性问题。党中央、国务院发布的《关于推进社会主义新农村建设的若干意见》中明确提出要"加强农村法制建设，深入开展农村普法教育，增强农民的法制观念，提高农民依法行使权利和履行义务的自觉性。"多年普法实践证明，普及法律知识，提高法制观念，增强全社会依法办事意识具有重要作用。特别是在广大农村进行普法教育，是提高全民法律素质的需要。

多年来，我国在农村实行的改革开放取得了极大成功，农村发生了翻天覆地的变化，广大农民生活水平大大得到了提高。但是，由于历史和社会等原因，现阶段我国一些地区农民文化素质还不高，不学法、不懂法、不守法现象虽然较原来有所改变，但仍有相当一部分群众的法制观念仍很淡化，不懂、不愿借助法律来保护自身权益，这就极易受到不法的侵害，或极易进行违法犯罪活动，严重阻碍了全面建成小康社会和新农村步伐。

为此，根据党和政府的指示精神以及普法规划，特别是根据广大农村农民的现状，在有关部门和专家的指导下，特别编辑了这套《全国普法学习读本》。主要包括了广大人民群众应知应懂、实际实用的法律法规。为了辅导学习，附录还收入了相应法律法规的条例准则、实施细则、解读解答、案例分析等；同时为了突出法律法规的实际实用特点，兼顾地方性和特殊性，附录还收入了部分某些地方性法律法规以及非法律法规的政策文件、管理制度、应用表格等内容，拓展了本书的知识范围，使法律法规更"接地气"，便于读者学习掌握和实际应用。

在众多法律法规中，我们通过甄别，淘汰了废止的，精选了最新的、权威的和全面的。但有部分法律法规有些条款不适应当下情况了，却没有颁布新的，我们又不能擅自改动，只得保留原有条款，但附录却有相应的补充修改意见或通知等。众多法律法规根据不同内容和受众特点，经过归类组合，优化配套。整套普法读本非常全面系统，具有很强的学习性、实用性和指导性，非常适合用于广大农村和城乡普法学习教育与实践指导。总之，是全国全民普法的良好读本。

目　录

中华人民共和国野生植物保护条例

第一章　总　则 …………………………………………（1）
第二章　野生植物保护 …………………………………（3）
第三章　野生植物管理 …………………………………（4）
第四章　法律责任 ………………………………………（6）
第五章　附　则 …………………………………………（7）
附　录
　国家林业局关于切实加强野生植物培育利用产业发展的
　　指导意见 …………………………………………（8）
　国家重点保护野生植物名录（第一批和第二批）………（17）
　林业植物新品种保护行政执法办法 ……………………（75）
　野生动植物进出口证书管理办法 ………………………（79）

农业野生植物保护办法

第一章　总　则 …………………………………………（92）
第二章　野生植物保护 …………………………………（92）
第三章　野生植物管理 …………………………………（94）
第四章　奖励与处罚 ……………………………………（98）
第五章　附　则 …………………………………………（98）
附　录
　浙江省野生植物保护办法 ……………………………（100）

广西壮族自治区野生植物保护办法 …………………（110）
西藏自治区野生植物保护办法 ……………………（113）

中华人民共和国水生动植物自然保护区管理办法

第一章　总　　则 ………………………………………（122）
第二章　水生动植物自然保护区的建设 ………………（122）
第三章　水生动植物自然保护区的管理 ………………（124）
第四章　罚　　则 ………………………………………（127）
第五章　附　　则 ………………………………………（128）

中华人民共和国植物新品种保护条例

第一章　总　　则 ………………………………………（129）
第二章　品种权的内容和归属 …………………………（130）
第三章　授予品种权的条件 ……………………………（132）
第四章　品种权的申请和受理 …………………………（133）
第五章　品种权的审查与批准 …………………………（134）
第六章　期限、终止和无效 ……………………………（135）
第七章　罚　　则 ………………………………………（137）
第八章　附　　则 ………………………………………（138）

中华人民共和国野生植物保护条例

中华人民共和国国务院令

第 687 号

现公布《国务院关于修改部分行政法规的决定》,自公布之日起施行。

总理　李克强

2017 年 10 月 7 日

(1996 年 9 月 30 日国务院令第 204 号发布;根据 2017 年 10 月 7 日《国务院关于修改部分行政法规的决定》修订)

第一章　总　　则

第一条　为了保护、发展和合理利用野生植物资源,保护生物多样性，维护生态平衡，制定本条例。

第二条 在中华人民共和国境内从事野生植物的保护、发展和利用活动，必须遵守本条例。

本条例所保护的野生植物，是指原生地天然生长的珍贵植物和原生地天然生长并具有重要经济、科学研究、文化价值的濒危、稀有植物。

药用野生植物和城市园林、自然保护区、风景名胜区内的野生植物的保护，同时适用有关法律、行政法规。

第三条 国家对野生植物资源实行加强保护、积极发展、合理利用的方针。

第四条 国家保护依法开发利用和经营管理野生植物资源的单位和个人的合法权益。

第五条 国家鼓励和支持野生植物科学研究、野生植物的就地保护和迁地保护。

在野生植物资源保护、科学研究、培育利用和宣传教育方面成绩显著的单位和个人，由人民政府给予奖励。

第六条 县级以上各级人民政府有关主管部门应当开展保护野生植物的宣传教育，普及野生植物知识，提高公民保护野生植物的意识。

第七条 任何单位和个人都有保护野生植物资源的义务，对侵占或者破坏野生植物及其生长环境的行为有权检举和控告。

第八条 国务院林业行政主管部门主管全国林区内野生植物和林区外珍贵野生树木的监督管理工作。国务院农业行政主管部门主管全国其他野生植物的监督管理工作。

国务院建设行政部门负责城市园林、风景名胜区内野生植物的监督管理工作。国务院环境保护部门负责对全国野生植物环境保护工作的协调和监督。国务院其他有关部门依照职责分工负责有关的野生植物保护工作。

县级以上地方人民政府负责野生植物管理工作的部门及其职责，由省、自治区、直辖市人民政府根据当地具体情况规定。

第二章 野生植物保护

第九条 国家保护野生植物及其生长环境。禁止任何单位和个人非法采集野生植物或者破坏其生长环境。

第十条 野生植物分为国家重点保护野生植物和地方重点保护野生植物。

国家重点保护野生植物分为国家一级保护野生植物和国家二级保护野生植物。国家重点保护野生植物名录，由国务院林业行政主管部门、农业行政主管部门（以下简称国务院野生植物行政主管部门）商国务院环境保护、建设等有关部门制定，报国务院批准公布。

地方重点保护野生植物，是指国家重点保护野生植物以外，由省、自治区、直辖市保护的野生植物。地方重点保护野生植物名录，由省、自治区、直辖市人民政府制定并公布，报国务院备案。

第十一条 在国家重点保护野生植物物种和地方重点保护野生植物物种的天然集中分布区域，应当依照有关法律、行政法规的规定，建立自然保护区；在其他区域，县级以上地方人民政府野生植物行政主管部门和其他有关部门可以根据实际情况建立国家重点保护野生植物和地方重点保护野生植物的保护点或者设立保护标志。

禁止破坏国家重点保护野生植物和地方重点保护野生植物的保护点的保护设施和保护标志。

第十二条 野生植物行政主管部门及其他有关部门应当监视、监测环境对国家重点保护野生植物生长和地方重点保护野生植物生长的影响，并采取措施，维护和改善国家重点保护野生植物和地方重点保护野生植物的生长条件。由于环境影响对国家重点保护野生植物和地方重点保护野生植物的生长造成危害时，野生植物行政主管部门应当会同其他有关部门调查并依法处理。

第十三条 建设项目对国家重点保护野生植物和地方重点保护野生植物的生长环境产生不利影响的，建设单位提交的环境影响报告书中必须对此作出评价；环境保护部门在审批环境影响报告书时，应当征求野生植物行政主管部门的意见。

第十四条 野生植物行政主管部门和有关单位对生长受到威胁的国家重点保护野生植物和地方重点保护野生植物应当采取拯救措施，保护或者恢复其生长环境，必要时应当建立繁育基地、种质资源库或者采取迁地保护措施。

第三章 野生植物管理

第十五条 野生植物行政主管部门应当定期组织国家重点保护野生植物和地方重点保护野生植物资源调查，建立资源档案。

第十六条 禁止采集国家一级保护野生植物。因科学研究、人工培育、文化交流等特殊需要，采集国家一级保护野生植物的，应当按照管理权限向国务院林业行政主管部门或者其授权的机构申请采集证；或者向采集地的省、自治区、直辖市人民政府农业行政主管部门或者其授权的机构申请采集证。

采集国家二级保护野生植物的，必须经采集地的县级人民政府野生植物行政主管部门签署意见后，向省、自治区、直辖市人民政府野生植物行政主管部门或者其授权的机构申请采集证。

采集城市园林或者风景名胜区内的国家一级或者二级保护野生植物的，须先征得城市园林或者风景名胜区管理机构同意，分别依照前两款的规定申请采集证。

采集珍贵野生树木或者林区内、草原上的野生植物的，依照森林法、草原法的规定办理。

野生植物行政主管部门发放采集证后，应当抄送环境保护部门备案。

采集证的格式由国务院野生植物行政主管部门制定。

第十七条 采集国家重点保护野生植物的单位和个人，必须按照采集证规定的种类、数量、地点、期限和方法进行采集。

县级人民政府野生植物行政主管部门对在本行政区域内采集国家重点保护野生植物的活动，应当进行监督检查，并及时报告批准采集的野生植物行政主管部门或者其授权的机构。

第十八条 禁止出售、收购国家一级保护野生植物。

出售、收购国家二级保护野生植物的，必须经省、自治区、直辖市人民政府野生植物行政主管部门或者其授权的机构批准。

第十九条 野生植物行政主管部门应当对经营利用国家二级保护野生植物的活动进行监督检查。

第二十条 出口国家重点保护野生植物或者进出口中国参加的国际公约所限制进出口的野生植物的，应当按照管理权限经国务院林业行政主管部门批准，或者经进出口者所在地的省、自治区、直辖市人民政府农业行政主管部门审核后报国务院农业行政主管部门批准，并取得国家濒危物种进出口管理机构核发的允许进出口证明书或者标签。海关凭允许进出口证明书或者标签查验放行。国务院野生植物行政主管部门应当将有关野生植物进出口的资料抄送国务院环境保护部门。

禁止出口未定名的或者新发现并有重要价值的野生植物。

第二十一条 外国人不得在中国境内采集或者收购国家重点保护野生植物。

外国人在中国境内对农业行政主管部门管理的国家重点保护野生植物进行野外考察的，应当经农业行政主管部门管理的国家重点保护野生植物所在地的省、自治区、直辖市人民政府农业行政主管部门批准。

第二十二条 地方重点保护野生植物的管理办法，由省、自治区、直辖市人民政府制定。

第四章 法律责任

第二十三条 未取得采集证或者未按照采集证的规定采集国家重点保护野生植物的，由野生植物行政主管部门没收所采集的野生植物和违法所得，可以并处违法所得 10 倍以下的罚款；有采集证的，并可以吊销采集证。

第二十四条 违反本条例规定，出售、收购国家重点保护野生植物的，由工商行政管理部门或者野生植物行政主管部门按照职责分工没收野生植物和违法所得，可以并处违法所得 10 倍以下的罚款。

第二十五条 非法进出口野生植物的，由海关依照海关法的规定处罚。

第二十六条 伪造、倒卖、转让采集证、允许进出口证明书或者有关批准文件、标签的，由野生植物行政主管部门或者工商行政管理部门按照职责分工收缴，没收违法所得，可以并处 5 万元以下的罚款。

第二十七条 外国人在中国境内采集、收购国家重点保护野生植物，或者未经批准对农业行政主管部门管理的国家重点保护野生植物进行野外考察的，由野生植物行政主管部门没收所采集、收购的野生植物和考察资料，可以并处 5 万元以下的罚款。

第二十八条 违反本条例规定，构成犯罪的，依法追究刑事责任。

第二十九条 野生植物行政主管部门的工作人员滥用职权、玩忽职守、徇私舞弊，构成犯罪的，依法追究刑事责任；尚不构成犯罪的，依法给予行政处分。

第三十条 依照本条例规定没收的实物，由作出没收决定的机关按照国家有关规定处理。

第五章 附 则

第三十一条 中华人民共和国缔结或者参加的与保护野生植物有关的国际条约与本条例有不同规定的，适用国际条约的规定；但是，中华人民共和国声明保留的条款除外。

第三十二条 本条例自 1997 年 1 月 1 日起施行。

附　录

国家林业局关于切实加强野生植物培育利用产业发展的指导意见

林护发〔2015〕7号

各省、自治区、直辖市林业厅（局），内蒙古、吉林、龙江、大兴安岭森工（林业）集团公司，新疆生产建设兵团林业局，国家林业局各司局、各直属单位：

野生植物是自然生态系统的重要组成部分，是人类生存和社会发展的重要物质基础，是国家重要的战略资源，在维护生态系统平衡、促进经济社会可持续发展中发挥着不可替代的作用。近年来，各地按照"加强保护、积极发展、合理利用"的方针，在严格保护野生植物资源的同时，大力发展培育利用产业，并且取得了良好成效。随着经济社会的快速发展和人民生活水平的不断提高，人们对野生植物及其产品的需求不断增大，供需矛盾日益突出。为更好地保护生态、改善民生，促进经济社会可持续发展，现就进一步加强野生植物培育利用产业发展提出如下指导意见。

一、充分认识加强野生植物培育利用产业发展的重要意义

（一）加强野生植物培育利用产业发展是建设生态文明和美丽

中国的重要内容

党的十八大和十八届三中全会提出建设生态文明和美丽中国，实现中华民族永续发展的战略任务。这既为我国林业生态建设发展指明了方向，也进一步提出了新的更高要求。在加快外延发展的同时必须充分认识、立足和依靠自身资源优势，挖掘潜力，眼睛向内，把握基础。我国有野生高等植物3万多种，丰富的植物资源为我国生态文明建设和经济社会发展提供了基本的生态和物质保障。大力发展野生植物的培育利用，不仅可以有效缓解野生植物的生存压力，维护生态系统的稳定，还能不断为绿化和美化环境培育新的绿色资源，为社会提供丰富的绿色健康产品，更好地满足生态文明和美丽中国建设的需要。

(二) 加强野生植物培育利用产业发展是生态林业建设的重要任务

生态林业是发展经济、保护环境、协调人与自然发展的新型林业发展道路。生态林业建设既要充分合理利用自然资源，提高森林系统的生产力，又要保护和改善生态环境，使自然资源永续利用，取得经济与生态双重效益。加强野生植物培育利用，可以充分发挥野生植物资源的再生优势、循环特点和低碳潜力，在有效保护和改善生态环境的同时，不断生产适合人们需要的产品。目前，我国仅药用和具有观赏价值的野生植物就多达1.5万种。其中，绝大部分尚处于未开发利用状态。因此，野生植物培育利用产业是发展前景非常广阔的"朝阳产业"，既能成为新的经济增长点，也能满足生态建设的需要，为我国生态林业发展作出更大贡献。

（三）加强野生植物培育利用产业发展是发展民生林业的重要途径

我国已有27亿亩集体林地承包到户，涉及1.5亿户4.5亿林农，林地生产率和农村劳动生产率具有巨大的提升空间和发展潜力。野生植物培育利用是一个大产业，每种植物的开发利用，都能形成一条完整的产业链和巨大的经济规模。加快这一产业发展，不仅将增加众多就业机会，提高广大群众收入水平，促进生产生活条件的改善，而且随着市场需求的不断增加，培育的规模将会越来越大，巨大的经济效益和社会效益也将会越来越多地惠及广大人民群众。同时，利用野生植物培育的绿色产品，对保障人体健康、提高人体素质也将发挥更重要的作用。因此，野生植物培育利用产业的发展，对于促进民生林业和地方经济社会的发展都具有十分重要的意义。

二、加强野生植物培育利用产业发展的指导思想、基本原则、发展目标和重点布局

（四）指导思想

按照党的十八大和十八届三中全会关于建设生态文明和美丽中国以及国家林业局关于建设发展生态林业和民生林业的总体要求，在加强野生植物资源保护的同时，大力发展野生植物培育利用产业。切实加强政府引导和部门合作，动员社会力量广泛参与。充分发挥市场对资源配置的决定性作用，加强宏观调控和市场监管，遵循自然规律和经济规律，坚持走绿色发展的道路。进一步加强示范带动、科技服务和政策扶持，不断提高产业素质，扩大产业规模，优化产业结构和布局，提高产品质量和竞争力，为促进林农增收、加快地方经济社会发展、建设生态文明和美丽中国作出积极的贡献。

（五）基本原则

1. 坚持保护促发展、发展促保护。始终坚持以保护为前提。通过加快野生植物培育利用产业发展，既有效保护野外资源，又不断满足社会多样化需求，切实把对野生植物资源的消耗转移到人工培育产品的利用上来，实现保护与利用的协调统一。

2. 坚持市场导向、因地制宜。根据野生植物生物学特性，不断研究基因价值和培育利用技术。要充分发挥市场对资源配置的决定性作用，发展市场需求大、发展前景好、产品质量好、价值高的产业项目。要从实际出发，因地制宜，发展具有地方特色的野生植物培育利用产业。

3. 坚持统筹规划、重点突出。统筹规划和优化野生植物培育利用产业发展的结构和布局，实现资源科学合理的配置和有效地开发利用。在全面搞好规划布局的同时，突出发展重点，建设好培育基地，抓好龙头企业，发展主导产业，生产名优产品。

4. 坚持宏观管理、分类指导。以国家产业政策和规划为指导，以资源为基础，以市场为导向，综合运用经济、法律和行政等手段，强化管理和分类指导，确保野生植物培育利用产业健康有序发展。

5. 坚持科技引领、示范带动。加强培育利用的基础研究和新产品的研发，增强产业发展的核心竞争力。运用现代科学技术和手段，着力抓好资源培育和产品加工，不断提高科技含量和发展水平。充分发挥龙头企业和典型大户的示范带动作用，引导社会力量广泛参与，努力扩大野生植物培育利用产业发展规模。

6. 坚持持续发展、改善民生。按照科学发展的要求，构建具有竞争优势的野生植物培育利用产业链，培育特色产业集群，提高产业发展水平和层次，确保可持续发展。同时，要把野生植物培育利用产业发展与当地林业产业结构调整、地方经济发展相结合，促进农民增收致富，着力改善民生。

（六）发展目标

到2020年，在全国建成2000个具有一定规模的野生植物培育利用产业发展基地，培育500家龙头企业和一批富有创新活力的中小企业，培育利用年产值达2000亿元以上。通过积极努力，使野生植物培育利用生产体系、市场体系和监管体系更加完善，结构和布局更加合理，创新能力明显增强，发展环境明显改善，规模和质量大幅提升，社会效益和经济效益突出显现，资源保护和培育利用协调发展，为促进经济社会持续稳定发展和推进生态文明建设作出新的贡献。

（七）发展重点和布局

国家林业局拟选择林药植物和观赏植物作为培育发展的重点，实施优先开发和重点扶持。各地可根据资源等实际情况，确定当地重点培育发展的物种。华北地区，要重点选择肉苁蓉等物种进行培育利用；东北地区，要重点选择黄檗、刺五加、人参、刺参、五味子等物种进行培育利用；华东地区，要重点选择石斛、金线莲、罗汉松、重楼、红豆杉、兰花等物种进行培育利用；中南地区，要重点选择杜仲、沉香、金花茶、兰花、红豆杉等物种进行培育利用；西南地区，要重点选择甘松、川贝母、石斛、川木香、滇紫草、红景天、胡黄连、秦艽、兰花等物种进行培育利用；西北地区，要重点选择肉苁蓉、甘草、黄芪、雪莲、软紫草、阿魏、锁阳等物种进行培育利用。

三、加强野生植物培育利用产业发展的主要措施

（八）科学制定产业发展规划，进一步明确野生植物产业发展重点

及时制定野生植物培育利用产业发展规划，指导和引导好全国野生植物培育利用产业的发展。各地要在国家产业政策和规划的指导下，根据当地资源情况和产业发展现状，编制野生植物培育利用产业的发展规划，明确产业发展重点、发展步骤和措施，确保野生植物培育利用产业健康有序发展。各地要在规划的指导下，因地制宜，突出特色，筛选出具有生命力、发展前景好、符合当地实际的发展项目，努力形成具有广阔发展前景和地方特色的野生植物培育利用产业，提高产业发展竞争力。

（九）抓好优良品种选择和种苗培育，提升良种壮苗保障能力

品种选择和种苗培育，是确保野生植物培育利用产业发展取得成功的重要环节和基础保障。要在明确发展项目的基础上，强化野生植物培育利用品种选育等基础工作，筛选培育优良品种。选择产品品质好、有效成分含量高、抗病虫和自然灾害能力强、产品用途广、市场价值高、发展前景好的野生植物品种加以培育利用。种苗是开展野生植物培育利用的基础，要从源头上抓起，建设具有一定规模和标准的种苗培育生产基地，运用现代化的育苗技术，培育生产高质量的良种壮苗，为野生植物培育利用产业发展提供基础保障。

（十）通过典型的引领和示范，带动野生植物产业的健康规范发展

按照"基地化、专业化、产业化"的要求，充分发挥市场在资源配置中的决定性作用，整合物质、技术及管理资源，培育一批生产基础好、技术装备新、不同类型和各具特色的野生植物培育利用

示范基地和典型示范大户，带动野生植物培育利用产业的发展。对已经成型的和正在发展的规模较大、效益较好、带动力强、管理较为规范的野生植物培育利用基地，作为重点扶持对象加以扶持。要积极协调有关部门，做好土地承包经营权有偿流转，确保基地建设所需用地；要加强组建专业合作经济组织和协会组织，充分发挥其信息服务和行业协调等方面的作用，建立起紧密型的"公司+基地+合作社+农户"产业发展模式，增强产业发展的组织化程度。

（十一）加大扶持力度，为野生植物产业发展创造良好的环境和条件

野生植物培育利用产业发展要纳入当地林业发展规划，作为林业重点产业项目予以优先扶持。在符合相关政策的条件下，重点对野生植物培育种源基地、示范基地、龙头企业和种植大户给予贷款贴息、财政专项和扶贫项目支持，加快推动产业升级，充分发挥带动作用。健全银行、保险、林业、财政等部门的沟通协调机制，积极开展林权抵押贷款、小额贷款和农民联保贷款以及政策性保险等业务，提供融资支持。鼓励社会资本投资野生植物培育利用产业。

（十二）不断强化基础研究和科技支撑，全面提高野生植物产业发展水平

要抓好调查研究，全面了解和掌握当地野生植物资源情况及相关产业发展情况，做到情况明、底数清。根据植物产业发展特点和市场需求，研究掌握当地重点野生植物的主要生物学特性、培育利用和加工的关键技术、产品的功能和开发利用的前景，提高产业发展科技含量和水平。要对难以培育成功的物种实施科技攻关，努力将其纳入开发利用范围。要加强野生植物培育利用研

究成果的转化，使科研成果及时转化为现实生产力。要积极鼓励和引导野生植物培育利用单位和企业与科研教学单位开展合作交流，建立合作交流机制，促进"产、学、研"联动，提高企业产品开发和创新能力。通过加强各项基础研究和成果转化工作，为野生植物培育利用产业发展提供有力的科技支撑，有效提高产业发展水平。

（十三）进一步健全完善管理机制，促进野生植物产业科学有序发展

要切实加强行业管理，逐步研究实行野生植物经营利用产品专用标识管理制度和认证管理制度，制定生产质量管理标准，确保野生植物培育利用产品的"真实、优质、稳定、可控"；总结利用野生植物培育利用绿色生产工艺和原材料的综合利用技术，有效控制有害生物传播风险，有效减少生产污染，提高资源利用效率和水平；要充分发挥行业协会的作用，加强企业与部门之间的交流合作，开展行业自律，促进野生植物培育利用产业健康持续稳定发展。

（十四）规范市场和质量管理，实施野生植物培育利用品牌发展战略

强化市场流通领域管理，规范野生植物培育利用市场流通行为；做好市场开拓，除国内市场外，要不断拓宽国际市场，鼓励和支持企业开展合法的野生植物培育产品进出口经营活动，多渠道引进国外优良的野生植物资源和先进的生产技术。从事野生植物培育利用的企业要牢固树立品牌意识，采取措施提高产品质量，靠过硬的产品质量树立品牌，靠完善的售后服务塑造品牌。要进一步加强管理，做好各项服务，积极帮助企业进行标准认证、认可等质量管

理工作，推动企业提高品质，因地制宜发展品牌产品，实施品牌发展战略。

四、切实加强对野生植物培育利用产业发展的组织领导

（十五）进一步加强组织领导

各地要充分认识加快野生植物培育利用产业发展的重要意义，切实加强组织领导。要把野生植物培育利用产业发展作为资源保护、经济发展、惠及民生、建设生态文明和美丽中国的重要工作来抓，做到认识到位、责任到位、政策到位、工作到位，统一规划管理，统一组织实施，统一监督检查。

（十六）充分发挥职能部门作用

各级林业主管部门要把野生植物培育利用产业发展作为生态林业和民生林业发展的大事来抓，进一步转变作风，提高认识，明确责任，研究制定发展规划，抓好典型示范，强化监督检查，搞好各项服务。主动加强与政府和发展改革、财政、扶贫、农业、工商、国土、质检、科研和贸易等部门的沟通联系，争取重视和支持。搞好工作协调，制定相应政策，加大支持力度，强化工作指导，积极促进野生植物培育利用产业健康持续快速发展。

国家林业局

2015 年 1 月 9 日

国家重点保护野生植物名录
（第一批和第二批）

（《国家重点保护野生植物名录》第一批，经1999年8月4日国务院批准并由国家林业局和农业部发布，1999年9月9日起施行。2001年8月4日，农业部、国家林业局发布第53号令，将念珠藻科的发菜保护级别由二级调整为一级。《国家重点保护野生植物名录》第二批，则是讨论稿，尚未正式发布，仅供参考。）

拉丁名	中文名	科名	是否特有	批次	等级
Abies beshanzuensis	百山祖冷杉	Pinaceae	Y	一	I
Abies beshanzuensis var. ziyuanensis	资源冷杉	Pinaceae	Y	一	I
Abies chensiensis	秦岭冷杉	Pinaceae	Y	一	II
Abies fanjingshanensis	梵净山冷杉	Pinaceae	Y	一	I
Abies yuanbaoshanensis	元宝山冷杉	Pinaceae	Y	一	I
Acampe ochracea	窄果脆兰	Orchidaceae	N	二	II
Acampe papillosa	短序脆兰	Orchidaceae	N	二	II
Acampe rigida	多花脆兰	Orchidaceae	N	二	II
Acanthephippium sinense	中华坛花兰	Orchidaceae	Y	二	II
Acanthephippium striatum	锥囊坛花兰	Orchidaceae	N	二	II
Acanthephippium sylhetense	坛花兰	Orchidaceae	N	二	II
Acanthochlamys bracteata	芒苞草	Amaryllidaceae	Y	二	II
Acanthopanax senticosus	刺五加	Araliaceae	Y	二	II
Acer catalpifolium	梓叶槭	Aceraceae	Y	一	II
Acer yangjuechi	羊角槭	Aceraceae	Y	一	II
Acidosasa chinensis	酸竹	Gramineae	Y	一	II
Acriopsis indica	合萼兰	Orchidaceae	N	二	II
Actinidia chinensis var. rufopulpa	红肉猕猴桃	Actinidiaceae	Y	二	II

续表

拉丁名	中文名	科名	是否特有	批次	等级
Actinidia delieiosa var. chlorocarpa	绿果猕猴桃	Actinidiaceae	Y	二	Ⅱ
Actinidia guilinensis	桂林猕猴桃	Actinidiaceae	Y	二	Ⅱ
Actinidia henanensis	河南猕猴桃	Actinidiaceae	Y	二	Ⅱ
Actinidia arguta	软枣猕猴桃	Actinidiaceae	N	二	Ⅱ
Actinidia callosa	硬齿猕猴桃	Actinidiaceae	N	二	Ⅱ
Actinidia carnosifolia	肉叶猕猴桃	Actinidiaceae	Y	二	Ⅱ
Actinidia chengkouensis	城口猕猴桃	Actinidiaceae	Y	二	Ⅱ
Actinidia chinensis	中华猕猴桃	Actinidiaceae	Y	二	Ⅱ
Actinidia chrysantha	金花猕猴桃	Actinidiaceae	Y	二	Ⅱ
Actinidia cinerascens	灰毛猕猴桃	Actinidiaceae	Y	二	Ⅱ
Actinidia cylingdrica	柱果猕猴桃	Actinidiaceae	Y	二	Ⅱ
Actinidia eriantha	毛花猕猴桃	Actinidiaceae	Y	二	Ⅱ
Actinidia farinosa	粉毛猕猴桃	Actinidiaceae	Y	二	Ⅱ
Actinidia fasciculoides	簇花猕猴桃	Actinidiaceae	Y	二	Ⅱ
Actinidia fortunatii	条叶猕猴桃	Actinidiaceae	Y	二	Ⅱ
Actinidia fulvicoma	黄毛猕猴桃	Actinidiaceae	Y	二	Ⅱ
Actinidia glaucocallosa	粉叶猕猴桃	Actinidiaceae	Y	二	Ⅱ
Actinidia glaucophylla	华南猕猴桃	Actinidiaceae	Y	二	Ⅱ
Actinidia globosa	圆果猕猴桃	Actinidiaceae	Y	二	Ⅱ
Actinidia gracilis	纤小猕猴桃	Actinidiaceae	Y	二	Ⅱ
Actinidia grandiflora	大花猕猴桃	Actinidiaceae	Y	二	Ⅱ
Actinidia hemsleyana	长叶猕猴桃	Actinidiaceae	Y	二	Ⅱ
Actinidia henryi	蒙自猕猴桃	Actinidiaceae	Y	二	Ⅱ
Actinidia holotricha	全毛猕猴桃	Actinidiaceae	Y	二	Ⅱ
Actinidia indochinensis	中越猕猴桃	Actinidiaceae	Y	二	Ⅱ
Actinidia kolomikta	狗枣猕猴桃	Actinidiaceae	N	二	Ⅱ
Actinidia laevissima	滑叶猕猴桃	Actinidiaceae	Y	二	Ⅱ
Actinidia lanceolata	小叶猕猴桃	Actinidiaceae	Y	二	Ⅱ
Actinidia latifolia	阔叶猕猴桃	Actinidiaceae	N	二	Ⅱ
Actinidia leptophylla	薄叶猕猴桃	Actinidiaceae	Y	二	Ⅱ
Actinidia liangguangensis	两广猕猴桃	Actinidiaceae	Y	二	Ⅱ
Actinidia maloides	海棠猕猴桃	Actinidiaceae	Y	二	Ⅱ
Actinidia mavrosperma	大籽猕猴桃	Actinidiaceae	Y	二	Ⅱ

续表

拉丁名	中文名	科名	是否特有	批次	等级
Actinidia melanandra	黑蕊猕猴桃	Actinidiaceae	Y	二	II
Actinidia melliana	美丽猕猴桃	Actinidiaceae	Y	二	II
Actinidia obovata	倒卵叶猕猴桃	Actinidiaceae	Y	二	II
Actinidia pilosula	贡山猕猴桃	Actinidiaceae	Y	二	II
Actinidia polygama	葛枣猕猴桃	Actinidiaceae	N	二	II
Actinidia rubricaulis	红茎猕猴桃	Actinidiaceae	Y	二	II
Actinidia rubus	昭通猕猴桃	Actinidiaceae	Y	二	II
Actinidia rudis	糙叶猕猴桃	Actinidiaceae	Y	二	II
Actinidia rufotricha	红毛猕猴桃	Actinidiaceae	Y	二	II
Actinidia sabiaefolia	清风藤猕猴桃	Actinidiaceae	N	二	II
Actinidia sorbifolia	花楸猕猴桃	Actinidiaceae	Y	二	II
Actinidia stellato-Pilosa	星毛猕猴桃	Actinidiaceae	Y	二	II
Actinidia styracifolia	安息香猕猴桃	Actinidiaceae	Y	二	II
Actinidia suberifolia	栓叶猕猴桃	Actinidiaceae	Y	二	II
Actinidia tetramera	四萼猕猴桃	Actinidiaceae	Y	二	II
Actinidia trichogyna	毛蕊猕猴桃	Actinidiaceae	Y	二	II
Actinidia ulmifolia	榆叶猕猴桃	Actinidiaceae	Y	二	II
Actinidia umbelloides	伞花猕猴桃	Actinidiaceae	Y	二	II
Actinidia valvata	对萼猕猴桃	Actinidiaceae	Y	二	II
Actinidia venosa	显脉猕猴桃	Actinidiaceae	Y	二	II
Actinidia vitifolia	葡萄叶猕猴桃	Actinidiaceae	Y	二	II
Adiantum reniforme var. sinense	荷叶铁线蕨	Adiantaceae	N	二	I
Aerides falcata	指甲兰	Orchidaceae	N	二	II
Aerides flabellata	扇唇指甲兰	Orchidaceae	N	二	II
Aerides odorata	香花指甲兰	Orchidaceae	N	二	II
Aerides rosea	多花指甲兰	Orchidaceae	N	二	II
Agapetes neriifolia var. maxima	夹竹桃叶树萝卜	Ericaceae	N	二	II
Agropyron mongolicum	沙芦草	Gramineae	Y	一	II
Agrostophyllum callosum	禾叶兰	Orchidaceae	N	二	II
Agrostophyllum inocephalum	台湾禾叶兰	Orchidaceae	N	二	II
Ajania alabasica	内蒙亚菊	Compositae	Y	二	II
Ajania tibetica	西藏亚菊	Compositae	N	二	II
Ajaniopsis penicilliformis	画笔菊	Compositae	Y	一	II

续表

拉丁名	中文名	科名	是否特有	批次	等级
Albertisia laurifolia	崖藤	Menispermaceae	N	二	II
Alcimandra cathcartii	长蕊木兰	Magnoliaceae	N	一	I
Aldrovanda vesiculosa	貉藻	Droseraceae	N	一	I
Alseodaphne hainanensis	油丹	Lauraceae	N	一	II
Alsophila fenicis	兰屿桫椤	Cyatheaceae	Y	一	II
Alsophila loheri	南洋桫椤	Cyatheaceae	Y	一	II
Alsophila spinulosa	桫椤	Cyatheaceae	Y	一	II
Alysicarpus yunnanensis	云南链荚豆	Leguminosae	Y	二	II
Amentotaxus formosana	台湾穗花杉	Taxaceae	Y	一	I
Amentotaxus yunnanensis	云南穗花杉	Taxaceae	N	一	I
Amitostigma alpestre	台湾无柱兰	Orchidaceae	Y	二	II
Amitostigma amplexifolium	抱茎叶无柱兰	Orchidaceae	Y	二	II
Amitostigma basifoliatum	四裂无柱兰	Orchidaceae	Y	二	II
Amitostigma bifoliatum	棒距无柱兰	Orchidaceae	Y	二	II
Amitostigma capitatum	头序无柱兰	Orchidaceae	Y	二	II
Amitostigma dolichocentrum	长距无柱兰	Orchidaceae	Y	二	II
Amitostigma faberi	峨眉无柱兰	Orchidaceae	Y	二	II
Amitostigma farreri	长苞无柱兰	Orchidaceae	Y	二	II
Amitostigma gonggashanicum	贡嘎无柱兰	Orchidaceae	Y	二	II
Amitostigma gracile	无柱兰	Orchidaceae	N	二	II
Amitostigma hemipilioides	卵叶无柱兰	Orchidaceae	Y	二	II
Amitostigma monanthum	一花无柱兰	Orchidaceae	Y	二	II
Amitostigma papilionaceum	蝶花无柱兰	Orchidaceae	Y	二	II
Amitostigma parceflorum	少花无柱兰	Orchidaceae	Y	二	II
Amitostigma physoceras	球距无柱兰	Orchidaceae	Y	二	II
Amitostigma pinguiculum	大花无柱兰	Orchidaceae	Y	二	II
Amitostigma simplex	黄花无柱兰	Orchidaceae	Y	二	II
Amitostigma tetralobum	滇蜀无柱兰	Orchidaceae	Y	二	II
Amitostigma tibeticum	西藏无柱兰	Orchidaceae	Y	二	II
Amitostigma tomingai	红花无柱兰	Orchidaceae	Y	二	II
Amitostigma trifurcatum	三叉无柱兰	Orchidaceae	Y	二	II
Amitostigma yuanum	齿片无柱兰	Orchidaceae	Y	二	II
Ammopiptanthus mongolicus	沙冬青	Leguminosae	N	二	II
Ammopiptanthus nanus	小沙冬青	Leguminosae	N	二	II

续表

拉丁名	中文名	科名	是否特有	批次	等级
Amomum petaloideum	宽丝豆蔻（拟豆蔻）	Zingiberaceae	Y	一	Ⅱ
Amoora dasyclada	粗枝崖摩	Meliaceae	Y	一	Ⅱ
Amphicarpaea rufescens	锈毛两型豆	Leguminosae	Y	二	Ⅱ
Amphicarpaea linearis	线苞两型豆	Leguminosae	Y	一	Ⅱ
Amygdalus kansuensis	甘肃桃	Rosaceae	Y	二	Ⅱ
Amygdalus mira	光核桃	Rosaceae	N	二	Ⅱ
Amygdalus mongolica	蒙古扁桃	Rosaceae	Y	二	Ⅱ
Amygdalus nana	矮扁桃	Rosaceae	N	二	Ⅱ
Androcorys oxysepalus	尖萼兜蕊兰	Orchidaceae	Y	二	Ⅱ
Androcorys pusillus	小兜蕊兰	Orchidaceae	Y	二	Ⅱ
Androcorys spiralis	蜀藏兜蕊兰	Orchidaceae	Y	二	Ⅱ
Angiopteris sparsisora	法斗观音座莲	Angiopteridaceae	Y	一	Ⅱ
Anisachne gracilis	异颖草	Gramineae	Y	二	Ⅱ
Anisodus tanguticus	山莨菪	Solanaceae	N	一	Ⅱ
Annamocarya sinensi	喙核桃	Juglandaceae	N	二	Ⅱ
Anoectochilus abbreviatus	小片齿唇兰	Orchidaceae	N	二	Ⅱ
Anoectochilus brevistylus	短柱齿唇兰	Orchidaceae	N	二	Ⅱ
Anoectochilus burmannicus	滇南开唇兰	Orchidaceae	N	二	Ⅱ
Anoectochilus candidus	白齿唇兰	Orchidaceae	Y	二	Ⅱ
Anoectochilus chapaensis	滇越金线兰	Orchidaceae	N	二	Ⅱ
Anoectochilus clarkei	红萼齿唇兰	Orchidaceae	N	二	Ⅱ
Anoectochilus crispus	小齿唇兰	Orchidaceae	N	二	Ⅱ
Anoectochilus elwesii	西南齿唇兰	Orchidaceae	N	二	Ⅱ
Anoectochilus emeiensis	峨眉金线兰	Orchidaceae	Y	二	Ⅱ
Anoectochilus formosanus	台湾银线兰	Orchidaceae	N	二	Ⅱ
Anoectochilus gengmanensis	耿马齿唇兰	Orchidaceae	Y	二	Ⅱ
Anoectochilus inabai	台湾齿唇兰	Orchidaceae	N	二	Ⅱ
Anoectochilus koshunensis	恒春银线兰	Orchidaceae	Y	二	Ⅱ
Anoectochilus lanceolatus	齿唇兰	Orchidaceae	N	二	Ⅱ
Anoectochilus moulmeinensis	艳丽齿唇兰	Orchidaceae	N	二	Ⅱ
Anoectochilus pingbianensis	屏边金线兰	Orchidaceae	Y	二	Ⅱ

续表

拉丁名	中文名	科名	是否特有	批次	等级
Anoectochilus roxburghii	金线兰	Orchidaceae	N	二	II
Anoectochilus tortus	一柱齿唇兰	Orchidaceae	N	二	II
Anoectochilus yungianus	香港金线兰	Orchidaceae	Y	二	II
Anoectochilus zhejiangensis	浙江金线兰	Orchidaceae	Y	二	II
Anthogonium gracile	筒瓣兰	Orchidaceae	N	二	II
Aphyllorchis alpina	高山无叶兰	Orchidaceae	N	二	II
Aphyllorchis caudata	尾萼无叶兰	Orchidaceae	N	二	II
Aphyllorchis gollanii	大花无叶兰	Orchidaceae	N	二	II
Aphyllorchis montana	无叶兰	Orchidaceae	N	二	II
Aphyllorchis simplex	单唇无叶兰	Orchidaceae	Y	二	II
Apocynum pictum	白麻	Apocynaceae	Y	二	II
Apostasia odorata	拟兰	Orchidaceae	N	二	II
Apostasia ramifera	多枝拟兰	Orchidaceae	Y	二	II
Apostasia wallichii	剑叶拟兰	Orchidaceae	N	二	II
Appendicula cornuta	牛齿兰	Orchidaceae	N	二	II
Appendicula formosana	台湾牛齿兰	Orchidaceae	Y	二	II
Appendicula micrantha	小花牛齿兰	Orchidaceae	N	二	II
Appendicula terrestris	长叶牛齿兰	Orchidaceae	Y	二	II
Apterosperma oblata	圆籽荷	Theaceae	Y	二	II
Aquilaria sinensis	土沉香	Thymelaeaceae	Y	二	II
Arachnis labrosa	窄唇蜘蛛兰	Orchidaceae	N	二	II
Arcangelisia gusanlung	古山龙	Menispermaceae	Y	二	II
Archangiopteris bipinnata	二回原始观音座莲	Angiopteridaceae	Y	一	II
Archangiopteris henryi	亨利原始观音座莲	Angiopteridaceae	Y	一	II
Aristida triseta	三刺草	Gramineae	Y	二	II
Aristolochia manshuriensis	关木通	Aristolochiaceae	N	二	II
Aristolochia tuberosa	背蛇生	Aristolochiaceae	Y	二	II
Aristolochia utriformis	囊花马兜铃	Aristolochiaceae	Y	二	II
Armeniaca vulgaris	新疆野杏	Rosaceae	N	二	II
Arnebia euchroma	软紫草	Boraginaceae	N	二	II
Artemisia wellbyi	藏沙蒿	Compositae	N	二	II

续表

拉丁名	中文名	科名	是否特有	批次	等级
Arundina graminifolia	竹叶兰	Orchidaceae	N	二	Ⅱ
Ascocentrum ampullaceum	鸟舌兰	Orchidaceae	N	二	Ⅱ
Ascocentrum himalaicum	圆柱叶鸟舌兰	Orchidaceae	N	二	Ⅱ
Ascocentrum pumilum	尖叶鸟舌兰	Orchidaceae	Y	二	Ⅱ
Astragalus membranaceus	黄耆	Leguminosae	N	二	Ⅱ
Baolia bracteata	苞藜	Chenopodiaceae	Y	二	Ⅱ
Bashania spanostachya	峨热竹	Gramineae	Y	一	Ⅱ
Benegocharis latifolia	拟花蔺	Butomaceae	N	一	Ⅱ
Betula halophila	盐桦	Betulaceae	Y	一	Ⅱ
Betula jinpingensis	金平桦	Betulaceae	Y	一	Ⅱ
Bletilla formosana	小白及	Orchidaceae	N	二	Ⅱ
Bletilla ochracea	黄花白及	Orchidaceae	Y	二	Ⅱ
Bletilla sinensis	华白及	Orchidaceae	N	二	Ⅱ
Bletilla striata	白及	Orchidaceae	N	二	Ⅱ
Boehmeria leiophylla	光叶苎麻	Urticaceae	Y	二	Ⅱ
Boehmeria oblongifolia	长圆苎麻	Urticaceae	Y	二	Ⅱ
Boschniakia rossica	草苁蓉	Orobanchaceae	N	二	Ⅱ
Brachanthemum gobicum	戈壁短舌菊	Compositae	Y	二	Ⅱ
Brachycorythis galeandra	短距苞叶兰	Orchidaceae	N	二	Ⅱ
Brachycorythis henryi	长叶苞叶兰	Orchidaceae	N	二	Ⅱ
Brachypodium pratense	草地短柄草	Gramineae	Y	二	Ⅱ
Brainea insignis	苏铁蕨	Blechnaceae	N	一	Ⅱ
Brasenia schreberi	莼菜	Nymphaeaceae	N	一	Ⅰ
Bretschneidera sinensis	伯乐树	Bretschneideraceae	N	一	Ⅰ
Bromus pseudoramosus	假枝雀麦	Gramineae	Y	二	Ⅱ
Bromus sinensis	华雀麦	Gramineae	Y	二	Ⅱ
Bulbophyllum affine	赤唇石豆兰	Orchidaceae	N	二	Ⅱ
Bulbophyllum albociliatum	白毛卷瓣兰	Orchidaceae	Y	二	Ⅱ
Bulbophyllum ambrosia	芳香石豆兰	Orchidaceae	N	二	Ⅱ
Bulbophyllum amplifolium	大叶卷瓣兰	Orchidaceae	N	二	Ⅱ
Bulbophyllum andersonii	梳帽卷瓣兰	Orchidaceae	N	二	Ⅱ
Bulbophyllum aureolabellum	台湾石豆兰	Orchidaceae	Y	二	Ⅱ

续表

拉丁名	中文名	科名	是否特有	批次	等级
Bulbophyllum bicolor	二色卷瓣兰	Orchidaceae	Y	二	II
Bulbophyllum bittnerianum	团花石豆兰	Orchidaceae	N	二	II
Bulbophyllum bomiense	波密卷瓣兰	Orchidaceae	Y	二	II
Bulbophyllum brevipicatum	短序石豆兰	Orchidaceae	Y	二	II
Bulbophyllum cariniflorum	尖叶石豆兰	Orchidaceae	N	二	II
Bulbophyllum caudatum	尾萼卷瓣兰	Orchidaceae	N	二	II
Bulbophyllum cauliflorum	茎花石豆兰	Orchidaceae	N	二	II
Bulbophyllum chinense	中华卷瓣兰	Orchidaceae	Y	二	II
Bulbophyllum chitouense	溪头石豆兰	Orchidaceae	Y	二	II
Bulbophyllum chrondriophorum	城口卷瓣兰	Orchidaceae	Y	二	II
Bulbophyllum colomaculosum	豹斑石豆兰	Orchidaceae	Y	二	II
Bulbophyllum corallinum	环唇石豆兰	Orchidaceae	N	二	II
Bulbophyllum crassipes	短耳石豆兰	Orchidaceae	N	二	II
Bulbophyllum cylindraceum	大苞石豆兰	Orchidaceae	N	二	II
Bulbophyllum delitescens	直唇卷瓣兰	Orchidaceae	N	二	II
Bulbophyllum drymoglossum	圆叶石豆兰	Orchidaceae	N	二	II
Bulbophyllum elatum	高茎卷瓣兰	Orchidaceae	N	二	II
Bulbophyllum emarginatum	匍茎卷瓣兰	Orchidaceae	N	二	II
Bulbophyllum eublepharum	墨脱石豆兰	Orchidaceae	N	二	II
Bulbophyllum fenghuangshanianum	凤凰山石豆兰	Orchidaceae	Y	二	II
Bulbophyllum fordii	狭唇卷瓣兰	Orchidaceae	Y	二	II
Bulbophyllum forrestii	尖角卷瓣兰	Orchidaceae	N	二	II
Bulbophyllum funingense	富宁卷瓣兰	Orchidaceae	Y	二	II
Bulbophyllum gongshanense	贡山卷瓣兰	Orchidaceae	Y	二	II
Bulbophyllum griffithii	短齿石豆兰	Orchidaceae	N	二	II
Bulbophyllum guttulatum	钻齿卷瓣兰	Orchidaceae	N	二	II
Bulbophyllum gymnopus	线瓣石豆兰	Orchidaceae	N	二	II
Bulbophyllum hainanense	海南石豆兰	Orchidaceae	Y	二	II
Bulbophyllum haniffii	飘带石豆兰	Orchidaceae	N	二	II
Bulbophyllum hastatum	戟唇石豆兰	Orchidaceae	N	二	II
Bulbophyllum helenae	角萼卷瓣兰	Orchidaceae	N	二	II
Bulbophyllum henanense	河南卷瓣兰	Orchidaceae	Y	二	II
Bulbophyllum hirtum	落叶石豆兰	Orchidaceae	N	二	II

续表

拉丁名	中文名	科名	是否特有	批次	等级
Bulbophyllum hirundinis	莲花卷瓣兰	Orchidaceae	N	二	II
Bulbophyllum insulsoides	穗花卷瓣兰	Orchidaceae	N	二	II
Bulbophyllum insulsum	瓶壶卷瓣兰	Orchidaceae	N	二	II
Bulbophyllum japonicum	瘤唇卷瓣兰	Orchidaceae	N	二	II
Bulbophyllum khaoyaiense	白花卷瓣兰	Orchidaceae	N	二	II
Bulbophyllum khasyanum	卷苞石豆兰	Orchidaceae	N	二	II
Bulbophyllum kwangtungense	广东石豆兰	Orchidaceae	Y	二	II
Bulbophyllum ledungense	乐东石豆兰	Orchidaceae	Y	二	II
Bulbophyllum leopardinum	短亭石豆兰	Orchidaceae	N	二	II
Bulbophyllum levinei	齿瓣石豆兰	Orchidaceae	Y	二	II
Bulbophyllum linchianum	邵氏卷瓣兰	Orchidaceae	Y	二	II
Bulbophyllum longibrachiatum	长臂卷瓣兰	Orchidaceae	Y	二	II
Bulbophyllum macraei	乌来卷瓣兰	Orchidaceae	N	二	II
Bulbophyllum melanoglossum	紫纹卷瓣兰	Orchidaceae	Y	二	II
Bulbophyllum menghaiense	勐海石豆兰	Orchidaceae	Y	二	II
Bulbophyllum menlunense	勐仑石豆兰	Orchidaceae	Y	二	II
Bulbophyllum nigrsescens	钩梗石豆兰	Orchidaceae	N	二	II
Bulbophyllum obtusangulum	黄花卷瓣兰	Orchidaceae	Y	二	II
Bulbophyllum odoratissimum	密花石豆兰	Orchidaceae	N	二	II
Bulbophyllum omerandrum	毛药卷瓣兰	Orchidaceae	Y	二	II
Bulbophyllum orientale	麦穗石豆兰	Orchidaceae	N	二	II
Bulbophyllum otoglossum	德钦石豆兰	Orchidaceae	N	二	II
Bulbophyllum pectenveneris	斑唇卷瓣兰	Orchidaceae	N	二	II
Bulbophyllum pectinatum var. pectinatum	长足石豆兰	Orchidaceae	N	二	II
Bulbophyllum pectinatum var. transa-risanense	阿里山石豆兰	Orchidaceae	Y	二	II
Bulbophyllum poilanei	球花石豆兰	Orchidaceae	N	二	II
Bulbophyllum polyrhizum	锥茎石豆兰	Orchidaceae	N	二	II
Bulbophyllum psittacoglossum	滇南石豆兰	Orchidaceae	N	二	II
Bulbophyllum pteroglossum	曲萼石豆兰	Orchidaceae	N	二	II
Bulbophyllum quadrangulum	浙杭卷瓣兰	Orchidaceae	Y	二	II
Bulbophyllum reptans	伏生石豆兰	Orchidaceae	N	二	II

续表

拉丁名	中文名	科名	是否特有	批次	等级
Bulbophyllum retusiusculum var. retusiusculum	藓叶卷瓣兰	Orchidaceae	N	二	Ⅱ
Bulbophyllum retusiusculum var. tigridum	虎斑卷瓣兰	Orchidaceae	Y	二	Ⅱ
Bulbophyllum riyanum	白花石豆兰	Orchidaceae	Y	二	Ⅱ
Bulbophyllum rotschildianum	美花卷瓣兰	Orchidaceae	N	二	Ⅱ
Bulbophyllum rubrolabellum	红心石豆兰	Orchidaceae	Y	二	Ⅱ
Bulbophyllum rufinum	窄苞石豆兰	Orchidaceae	N	二	Ⅱ
Bulbophyllum setaceum	鹳冠卷瓣兰	Orchidaceae	Y	二	Ⅱ
Bulbophyllum shanicum	二叶石豆兰	Orchidaceae	N	二	Ⅱ
Bulbophyllum shweliense	伞花石豆兰	Orchidaceae	N	二	Ⅱ
Bulbophyllum spathaceum	柄叶石豆兰	Orchidaceae	N	二	Ⅱ
Bulbophyllum spathulatum	匙萼卷瓣兰	Orchidaceae	N	二	Ⅱ
Bulbophyllum sphaericum	球茎卷瓣兰	Orchidaceae	Y	二	Ⅱ
Bulbophyllum stenobulbon	短足石豆兰	Orchidaceae	N	二	Ⅱ
Bulbophyllum striatum	细柄石豆兰	Orchidaceae	N	二	Ⅱ
Bulbophyllum suavissimum	直葶石豆兰	Orchidaceae	N	二	Ⅱ
Bulbophyllum subparviflorum	少花石豆兰	Orchidaceae	Y	二	Ⅱ
Bulbophyllum sutepense	聚株石豆兰	Orchidaceae	N	二	Ⅱ
Bulbophyllum taeniophyllum	带叶卷瓣兰	Orchidaceae	N	二	Ⅱ
Bulbophyllum taiwanense	台湾卷瓣兰	Orchidaceae	Y	二	Ⅱ
Bulbophyllum tengchongense	云北石豆兰	Orchidaceae	Y	二	Ⅱ
Bulbophyllum tokioi	小叶石豆兰	Orchidaceae	Y	二	Ⅱ
Bulbophyllum triste	球茎石豆兰	Orchidaceae	N	二	Ⅱ
Bulbophyllum tseanum	香港卷瓣兰	Orchidaceae	Y	二	Ⅱ
Bulbophyllum umbellatum	伞花卷瓣兰	Orchidaceae	N	二	Ⅱ
Bulbophyllum unciniferum	直立卷瓣兰	Orchidaceae	N	二	Ⅱ
Bulbophyllum violaceolabellum	等萼卷瓣兰	Orchidaceae	N	二	Ⅱ
Bulbophyllum wallichii	双叶卷瓣兰	Orchidaceae	N	二	Ⅱ
Bulbophyllum wightii	睫毛卷瓣兰	Orchidaceae	N	二	Ⅱ
Bulbophyllum yuanyangense	元阳石豆兰	Orchidaceae	Y	二	Ⅱ
Bulbophyllum yunnanensis	蒙自石豆兰	Orchidaceae	Y	二	Ⅱ
Bulleyia yunnanensis	蜂腰兰	Orchidaceae	Y	二	Ⅱ
Burretiodendron esquirolii	柄翅果	Tiliaceae	Y	一	Ⅱ

续表

拉丁名	中文名	科名	是否特有	批次	等级
Burretiodendron hsienmu	蚬木	Tiliaceae	Y	一	II
Calanthe actinomorpha	辐射虾脊兰	Orchidaceae	Y	二	II
Calanthe albo-longicalcarata	白花长距虾脊兰	Orchidaceae	Y	二	II
Calanthe alismaefolia	泽泻虾脊兰	Orchidaceae	N	二	II
Calanthe alpina	流苏虾脊兰	Orchidaceae	N	二	II
Calanthe angustifolia	狭叶虾脊兰	Orchidaceae	N	二	II
Calanthe arcuata var. arcuata	弧距虾脊兰	Orchidaceae	Y	二	II
Calanthe argenteo-striata	银带虾脊兰	Orchidaceae	Y	二	II
Calanthe arisanensis	台湾虾脊兰	Orchidaceae	Y	二	II
Calanthe aristulifera	翘距虾脊兰	Orchidaceae	N	二	II
Calanthe biloba	二裂虾脊兰	Orchidaceae	N	二	II
Calanthe brevicornu	肾唇虾脊兰	Orchidaceae	N	二	II
Calanthe clavata	棒距虾脊兰	Orchidaceae	N	二	II
Calanthe davidii	剑叶虾脊兰	Orchidaceae	Y	二	II
Calanthe delavayi	少花虾脊兰	Orchidaceae	Y	二	II
Calanthe densiflora	密花虾脊兰	Orchidaceae	N	二	II
Calanthe discolor	虾脊兰	Orchidaceae	N	二	II
Calanthe ecarinata	天全虾脊兰	Orchidaceae	Y	二	II
Calanthe emeishanica	峨眉虾脊兰	Orchidaceae	Y	二	II
Calanthe fargesii	天府虾脊兰	Orchidaceae	Y	二	II
Calanthe formosana	二列叶虾脊兰	Orchidaceae	Y	二	II
Calanthe graciliflora	钩距虾脊兰	Orchidaceae	Y	二	II
Calanthe griffithii	通麦虾脊兰	Orchidaceae	N	二	II
Calanthe hancockii	叉唇虾脊兰	Orchidaceae	Y	二	II
Calanthe henryi	疏花虾脊兰	Orchidaceae	Y	二	II
Calanthe herbacea	西南虾脊兰	Orchidaceae	N	二	II
Calanthe labrosa	葫芦茎虾脊兰	Orchidaceae	N	二	II
Calanthe lechangensis	乐昌虾脊兰	Orchidaceae	Y	二	II
Calanthe limprichtii	开唇虾脊兰	Orchidaceae	Y	二	II
Calanthe lyroglossa	南方虾脊兰	Orchidaceae	N	二	II
Calanthe mannii	细花虾脊兰	Orchidaceae	N	二	II
Calanthe metoensis	墨脱虾脊兰	Orchidaceae	Y	二	II
Calanthe nankunensis	南昆虾脊兰	Orchidaceae	Y	二	II

续表

拉丁名	中文名	科名	是否特有	批次	等级
Calanthe nipponica	戟形虾脊兰	Orchidaceae	N	二	II
Calanthe odora	香花虾脊兰	Orchidaceae	N	二	II
Calanthe petelotiana	圆唇虾脊兰	Orchidaceae	N	二	II
Calanthe plantaginea var. plantaginea	车前虾脊兰	Orchidaceae	N	二	II
Calanthe plantaginea var. lushuiensis	泸水车前虾脊兰	Orchidaceae	Y	二	II
Calanthe puberula	镰萼虾脊兰	Orchidaceae	N	二	II
Calanthe reflexa	反瓣虾脊兰	Orchidaceae	N	二	II
Calanthe sacculata var. tchenkeoutinensis	城口虾脊兰	Orchidaceae	Y	二	II
Calanthe sacculata var. sacculata	囊爪虾脊兰	Orchidaceae	Y	二	II
Calanthe sieboldii	大黄花虾脊兰	Orchidaceae	Y	二	II
Calanthe simplex	匙瓣虾脊兰	Orchidaceae	N	二	II
Calanthe sinica	中华虾脊兰	Orchidaceae	Y	二	II
Calanthe sylvatica	长距虾脊兰	Orchidaceae	N	二	II
Calanthe tricarinata	三棱虾脊兰	Orchidaceae	N	二	II
Calanthe trifida	裂距虾脊兰	Orchidaceae	Y	二	II
Calanthe triplicata	三褶虾脊兰	Orchidaceae	N	二	II
Calanthe tsoongiana var. guizhouensis	贵州虾脊兰	Orchidaceae	Y	二	II
Calanthe tsoongiana var. tsoongiana	无距虾脊兰	Orchidaceae	Y	二	II
Calanthe whiteana	四川虾脊兰	Orchidaceae	N	二	II
Calanthe yuana	峨边虾脊兰	Orchidaceae	Y	二	II
Calligonum mongolicum	沙拐枣	Polygonaceae	N	二	II
Callostylis rigida	美柱兰	Orchidaceae	N	二	II
Calocedrus macrolepis	翠柏	Cupressaceae	N	一	II
Calophaca sinica	丽豆	Leguminosae	Y	二	II
Calycanthus chinensis	夏蜡梅	Calycanthaceae	Y	二	II
Calycopteris floribunda	萼翅藤	Combretaceae	N	一	I
Calypso bulbosa	布袋兰	Orchidaceae	N	二	II
Camellia achrysantha	中东金花茶	Theaceae	Y	二	II
Camellia aurea	五室金花茶	Theaceae	N	二	II
Camellia chrysanthoides	薄叶金花茶	Theaceae	Y	二	II
Camellia crassicolumna	厚轴茶	Theaceae	Y	二	II
Camellia euphlebia	显脉金花茶	Theaceae	N	二	II
Camellia fangchengensis	防城茶	Theaceae	Y	二	II

续表

拉丁名	中文名	科名	是否特有	批次	等级
Camellia fascicularis	簇蕊金花茶	Theaceae	Y	二	II
Camellia flavida	淡黄金花茶	Theaceae	Y	二	II
Camellia grandibracteata	大苞茶	Theaceae	Y	二	II
Camellia grandis	弄岗金花茶	Theaceae	Y	二	II
Camellia granthamiana	大苞山茶	Theaceae	Y	二	II
Camellia hozanensis	凤凰山茶	Theaceae	Y	二	II
Camellia impressinervis	凹脉金花茶	Theaceae	Y	二	II
Camellia limonia	柠檬金花茶	Theaceae	Y	二	II
Camellia lungzhouensis	龙州金花茶	Theaceae	Y	二	II
Camellia micrantha	小花金花茶	Theaceae	Y	二	II
Camellia nitidissima	金花茶	Theaceae	N	二	II
Camellia parvipetala	小瓣金花茶	Theaceae	Y	二	II
Camellia pinggaoensis	平果金花茶	Theaceae	Y	二	II
Camellia pingguoensis var. terminalis	顶生金花茶	Theaceae	Y	二	II
Camellia ptilophylla	毛叶茶	Theaceae	Y	二	II
Camellia pubipetala	毛瓣金花茶	Theaceae	Y	二	II
Camellia reticulata	滇山茶	Theaceae	Y	二	II
Camellia sinensis	（野生）茶	Theaceae	N	二	II
Camellia tunghinensis	东兴金花茶	Theaceae	Y	二	II
Camellia yunnanensis	雕果茶	Theaceae	Y	二	II
Camptotheca acuminata	喜树	Nyssaceae	Y	一	II
Carlesia sinensis	山茴香	Umbelliferae	Y	二	II
Carpinus putoensis	普陀鹅耳枥	Betulaceae	Y	一	I
Carpinus tientaiensis	天台鹅耳枥	Betulaceae	Y	二	II
Caryota urens	董棕	Palmae	N	一	II
Castanopsis concinna	华南锥	Fagaceae	Y	一	II
Cathaya argyrophylla	银杉	Pinaceae	Y	一	I
Cephalanthera alpicola	高山头蕊兰	Orchidaceae	Y	二	II
Cephalanthera bijiangensis	碧江头蕊兰	Orchidaceae	Y	二	II
Cephalanthera calcarata	硕距头蕊兰	Orchidaceae	Y	二	II
Cephalanthera damasonium	大花头蕊兰	Orchidaceae	N	二	II
Cephalanthera erecta	银兰	Orchidaceae	N	二	II
Cephalanthera falcata	金兰	Orchidaceae	N	二	II

续表

拉丁名	中文名	科名	是否特有	批次	等级
Cephalanthera longibracteata	长苞头蕊兰	Orchidaceae	N	二	II
Cephalanthera longifolia	头蕊兰	Orchidaceae	N	二	II
Cephalanthera taiwaniana	台湾头蕊兰	Orchidaceae	Y	二	II
Cephalantheropsis calanthoides	铃花黄兰	Orchidaceae	N	二	II
Cephalantheropsis gracilis	黄兰	Orchidaceae	N	二	II
Cephalotaxus lanceolata	贡山三尖杉	Cephalotaxaceae	N	一	II
Cephalotaxus mannii	西双版纳粗榧	Cephalotaxaceae	N	一	I
Cephalotaxus oliveri	篦子三尖杉	Cephalotaxaceae	Y	一	II
Ceratoides arborescens	华北驼绒藜	Chenopodiaceae	Y	二	II
Ceratopteris pteridoides	粗梗水蕨	Parkeriaceae	N	一	II
Ceratopteris thalictroides	水蕨	Parkeriaceae	N	一	II
Ceratostylis hainanensis	牛角兰	Orchidaceae	Y	二	II
Ceratostylis himalaica	叉枝牛角兰	Orchidaceae	N	二	II
Ceratostylis subulata	管叶牛角兰	Orchidaceae	N	二	II
Cercidiphyllum japonicum	连香树	Cercidiphyllaceae	N	一	II
Chamaeanthus wenzelii	低药兰	Orchidaceae	Y	二	II
Chamaecyparis formosensis	红桧	Cupressaceae	Y	一	II
Chamaegastrodia inverta	川滇叠鞘兰	Orchidaceae	Y	二	II
Chamaegastrodia polianei	齿爪叠鞘兰	Orchidaceae	N	二	II
Chamaegastrodia shikokiana	叠鞘兰	Orchidaceae	N	二	II
Chamaegastrodia vaginata	戟唇叠鞘兰	Orchidaceae	N	二	II
Sinojackia dolichocarpa	长果秤锤树	Styracaceae	Y	二	II
Changium smyrnioides	明党参	Umbelliferae	Y	二	II
Changnienia amoena	独花兰	Orchidaceae	Y	二	II
Cheirostylis chinensis	中华叉柱兰	Orchidaceae	N	二	II
Cheirostylis derchiensis	德基叉柱兰	Orchidaceae	Y	二	II
Cheirostylis griffithii	大花叉柱兰	Orchidaceae	N	二	II
Cheirostylis inabai	羽唇叉柱兰	Orchidaceae	Y	二	II
Cheirostylis jamesleungii	粉红叉柱兰	Orchidaceae	Y	二	II
Cheirostylis likiuensis	琉球叉柱兰	Orchidaceae	N	二	II
Cheirostylis monteiroi	箭药叉柱兰	Orchidaceae	Y	二	II
Cheirostylis pingbianensis	屏边叉柱兰	Orchidaceae	Y	二	II
Cheirostylis taichungensis	台中叉柱兰	Orchidaceae	Y	二	II

续表

拉丁名	中文名	科名	是否特有	批次	等级
Cheirostylis takeoi	全唇叉柱兰	Orchidaceae	N	二	II
Cheirostylis tatewakii	大鲁阁叉柱兰	Orchidaceae	Y	二	II
Cheirostylis tortilacinia	和社叉柱兰	Orchidaceae	Y	二	II
Cheirostylis yunnanensis	云南叉柱兰	Orchidaceae	N	二	II
Chiloschista guangdongensis	广东异型兰	Orchidaceae	Y	二	II
Chiloschista segawai	台湾异型兰	Orchidaceae	Y	二	II
Chiloschista yunnanensis	异型兰	Orchidaceae	Y	二	II
Chosenia arbutifolia	钻天柳	Salicaceae	N	一	II
Christensenia assamica	天星蕨	Christenseniaceae	Y	一	II
Chrysoglossum ornatum	金唇兰	Orchidaceae	N	二	II
Chunia bucklandioides	山铜材	Hamamelidaceae	Y	一	II
Chuniophoenix hainanensis	琼棕	Palmae	Y	二	II
Chuniophoenix nana	矮琼棕	Palmae	N	二	II
Cibotium baronetz	金毛狗	Dicksoniaceae	N	一	II
Cibotium cumingii	台湾金毛狗	Dicksoniaceae	N	二	II
Cinnamomum camphora	樟	Lauraceae	N	一	II
Cinnamomum japonicum	天竺桂	Lauraceae	N	一	II
Cinnamomum longepaniculatum	油樟	Lauraceae	Y	二	II
Cinnamomum rigidissimum	卵叶桂	Lauraceae	Y	二	II
Cistanche deserticola	肉苁蓉	Orobanchaceae	N	二	II
Cistanche mongolica	管花肉苁蓉	Orobanchaceae	N	二	II
Citrus daoxianensis	道县野桔	Rutaceae	Y	二	II
Citrus limonia	黎檬	Rutaceae	N	二	II
Citrus mangshanensis	莽山野桔	Rutaceae	Y	二	II
Citrus hongheensis	红河橙	Rutaceae	Y	二	II
Citrus ichangensis	宜昌橙	Rutaceae	Y	二	II
Cleisostoma birmanicum	美花隔距兰	Orchidaceae	N	二	II
Cleisostoma filiforme	金塔隔距兰	Orchidaceae	N	二	II
Cleisostoma fuerstenbergianum	长叶隔距兰	Orchidaceae	N	二	II
Cleisostoma longiopeculatum	长帽隔距兰	Orchidaceae	Y	二	II
Cleisostoma medogense	西藏隔距兰	Orchidaceae	Y	二	II
Cleisostoma menghaiense	勐海隔距兰	Orchidaceae	Y	二	II
Cleisostoma nangongense	南贡隔距兰	Orchidaceae	Y	二	II

续表

拉丁名	中文名	科名	是否特有	批次	等级
Cleisostoma paniculatum	大序隔距兰	Orchidaceae	N	二	II
Cleisostoma parishii	短茎隔距兰	Orchidaceae	N	二	II
Cleisostoma racemiferum	大叶隔距兰	Orchidaceae	N	二	II
Cleisostoma rostratum	尖喙隔距兰	Orchidaceae	N	二	II
Cleisostoma sagittiforme	隔距兰	Orchidaceae	N	二	II
Cleisostoma scolopendrifolium	蜈蚣兰	Orchidaceae	N	二	II
Cleisostoma simondii var. guangdongense	广东隔距兰	Orchidaceae	Y	二	II
Cleisostoma simondii var. simondii	毛柱隔距兰	Orchidaceae	N	二	II
Cleisostoma striatum	短序隔距兰	Orchidaceae	N	二	II
Cleisostoma uraiense	绿花隔距兰	Orchidaceae	N	二	II
Cleisostoma williamsonii	红花隔距兰	Orchidaceae	N	二	II
Coeloglossum viride	凹舌兰	Orchidaceae	N	二	II
Coelogyne barbata	髯毛贝母兰	Orchidaceae	N	二	II
Coelogyne calcicola	滇西贝母兰	Orchidaceae	N	二	II
Coelogyne corymbosa	眼斑贝母兰	Orchidaceae	N	二	II
Coelogyne cristata	贝母兰	Orchidaceae	N	二	II
Coelogyne fimbriata	流苏贝母兰	Orchidaceae	N	二	II
Coelogyne flaccida	栗鳞贝母兰	Orchidaceae	N	二	II
Coelogyne fuscescens var. brunnea	斑唇贝母兰	Orchidaceae	N	二	II
Coelogyne gongshanensis	贡山贝母兰	Orchidaceae	Y	二	II
Coelogyne leucantha	白花贝母兰	Orchidaceae	N	二	II
Coelogyne leungiana	单唇贝母兰	Orchidaceae	Y	二	II
Coelogyne longipes	长柄贝母兰	Orchidaceae	N	二	II
Coelogyne longipes	长柄贝母兰	Orchidaceae	N	二	II
Coelogyne malipoensis	麻栗坡贝母兰	Orchidaceae	Y	二	II
Coelogyne nitida	密茎贝母兰	Orchidaceae	Y	二	II
Coelogyne occultata	卵叶贝母兰	Orchidaceae	N	二	II
Coelogyne ovalis	长鳞贝母兰	Orchidaceae	N	二	II
Coelogyne primulina	报春贝母兰	Orchidaceae	Y	二	II
Coelogyne prolifera	黄绿贝母兰	Orchidaceae	N	二	II
Coelogyne punctulata	狭瓣贝母兰	Orchidaceae	N	二	II
Coelogyne rigida	挺茎贝母兰	Orchidaceae	N	二	II
Coelogyne sanderae	撕裂贝母兰	Orchidaceae	N	二	II

续表

拉丁名	中文名	科名	是否特有	批次	等级
Coelogyne schultesii	疣鞘贝母兰	Orchidaceae	N	二	II
Coelogyne stricta	双褶贝母兰	Orchidaceae	N	二	II
Coelogyne suaveolens	疏茎贝母兰	Orchidaceae	N	二	II
Coelogyne venusta	多花贝母兰	Orchidaceae	Y	二	II
Coelogyne viscosa	禾叶贝母兰	Orchidaceae	N	二	II
Coelogyne zhenkangensis	镇康贝母兰	Orchidaceae	Y	二	II
Collabium assamicum	锚钩吻兰	Orchidaceae	N	二	II
Collabium chinense	吻兰	Orchidaceae	N	二	II
Collabium formosanum	台湾吻兰	Orchidaceae	N	二	II
Coptis chinensis	黄连	Ranunculaceae	Y	二	II
Coptis chinensis var. brevisepala	短萼黄连	Ranunculaceae	Y	二	II
Coptis deltoidea	三角叶黄连	Ranunculaceae	Y	二	II
Coptis omeiensis	峨眉黄连	Ranunculaceae	Y	二	II
Coptis quinquefolia	五叶黄连	Ranunculaceae	N	二	II
Coptis quinquesecta	五裂黄连	Ranunculaceae	Y	二	II
Coptis teeta	云南黄连	Ranunculaceae	Y	二	II
Corallorhiza trifida	珊瑚兰	Orchidaceae	N	二	II
Corybas sinii	铠兰	Orchidaceae	Y	二	II
Corybas taiwanensis	台湾铠兰	Orchidaceae	Y	二	II
Corybas taliensis	大理铠兰	Orchidaceae	Y	二	II
Corymborkis ver. atrifolia	管花兰	Orchidaceae	N	二	II
Craigia yunnanensis	滇桐	Tiliaceae	Y	一	II
Cremastra appendiculata	杜鹃兰	Orchidaceae	N	二	II
Cremastra unguiculata	斑叶杜鹃兰	Orchidaceae	N	二	II
Cryptochilus luteus	宿苞兰	Orchidaceae	N	二	II
Cryptochilus sanguineus	红花宿苞兰	Orchidaceae	N	二	II
Cryptocoryne kwangsiensis	广西隐棒花	Araceae	Y	二	II
Cryptocoryne restrospiralis	旋苞隐棒花	Araceae	N	二	II
Cryptocoryne sinensis	隐棒花	Araceae	Y	二	II
Cryptocoryne yunnanensis	八仙过海	Araceae	Y	二	II
Cryptostylis arachnites	隐柱兰	Orchidaceae	N	二	II
Cryptostylis taiwaniana	台湾隐柱兰	Orchidaceae	Y	二	II
Cupressus chengiana	岷江柏木	Cupressaceae	Y	一	II

续表

拉丁名	中文名	科名	是否特有	批次	等级
Cupressus gigantea	巨柏	Cupressaceae	Y	一	I
Cycas balansae	宽叶苏铁	Cycadaceae	N	一	I
Cycas changjiangensis	葫芦苏铁	Cycadaceae	Y	一	I
Cycas debaoensis	德保苏铁	Cycadaceae	Y	一	I
Cycas hainanensis	海南苏铁	Cycadaceae	Y	一	I
Cycas hongheensis	灰干苏铁	Cycadaceae	Y	一	I
Cycas micholitzii	叉叶苏铁	Cycadaceae	N	一	I
Cycas multipinnata	多歧苏铁	Cycadaceae	Y	一	I
Cycas panzhihuaensis	攀枝花苏铁	Cycadaceae	Y	一	I
Cycas pectinata	篦齿苏铁	Cycadaceae	N	一	I
Cycas revoluta	苏铁	Cycadaceae	N	一	I
Cycas segmentifida	叉孢苏铁	Cycadaceae	Y	一	I
Cycas szechuanensis	南盘江苏铁	Cycadaceae	Y	一	I
Cycas taitungensis	台东苏铁	Cycadaceae	Y	一	I
Cycas taiwaniana	广东苏铁	Cycadaceae	N	一	I
Cymbidium aloifolium	纹瓣兰	Orchidaceae	N	二	I
Cymbidium bicolor subsp. obtusum	硬叶兰	Orchidaceae	N	二	I
Cymbidium cochleare	垂花兰	Orchidaceae	N	二	I
Cymbidium cyperifolium	莎叶兰	Orchidaceae	N	二	I
Cymbidium dayanum	冬凤兰	Orchidaceae	N	二	I
Cymbidium defoliatum	落叶兰	Orchidaceae	Y	二	I
Cymbidium eburneum	独占春	Orchidaceae	N	二	I
Cymbidium elegans	莎草兰	Orchidaceae	N	二	I
Cymbidium ensifolium	建兰	Orchidaceae	N	二	I
Cymbidium erythraeum	长叶兰	Orchidaceae	N	二	I
Cymbidium faberi	蕙兰	Orchidaceae	N	二	I
Cymbidium floribundum	多花兰	Orchidaceae	N	二	I
Cymbidium goeringii var. goeringii	春兰	Orchidaceae	N	二	I
Cymbidium goeringii var. longibracteatum	春剑	Orchidaceae	Y	二	I
Cymbidium hookerianum	虎头兰	Orchidaceae	Y	二	I
Cymbidium insigne	美花兰	Orchidaceae	N	二	I
Cymbidium iridioides	黄蝉兰	Orchidaceae	Y	二	I
Cymbidium Kanran	寒兰	Orchidaceae	N	二	I

续表

拉丁名	中文名	科名	是否特有	批次	等级
Cymbidium lancifolium	兔耳兰	Orchidaceae	N	二	I
Cymbidium lowianum	碧玉兰	Orchidaceae	N	二	I
Cymbidium macrorhizon	大根兰	Orchidaceae	N	二	I
Cymbidium mastersii	大雪兰	Orchidaceae	N	二	I
Cymbidium nanulum	珍珠矮	Orchidaceae	Y	二	I
Cymbidium qiubeiense	邱北冬蕙兰	Orchidaceae	Y	二	I
Cymbidium sinense	墨兰	Orchidaceae	N	二	I
Cymbidium suavissimum	果香兰	Orchidaceae	N	二	I
Cymbidium tigrinum	斑舌兰	Orchidaceae	N	二	I
Cymbidium tortisepalum	菅草兰	Orchidaceae	Y	二	I
Cymbidium tracyanum	西藏虎头兰	Orchidaceae	N	二	I
Cymbidium wenshanense	文山红柱兰	Orchidaceae	N	二	I
Cymbidium wilsonii	滇南虎头兰	Orchidaceae	Y	二	I
Cypripedium bardolphianum	无苞杓兰	Orchidaceae	Y	二	I
Cypripedium calceolus	杓兰	Orchidaceae	Y	二	I
Cypripedium cordigerum	白唇杓兰	Orchidaceae	N	二	I
Cypripedium debile	对叶杓兰	Orchidaceae	N	二	I
Cypripedium elegans	雅致杓兰	Orchidaceae	N	二	I
Cypripedium fargesii	毛瓣杓兰	Orchidaceae	Y	二	I
Cypripedium farreri	华西杓兰	Orchidaceae	Y	二	I
Cypripedium fasciolatum	大叶杓兰	Orchidaceae	Y	二	I
Cypripedium flavum	黄花杓兰	Orchidaceae	Y	二	I
Cypripedium formosanum	台湾杓兰	Orchidaceae	Y	二	I
Cypripedium forrestii	玉龙杓兰	Orchidaceae	Y	二	I
Cypripedium franchetii	毛杓兰	Orchidaceae	Y	二	I
Cypripedium guttatum	紫点杓兰	Orchidaceae	N	二	I
Cypripedium henryi	绿花杓兰	Orchidaceae	Y	二	I
Cypripedium himalaicum	高山杓兰	Orchidaceae	N	二	I
Cypripedium japonicum	扇脉杓兰	Orchidaceae	N	二	I
Cypripedium lichiangense	丽江杓兰	Orchidaceae	Y	二	I
Cypripedium ludlowii	波密杓兰	Orchidaceae	Y	二	I
Cypripedium macranthum	大花杓兰	Orchidaceae	N	二	I
Cypripedium margaritaceum	斑叶杓兰	Orchidaceae	Y	二	I

续表

拉丁名	中文名	科名	是否特有	批次	等级
Cypripedium micranthum	小花杓兰	Orchidaceae	Y	二	I
Cypripedium palangshanense	巴郎山杓兰	Orchidaceae	Y	二	I
Cypripedium plectrochilum	离萼杓兰	Orchidaceae	N	二	I
Cypripedium segawai	宝岛杓兰	Orchidaceae	Y	二	I
Cypripedium shanxiense	山西杓兰	Orchidaceae	Y	二	I
Cypripedium smithii	褐花杓兰	Orchidaceae	Y	二	I
Cypripedium subtropicum	暖地杓兰	Orchidaceae	Y	二	I
Cypripedium tibeticum	西藏杓兰	Orchidaceae	N	二	I
Cypripedium wardii	宽口杓兰	Orchidaceae	Y	二	I
Cypripedium wumengense	乌蒙杓兰	Orchidaceae	Y	二	I
Cypripedium xventricosum	东北杓兰	Orchidaceae	N	二	I
Cypripedium yunnanense	云南杓兰	Orchidaceae	Y	二	I
Cyrtomium hemionitis	单叶贯众	Dryopteridaceae	Y	一	II
Cyrtosia javanica	肉果兰	Orchidaceae	N	二	II
Cyrtosia nana	矮小肉果兰	Orchidaceae	N	二	II
Cyrtosia septentrionalis	血红肉果兰	Orchidaceae	N	二	II
Cystoathyrium chinense	光叶蕨	Athyriaceae	Y	一	I
Dalbergia fusca	黑黄檀	Leguminosae	N	二	II
Dalbergia odorifera	降香	Leguminosae	Y	二	II
Davidia involucrata	珙桐	Nyssaceae	Y	一	I
Davidia involucrata var. vilmoriniana	光叶珙桐	Nyssaceae	Y	一	I
Dayaoshania cotinifolia	瑶山苣苔	Gesneriaceae	Y	一	I
Dendrobium acinaciforme	剑叶石斛	Orchidaceae	N	二	I
Dendrobium aduncum	钩状石斛	Orchidaceae	N	二	I
Dendrobium aphyllum	兜唇石斛	Orchidaceae	N	二	I
Dendrobium aurantiacum var. aurantiacum	线叶石斛	Orchidaceae	Y	二	I
Dendrobium aurantiacum var. denneanum	叠鞘石斛	Orchidaceae	Y	二	I
Dendrobium aurantiacum var. zhaojuense	双斑叠鞘石斛	Orchidaceae	Y	二	I
Dendrobium bellatulum	矮石斛	Orchidaceae	N	二	I
Dendrobium brymerianum	长苏石斛	Orchidaceae	N	二	I
Dendrobium candidum	黑节草	Orchidaceae	N	二	I
Dendrobium capillipes	短棒石斛	Orchidaceae	N	二	I
Dendrobium carinifeyum	翅萼石斛	Orchidaceae	N	二	I

续表

拉丁名	中文名	科名	是否特有	批次	等级
Dendrobium chameleon	长爪石斛	Orchidaceae	N	二	I
Dendrobium changjiangense	昌江石斛	Orchidaceae	Y	二	I
Dendrobium chrysanthum	束花石斛	Orchidaceae	N	二	I
Dendrobium chrysotoxum	鼓槌石斛	Orchidaceae	N	二	I
Dendrobium compactum	草石斛	Orchidaceae	N	二	I
Dendrobium crepidatum	玫瑰石斛	Orchidaceae	N	二	I
Dendrobium crumenatum	木石斛	Orchidaceae	N	二	I
Dendrobium crystallinum	晶帽石斛	Orchidaceae	N	二	I
Dendrobium densiflorum	密花石斛	Orchidaceae	N	二	I
Dendrobium devonianum	齿瓣石斛	Orchidaceae	N	二	I
Dendrobium dixanthum	黄花石斛	Orchidaceae	N	二	I
Dendrobium ellipsophyllum	反瓣石斛	Orchidaceae	N	二	I
Dendrobium equitans	燕石斛	Orchidaceae	N	二	I
Dendrobium exile	景洪石斛	Orchidaceae	N	二	I
Dendrobium falconeri	串珠石斛	Orchidaceae	N	二	I
Dendrobium fimbriatum	流苏石斛	Orchidaceae	N	二	I
Dendrobium findlayanum	棒节石斛	Orchidaceae	N	二	I
Dendrobium flexicaule	曲茎石斛	Orchidaceae	Y	二	I
Dendrobium furcatopedicellatum	双花石斛	Orchidaceae	Y	二	I
Dendrobium gibsonii	曲轴石斛	Orchidaceae	N	二	I
Dendrobium gratiosissimum	杯鞘石斛	Orchidaceae	N	二	I
Dendrobium guangxiense	滇桂石斛	Orchidaceae	Y	二	I
Dendrobium hainanense	海南石斛	Orchidaceae	N	二	I
Dendrobium hancockii	细叶石斛	Orchidaceae	Y	二	I
Dendrobium harveyanum	苏瓣石斛	Orchidaceae	N	二	I
Dendrobium henryi	疏花石斛	Orchidaceae	N	二	I
Dendrobium hercoglossum	重唇石斛	Orchidaceae	N	二	I
Dendrobium heterocarpum	尖刀唇石斛	Orchidaceae	N	二	I
Dendrobium hookerianum	金耳石斛	Orchidaceae	N	二	I
Dendrobium huoshanense	霍山石斛	Orchidaceae	Y	二	I
Dendrobium infundibulum	高山石斛	Orchidaceae	N	二	I
Dendrobium jenkinsii	小黄花石斛	Orchidaceae	N	二	I
Dendrobium leptocladum	菱唇石斛	Orchidaceae	Y	二	I

续表

拉丁名	中文名	科名	是否特有	批次	等级
Dendrobium Linawianum	短唇石斛	Orchidaceae	Y	二	I
Dendrobium lindleyi	聚石斛	Orchidaceae	N	二	I
Dendrobium lituiflorum	喇叭唇石斛	Orchidaceae	N	二	I
Dendrobium loddigesii	美花石斛	Orchidaceae	N	二	I
Dendrobium lohohense	罗河石斛	Orchidaceae	Y	二	I
Dendrobium longicornu	长距石斛	Orchidaceae	N	二	I
Dendrobium minutiflorum	勐海石斛	Orchidaceae	Y	二	I
Dendrobium miyakei	红花石斛	Orchidaceae	N	二	I
Dendrobium moniliforme	细茎石斛	Orchidaceae	N	二	I
Dendrobium monticola	藏南石斛	Orchidaceae	N	二	I
Dendrobium moschatum	勺唇石斛	Orchidaceae	N	二	I
Dendrobium nobile	石斛	Orchidaceae	N	二	I
Dendrobium officinale	铁皮石斛	Orchidaceae	Y	二	I
Dendrobium parciflorum	少花石斛	Orchidaceae	N	二	I
Dendrobium parishii	紫瓣石斛	Orchidaceae	N	二	I
Dendrobium pendulum	肿节石斛	Orchidaceae	N	二	I
Dendrobium porphyrochilum	单葶草石斛	Orchidaceae	N	二	I
Dendrobium primulinum	报春石斛	Orchidaceae	N	二	I
Dendrobium pseudotenellum	针叶石斛	Orchidaceae	N	二	I
Dendrobium salaccense	竹枝石斛	Orchidaceae	N	二	I
Dendrobium sinense	华石斛	Orchidaceae	Y	二	I
Dendrobium somai	小双花石斛	Orchidaceae	Y	二	I
Dendrobium strongylanthum	梳唇石斛	Orchidaceae	N	二	I
Dendrobium stuposum	叉唇石斛	Orchidaceae	N	二	I
Dendrobium sulcatum	具槽石斛	Orchidaceae	N	二	I
Dendrobium terminale	刀叶石斛	Orchidaceae	N	二	I
Dendrobium thyrsiflorum	球花石斛	Orchidaceae	N	二	I
Dendrobium tosaense	黄石斛	Orchidaceae	N	二	I
Dendrobium trigonopus	翅梗石斛	Orchidaceae	N	二	I
Dendrobium wardianum	大苞鞘石斛	Orchidaceae	N	二	I
Dendrobium williamsonii	黑毛石斛	Orchidaceae	N	二	I
Dendrobium wilsonii	广东石斛	Orchidaceae	N	二	I
Dendrobium xichouense	西畴石斛	Orchidaceae	Y	二	I

续表

拉丁名	中文名	科名	是否特有	批次	等级
Dendrochilum uncatum	足柱兰	Orchidaceae	N	二	II
Deutzianthus tonkinensis	东京桐	Euphorbiaceae	N	一	II
Dichocarpum hypoglaucum	粉背人字果	Ranunculaceae	Y	一	II
Dickinsia hydrocotyloides	马蹄芹	Umbelliferae	Y	二	II
Didymoplexiella siamensis	锚柱兰	Orchidaceae	Y	二	II
Didymoplexis pallens	双唇兰	Orchidaceae	N	二	II
Diglyphosa latifolia	密花兰	Orchidaceae	N	二	II
Dimocarpus longan	龙眼	Sapindaceae	N	二	II
Dioscorea nipponica	穿龙薯蓣	Dioscoreaceae	N	二	II
Dioscorea zingiberensis	盾叶薯蓣	Dioscoreaceae	Y	二	II
Diospyros sutchuensis	川柿	Ebenaceae	Y	二	I
Dipentodon sinicus	十齿花	Celastraceae	Y	一	II
Diphylax contigua	长苞尖药兰	Orchidaceae	Y	二	II
Diphylax uniformis	西南尖药兰	Orchidaceae	Y	二	II
Diphylax urceolata	尖药兰	Orchidaceae	N	二	II
Diphylleia sinensis	南方山荷叶	Berberidaceae	Y	二	II
Diplandrorchis sinica	双蕊兰	Orchidaceae	Y	二	II
Diplomeris pulchella	合柱兰	Orchidaceae	N	二	II
Diploprora championii	蛇舌兰	Orchidaceae	N	二	II
Dipterocarpus retusus	东京龙脑香	Dipterocarpaceae	N	一	I
Dipteronia dyeriana	云南金钱槭	Aceraceae	N	二	II
Disanthus cercidifolius var. longipes	长柄双花木	Hamamelidaceae	Y	二	II
Disperis nantauensis	香港双袋兰	Orchidaceae	Y	二	II
Disperis siamensis	双袋兰	Orchidaceae	N	二	II
Doritis pulcherrima	五唇兰	Orchidaceae	N	二	II
Dracaena cambodiana	柬埔寨龙血树	Liliaceae	N	二	II
Dracaena cochinchinensis	剑叶龙血树	Liliaceae	N	二	II
Dunnia sinensis	绣球茜草	Rubiaceae	Y	二	II
Dysosma versipellis	八角莲	Berberidaceae	Y	二	II
Echinocodon lobophyllus	刺萼参	Campanulaceae	Y	二	II
Elaeagnus mollis	翅果油树	Elaeagnaceae	Y	二	II
Eleutharrhane macrocarpa	藤枣	Menispermaceae	Y	一	I
Elymus atratus	黑紫披碱草	Gramineae	Y	二	II

续表

拉丁名	中文名	科名	是否特有	批次	等级
Elymus breviaristatus	短芒披碱草	Gramineae	Y	一	II
Elymus purpuraristatus	紫芒披碱草	Gramineae	Y	二	II
Elymus submuticus	无芒披碱草	Gramineae	Y	一	II
Elymus villifer	毛披碱草	Gramineae	Y	一	II
Emmemopterys henryi	香果树	Rubiaceae	Y	一	II
Ephedra equisetina	木贼麻黄	Ephedraceae	N	二	II
Ephedra intermedia	中麻黄	Ephedraceae	N	二	II
Ephedra rhytidosperma	斑子麻黄	Ephedraceae	Y	二	II
Ephedra sinica	草麻黄	Ephedraceae	N	二	II
Epigeneium amplum	宽叶厚唇兰	Orchidaceae	Y	二	II
Epigeneium clemensiae	厚唇兰	Orchidaceae	N	二	II
Epigeneium fargesii	单叶厚唇兰	Orchidaceae	N	二	II
Epigeneium fuscescens	景东厚唇兰	Orchidaceae	N	二	II
Epigeneium nakaharaei	台湾厚唇兰	Orchidaceae	Y	二	II
Epigeneium rotundatum	双叶厚唇兰	Orchidaceae	N	二	II
Epigeneium yunnanense	长爪厚唇兰	Orchidaceae	Y	二	II
Epilobium nankoutaizanense	南湖柳叶菜	Onagraceae	Y	二	II
Epipactis consimilis	疏花火烧兰	Orchidaceae	N	二	II
Epipactis helleborine	火烧兰	Orchidaceae	N	二	II
Epipactis humilior	矮大叶火烧兰	Orchidaceae	Y	二	II
Epipactis mairei	大叶火烧兰	Orchidaceae	Y	二	II
Epipactis ohwii	台湾火焰兰	Orchidaceae	Y	二	II
Epipactis palustris	新疆火烧兰	Orchidaceae	N	二	II
Epipactis papillosa	细毛火烧兰	Orchidaceae	N	二	II
Epipactis thunbergii	尖叶火烧兰	Orchidaceae	N	二	II
Epipactis xanthophaea	北火烧兰	Orchidaceae	Y	二	II
Epipogium aphyllum	裂唇虎舌兰	Orchidaceae	N	二	II
Epipogium roseum	虎舌兰	Orchidaceae	N	二	II
Eria acervata	钝叶毛兰	Orchidaceae	N	二	II
Eria amica	粗茎毛兰	Orchidaceae	N	二	II
Eria bambusifolia	竹叶毛兰	Orchidaceae	N	二	II
Eria bipunctata	双点毛兰	Orchidaceae	N	二	II
Eria clausa	匐茎毛兰	Orchidaceae	N	二	II

续表

拉丁名	中文名	科名	是否特有	批次	等级
Eria conferta	密苞毛兰	Orchidaceae	Y	二	II
Eria corneri	半柱毛兰	Orchidaceae	N	二	II
Eria coronaria	足茎毛兰	Orchidaceae	N	二	II
Eria crassifolia	厚叶毛兰	Orchidaceae	Y	二	II
Eria dasyphylla	瓜子毛兰	Orchidaceae	N	二	II
Eria excavata	反苞毛兰	Orchidaceae	N	二	II
Eria formosana	台湾毛兰	Orchidaceae	N	二	II
Eria gagnepainii	香港毛兰	Orchidaceae	N	二	II
Eria graminifolia	禾叶毛兰	Orchidaceae	N	二	II
Eria javanica	香花毛兰	Orchidaceae	N	二	II
Eria lasiopetala	白绵毛兰	Orchidaceae	N	二	II
Eria longlingensis	龙陵毛兰	Orchidaceae	Y	二	II
Eria marginata	棒茎毛兰	Orchidaceae	N	二	II
Eria medogensis	墨脱毛兰	Orchidaceae	Y	二	II
Eria microphylla	小叶毛兰	Orchidaceae	N	二	II
Eria muscicola	网鞘毛兰	Orchidaceae	N	二	II
Eria obvia	长苞毛兰	Orchidaceae	Y	二	II
Eria ovata	大脚筒	Orchidaceae	N	二	II
Eria paniculata	竹枝毛兰	Orchidaceae	N	二	II
Eria pannea	指叶毛兰	Orchidaceae	N	二	II
Eria pudica	版纳毛兰	Orchidaceae	N	二	II
Eria pulvinata	高茎毛兰	Orchidaceae	N	二	II
Eria pusilla	对茎毛兰	Orchidaceae	N	二	II
Eria quinquelamellosa	五脊毛兰	Orchidaceae	Y	二	II
Eria reptans	高山毛兰	Orchidaceae	N	二	II
Eria rhomboidalis	菱唇毛兰	Orchidaceae	Y	二	II
Eria robusta	长囊毛兰	Orchidaceae	N	二	II
Eria rosea	玫瑰毛兰	Orchidaceae	Y	二	II
Eria sinica	小毛兰	Orchidaceae	Y	二	II
Eria spicata	密花毛兰	Orchidaceae	N	二	II
Eria stricta	鹅白毛兰	Orchidaceae	N	二	II
Eria szetschuanica	马齿毛兰	Orchidaceae	Y	二	II
Eria tenuicaulis	细茎毛兰	Orchidaceae	Y	二	II

续表

拉丁名	中文名	科名	是否特有	批次	等级
Eria thao	石豆毛兰	Orchidaceae	N	二	II
Eria tomentosa	黄绒毛兰	Orchidaceae	N	二	II
Eria vittata	条纹毛兰	Orchidaceae	N	二	II
Eria yanshanensis	砚山毛兰	Orchidaceae	Y	二	II
Eria yunnanensis	滇南毛兰	Orchidaceae	Y	二	II
Eriodes barbata	毛梗兰	Orchidaceae	N	二	II
Erythrophleum fordii	格木	Leguminosae	N	一	II
Erythropsis kwangsiensis	广西火桐	Sterculiaceae	Y	一	II
Erythrorchis altissima	倒吊兰	Orchidaceae	N	二	II
Esmeralda bella	口盖花蜘蛛兰	Orchidaceae	Y	二	II
Esmeralda clarkei	花蜘蛛兰	Orchidaceae	N	二	II
Etlingera yunnanense	茴香砂仁	Zingiberaceae	Y	一	II
Euchresta japonica	山豆根	Leguminosae	Y	一	II
Eulophia bicallosa	台湾美冠兰	Orchidaceae	N	二	II
Eulophia bracteosa	长苞美冠兰	Orchidaceae	N	二	II
Eulophia faberi	长距美冠兰	Orchidaceae	Y	二	II
Eulophia flava	黄花美冠兰	Orchidaceae	N	二	II
Eulophia graminea	美冠兰	Orchidaceae	N	二	II
Eulophia herbacea	毛唇美冠兰	Orchidaceae	N	二	II
Eulophia hirsuta	短毛美冠兰	Orchidaceae	Y	二	II
Eulophia monantha	单花美冠兰	Orchidaceae	Y	二	II
Eulophia pulchra	美花美冠兰	Orchidaceae	N	二	II
Eulophia sooi	剑叶美冠兰	Orchidaceae	Y	二	II
Eulophia spectabilis	紫花美冠兰	Orchidaceae	N	二	II
Eulophia taiwanensis	宝岛美冠兰	Orchidaceae	Y	二	II
Eulophia yunnanensis	云南美冠兰	Orchidaceae	N	二	II
Eulophia zollingeri	无叶美冠兰	Orchidaceae	N	二	II
Eurycorymbus cavaleriei	伞花木	Sapindaceae	Y	一	II
Euryodendron excelsum	猪血木	Theaceae	Y	二	I
Fagopyrum dibotrys	金荞	Polygonaceae	N	二	II
Fagus hayatae	台湾水青冈	Fagaceae	Y	二	II
Ferula fukanensis	阜康阿魏	Umbelliferae	Y	二	II
Ferula sinkiangensis	新疆阿魏	Umbelliferae	Y	二	II

续表

拉丁名	中文名	科名	是否特有	批次	等级
Festuca elata	高羊茅	Gramineae	Y	二	II
Festuca sinensis	中华羊茅	Gramineae	Y	二	II
Firmiana danxiaensis	丹霞梧桐	Sterculiaceae	Y	二	II
Firmiana hainanensis	海南梧桐	Sterculiaceae	Y	一	II
Flickingeria albopurpurea	滇金石斛	Orchidaceae	N	二	II
Flickingeria angustifolia	狭叶金石斛	Orchidaceae	N	二	II
Flickingeria bicolor	二色金石斛	Orchidaceae	Y	二	II
Flickingeria calocephala	红头金石斛	Orchidaceae	Y	二	II
Flickingeria comata	金石斛	Orchidaceae	N	二	II
Flickingeria concolor	同色金石斛	Orchidaceae	Y	二	II
Flickingeria fimbriata	流苏金石斛	Orchidaceae	N	二	II
Flickingeria tairukounia	卵唇金石斛	Orchidaceae	Y	二	II
Flickingeria tricarinata	三脊金石斛	Orchidaceae	Y	二	II
Fokienia hodginsii	福建柏	Cupressaceae	N	一	II
Formania mekongensis	复芒菊	Compositae	Y	二	II
Formanodendron doichangensis	三棱栎	Fagaceae	Y	二	II
Fortunella hindsii	山橘	Rutaceae	Y	二	II
Fortunella venosa	金豆	Rutaceae	Y	二	II
Frankenia pulverulenta	瓣鳞花	Frankeniaceae	N	一	II
Fraxinus mandschurica	水曲柳	Oleaceae	N	一	II
Galeola faberi	山珊瑚	Orchidaceae	Y	二	II
Galeola lindleyana	毛萼山珊瑚	Orchidaceae	N	二	II
Galeola matsudai	直立山珊瑚	Orchidaceae	Y	二	II
Galeola nudifolia	蔓生山珊瑚	Orchidaceae	N	二	II
Garcinia paucinervis	金丝李	Guttiferae	Y	二	I
Gastrochilus acinacifolius	镰叶盆距兰	Orchidaceae	Y	二	II
Gastrochilus bellinus	大花盆距兰	Orchidaceae	N	二	II
Gastrochilus calceolaris	盆距兰	Orchidaceae	N	二	II
Gastrochilus distichus	列叶盆距兰	Orchidaceae	Y	二	II
Gastrochilus fargesii	城口盆距兰	Orchidaceae	Y	二	II
Gastrochilus flavus	金松盆距兰	Orchidaceae	Y	二	II
Gastrochilus formosanus	台湾盆距兰	Orchidaceae	Y	二	II
Gastrochilus fuscopunctatus	红斑盆距兰	Orchidaceae	Y	二	II

续表

拉丁名	中文名	科名	是否特有	批次	等级
Gastrochilus gongshanensis	贡山盆距兰	Orchidaceae	Y	二	II
Gastrochilus guangtungensis	广东盆距兰	Orchidaceae	Y	二	II
Gastrochilus hainanensis	海南盆距兰	Orchidaceae	N	二	II
Gastrochilus hoii	何氏盆距兰	Orchidaceae	Y	二	II
Gastrochilus intermedius	细茎盆距兰	Orchidaceae	Y	二	II
Gastrochilus japonicus	黄松盆距兰	Orchidaceae	N	二	II
Gastrochilus linearifolius	狭叶盆距兰	Orchidaceae	N	二	II
Gastrochilus matsudai	宽唇盆距兰	Orchidaceae	Y	二	II
Gastrochilus nanchuanensis	南川盆距兰	Orchidaceae	Y	二	II
Gastrochilus nanus	江口盆距兰	Orchidaceae	Y	二	II
Gastrochilus obliquus	无茎盆距兰	Orchidaceae	N	二	II
Gastrochilus platycalcaratus	滇南盆距兰	Orchidaceae	Y	二	II
Gastrochilus pseudodistichus	小唇盆距兰	Orchidaceae	N	二	II
Gastrochilus rantabunensis	合欢盆距兰	Orchidaceae	Y	二	II
Gastrochilus raraensis	红松盆距兰	Orchidaceae	Y	二	II
Gastrochilus saccatus	四肋盆距兰	Orchidaceae	Y	二	II
Gastrochilus sinensis	中华盆距兰	Orchidaceae	Y	二	II
Gastrochilus subpapillosus	歪头盆距兰	Orchidaceae	Y	二	II
Gastrochilus xuanenensis	宣恩盆距兰	Orchidaceae	Y	二	II
Gastrochilus yunnanensis	云南盆距兰	Orchidaceae	N	二	II
Gastrodia angusta	原天麻	Orchidaceae	Y	二	II
Gastrodia appendiculata	无喙天麻	Orchidaceae	Y	二	II
Gastrodia autumnalis	秋天麻	Orchidaceae	Y	二	II
Gastrodia confusa	八代天麻	Orchidaceae	N	二	II
Gastrodia elata	黄天麻	Orchidaceae	Y	二	II
Gastrodia elata	天麻	Orchidaceae	Y	二	II
Gastrodia flavilabella	夏天麻	Orchidaceae	Y	二	II
Gastrodia fontinalis	春天麻	Orchidaceae	Y	二	II
Gastrodia gracilis	细天麻	Orchidaceae	N	二	II
Gastrodia hiemalis	冬天麻	Orchidaceae	Y	二	II
Gastrodia javanica	南天麻	Orchidaceae	N	二	II
Gastrodia menghaiensis	勐海天麻	Orchidaceae	Y	二	II
Gastrodia peichatieniana	北插天天麻	Orchidaceae	Y	二	II

续表

拉丁名	中文名	科名	是否特有	批次	等级
Gastrodia tuberculata	疣天麻	Orchidaceae	Y	二	II
Geodorum attenuatum	大花地宝兰	Orchidaceae	N	二	II
Geodorum densiflorum	地宝兰	Orchidaceae	N	二	II
Geodorum eulophioides	贵州地宝兰	Orchidaceae	Y	二	II
Geodorum pulchellum	美丽地宝兰	Orchidaceae	Y	二	II
Geodorum recurvum	多花地宝兰	Orchidaceae	N	二	II
Ginkgo biloba	银杏	Ginkgoaceae	Y	一	I
Gleditsia japonica var. velutina	绒毛皂荚	Leguminosae	Y	一	II
Glehnia littoralis	珊瑚菜（北沙参）	Umbelliferae	Y	一	II
Glycine soja	劳豆	Leguminosae	Y	一	II
Glycine tabicina	烟豆	Leguminosae	N	一	II
Glycine tomentilla	短绒野大豆	Leguminosae	Y	一	II
Glycyrrhiza inflata	胀果甘草	Leguminosae	N	二	II
Glycyrrhiza glabra	洋甘草	Leguminosae	N	二	II
Glycyrrhiza uralensis	甘草	Leguminosae	N	二	II
Glyptostrobus pensilis	水松	Taxodiaceae	N	一	I
Gmelina hainanensis	苦梓（海南石梓）	Verbenaceae	N	一	II
Gochnatia decora	白菊木	Compositae	Y	二	II
Goodyera biflora	大花斑叶兰	Orchidaceae	N	二	II
Goodyera bilamellata	长叶斑叶兰	Orchidaceae	Y	二	II
Goodyera bomiensis	波密斑叶兰	Orchidaceae	Y	二	II
Goodyera brachystegia	莲座叶斑叶兰	Orchidaceae	Y	二	II
Goodyera daibuzanensis	大武斑叶兰	Orchidaceae	Y	二	II
Goodyera foliosa	多叶斑叶兰	Orchidaceae	Y	二	II
Goodyera fumata	烟色斑叶兰	Orchidaceae	N	二	II
Goodyera fusca	脊唇斑叶兰	Orchidaceae	N	二	II
Goodyera grandis	红花斑叶兰	Orchidaceae	N	二	II
Goodyera hachijoensis	白网脉斑叶兰	Orchidaceae	N	二	II
Goodyera henryi	光萼斑叶兰	Orchidaceae	N	二	II
Goodyera kwangtungesis	花格斑叶兰	Orchidaceae	Y	二	II
Goodyera nankoensis	南湖斑叶兰	Orchidaceae	Y	二	II

续表

拉丁名	中文名	科名	是否特有	批次	等级
Goodyera prainii	长苞斑叶兰	Orchidaceae	N	二	II
Goodyera procera	高斑叶兰	Orchidaceae	N	二	II
Goodyera repens	小斑叶兰	Orchidaceae	N	二	II
Goodyera robusta	滇藏斑叶兰	Orchidaceae	N	二	II
Goodyera schlechtendaliana	斑叶兰	Orchidaceae	N	二	II
Goodyera seikoomontana	哥绿斑叶兰	Orchidaceae	Y	二	II
Goodyera shixingensis	始兴斑叶兰	Orchidaceae	Y	二	II
Goodyera velutina	绒叶斑叶兰	Orchidaceae	N	二	II
Goodyera viridiflora	绿花斑叶兰	Orchidaceae	N	二	II
Goodyera vittata	秀丽斑叶兰	Orchidaceae	N	二	II
Goodyera wolongensis	卧龙斑叶兰	Orchidaceae	Y	二	II
Goodyera wuana	天全斑叶兰	Orchidaceae	Y	二	II
Goodyera yamiana	兰屿斑叶兰	Orchidaceae	Y	二	II
Goodyera yangmeishanensis	小小斑叶兰	Orchidaceae	Y	二	II
Goodyera youngsayei	香港斑叶兰	Orchidaceae	Y	二	II
Goodyera yunnanensis	川滇斑叶兰	Orchidaceae	Y	二	II
Grosourdya appendiculatum	火炬兰	Orchidaceae	N	二	II
Gymnadenia bicornis	角距手参	Orchidaceae	Y	二	II
Gymnadenia conopsea	手参	Orchidaceae	N	二	II
Gymnadenia crassinervis	短距手参	Orchidaceae	Y	二	II
Gymnadenia emeiensis	峨眉手参	Orchidaceae	Y	二	II
Gymnadenia orchidis	西南手参	Orchidaceae	N	二	II
Gymnocarpos przewalskii	裸果木	Caryophyllaceae	N	二	I
Habenaria acianthoides	小花玉凤花	Orchidaceae	Y	二	II
Habenaria acuifera	凸孔坡参	Orchidaceae	Y	二	II
Habenaria aitchisonii	落地金钱	Orchidaceae	N	二	II
Habenaria arietina	毛瓣玉凤花	Orchidaceae	N	二	II
Habenaria austrosinensis	薄叶玉凤花	Orchidaceae	N	二	II
Habenaria balfouriana	滇蜀玉凤花	Orchidaceae	Y	二	II
Habenaria ciliolaris	毛葶玉凤花	Orchidaceae	Y	二	II
Habenaria commelinifolia	斧萼玉凤花	Orchidaceae	N	二	II
Habenaria coultousii	香港玉凤花	Orchidaceae	Y	二	II
Habenaria davidii	长距玉凤花	Orchidaceae	Y	二	II

续表

拉丁名	中文名	科名	是否特有	批次	等级
Habenaria delavayi	厚瓣玉凤兰	Orchidaceae	Y	二	II
Habenaria dentata	鹅毛玉凤花	Orchidaceae	N	二	II
Habenaria diphylla	二叶玉凤花	Orchidaceae	N	二	II
Habenaria diponema	小巧玉凤花	Orchidaceae	Y	二	II
Habenaria fargesii	雅致玉凤兰	Orchidaceae	Y	二	II
Habenaria finetiana	齿片玉凤兰	Orchidaceae	Y	二	II
Habenaria fordii	线瓣玉凤兰	Orchidaceae	Y	二	II
Habenaria fulva	褐黄玉凤花	Orchidaceae	Y	二	II
Habenaria furcifera	密花玉凤花	Orchidaceae	N	二	II
Habenaria glaucifolia	粉叶玉凤花	Orchidaceae	Y	二	II
Habenaria hosokawa	毛唇玉凤花	Orchidaceae	Y	二	II
Habenaria humidicola	湿地玉凤花	Orchidaceae	N	二	II
Habenaria hystris	粤琼玉凤花	Orchidaceae	N	二	II
Habenaria intermedia	大花玉凤花	Orchidaceae	N	二	II
Habenaria leptoloba	细裂玉凤花	Orchidaceae	Y	二	II
Habenaria limprichtii	宽药隔玉凤兰	Orchidaceae	Y	二	II
Habenaria linguella	坡参	Orchidaceae	N	二	II
Habenaria lucida	细花玉凤花	Orchidaceae	N	二	II
Habenaria mairei	棒距玉凤兰	Orchidaceae	Y	二	II
Habenaria malintana	南方玉凤花	Orchidaceae	N	二	II
Habenaria marginata	滇南玉凤花	Orchidaceae	N	二	II
Habenaria medioflexa	版纳玉凤花	Orchidaceae	N	二	II
Habenaria minor	岩坡玉凤花	Orchidaceae	Y	二	II
Habenaria nematocerata	细距玉凤兰	Orchidaceae	Y	二	II
Habenaria pantlingiana	丝瓣玉凤花	Orchidaceae	N	二	II
Habenaria pectinata	剑叶玉凤花	Orchidaceae	N	二	II
Habenaria petelotii	裂瓣玉凤花	Orchidaceae	N	二	II
Habenaria plurifoliata	莲座玉凤兰	Orchidaceae	Y	二	II
Habenaria polytricha	丝裂玉凤花	Orchidaceae	N	二	II
Habenaria purpureo-punctata	紫斑玉凤花	Orchidaceae	N	二	II
Habenaria remiformis	肾叶玉凤花	Orchidaceae	Y	二	II
Habenaria rhodocheila	橙黄玉凤花	Orchidaceae	N	二	II
Habenaria rostellifera	齿片坡参	Orchidaceae	N	二	II

续表

拉丁名	中文名	科名	是否特有	批次	等级
Habenaria rostrata	喙房坡参	Orchidaceae	N	二	II
Habenaria schindleri	十字兰	Orchidaceae	N	二	II
Habenaria shweliensis	中缅玉凤花	Orchidaceae	N	二	II
Habenaria siamensis	中泰玉凤花	Orchidaceae	N	二	II
Habenaria stenopetala	狭瓣玉凤花	Orchidaceae	N	二	II
Habenaria szechuanica	四川玉凤花	Orchidaceae	Y	二	II
Habenaria szechuanica	中泰玉凤兰	Orchidaceae	Y	二	II
Habenaria tibetica	西藏玉凤花	Orchidaceae	Y	二	II
Habenaria tonkinensis	丛叶玉凤花	Orchidaceae	N	二	II
Habenaria viridiflora	绿花玉凤花	Orchidaceae	N	二	II
Habenaria wolongensis	卧龙玉凤兰	Orchidaceae	Y	二	II
Habenaria yuana	川滇玉凤兰	Orchidaceae	Y	二	II
Hainania trichosperma	海南椴	Tiliaceae	Y	一	II
Haloxylon ammodendron	梭梭	Chenopodiaceae	N	二	II
Haloxylon persicum	白梭梭	Chenopodiaceae	N	二	II
Hancockia uniflora	滇兰	Orchidaceae	Y	二	II
Handeliodendron bodinieri	掌叶木	Sapindaceae	Y	一	I
Haraella retrocalla	香兰	Orchidaceae	Y	二	II
Helianthemum songaricum	半日花	Cistaceae	N	二	II
Helminthostachys zeylanica	七指蕨	Helminthostachyaceae	N	一	II
Hemipilia amesiana	四川舌喙兰	Orchidaceae	Y	二	II
Hemipilia crassicalcara	粗距舌喙兰	Orchidaceae	Y	二	II
Hemipilia cruciata	舌喙兰	Orchidaceae	Y	二	II
Hemipilia flabellata	扇唇舌喙兰	Orchidaceae	Y	二	II
Hemipilia forrestii	长距舌喙兰	Orchidaceae	Y	二	II
Hemipilia kwangsiensis	广西舌喙兰	Orchidaceae	Y	二	II
Hemipilia limprichtii	短距舌喙兰	Orchidaceae	Y	二	II
Heptacodium miconioides	七子花	Caprifoliaceae	Y	二	II
Heritiera parvifolia	蝴蝶树	Sterculiaceae	Y	一	II
Herminium alaschanicum	裂瓣角盘兰	Orchidaceae	Y	二	II
Herminium angustilabre	狭唇角盘兰	Orchidaceae	Y	二	II
Herminium carnosilabre	厚唇角盘兰	Orchidaceae	Y	二	II

续表

拉丁名	中文名	科名	是否特有	批次	等级
Herminium chloranthum	矮角盘兰	Orchidaceae	Y	二	II
Herminium coiloglossum	条叶角盘兰	Orchidaceae	Y	二	II
Herminium ecalcaratum	无距角盘兰	Orchidaceae	Y	二	II
Herminium glossophyllum	雅致角盘兰	Orchidaceae	Y	二	II
Herminium lanceum	叉唇角盘兰	Orchidaceae	Y	二	II
Herminium latifolia	宽叶角盘兰	Orchidaceae	Y	二	II
Herminium macrophyllum	耳片角盘兰	Orchidaceae	N	二	II
Herminium monorchis	角盘兰	Orchidaceae	N	二	II
Herminium ophioglossoides	长瓣角盘兰	Orchidaceae	Y	二	II
Herminium quinquelobum	秀丽角盘兰	Orchidaceae	N	二	II
Herminium singulum	批针唇角盘兰	Orchidaceae	Y	二	II
Herminium souliei	宽萼角盘兰	Orchidaceae	Y	二	II
Herminium yunnanense	云南角盘兰	Orchidaceae	Y	二	II
Herpysma longicaulis	爬兰	Orchidaceae	N	二	II
Hetaeria biloba	四腺翻唇兰	Orchidaceae	N	二	II
Hetaeria cristata	白肋翻唇兰	Orchidaceae	N	二	II
Hetaeria elongata	长序翻唇兰	Orchidaceae	N	二	II
Hetaeria obliqua	斜瓣翻唇兰	Orchidaceae	N	二	II
Hetaeria rubens	滇南翻唇兰	Orchidaceae	N	二	II
Hippeophyllum pumilum	宝岛套叶兰	Orchidaceae	Y	二	II
Hippeophyllum sinicum	套叶兰	Orchidaceae	Y	二	II
Holcoglossum amesianum	大根槽舌兰	Orchidaceae	N	二	II
Holcoglossum flavescens	短距槽舌兰	Orchidaceae	Y	二	II
Holcoglossum kimballianum	管叶槽舌兰	Orchidaceae	N	二	II
Holcoglossum lingulatum	舌唇槽舌兰	Orchidaceae	N	二	II
Holcoglossum quasipinifolium	槽舌兰	Orchidaceae	Y	二	II
Holcoglossum rupestre	滇西槽舌兰	Orchidaceae	Y	二	II
Holcoglossum sinicum	中华槽舌兰	Orchidaceae	Y	二	II
Holcoglossum subulifolium	白唇槽舌兰	Orchidaceae	N	二	II
Holopogon gaudissartii	无喙兰	Orchidaceae	Y	二	II
Holopogon smithianus	叉唇无喙兰	Orchidaceae	Y	二	II
Hopea chinensis	狭叶坡垒	Dipterocarpaceae	Y	一	I
Hopea exalata	铁凌	Dipterocarpaceae	Y	一	II

续表

拉丁名	中文名	科名	是否特有	批次	等级
Hopea hainanensis	坡垒	Dipterocarpaceae	N	一	I
Hopea mollissima	多毛坡垒	Dipterocarpaceae	Y	一	I
Hordeum innermongolicum	内蒙古大麦	Gramineae	Y	一	II
Horsfieldia hainanensis	海南风吹楠	Myristicaceae	Y	一	II
Horsfieldia tetratepala	滇南风吹楠	Myristicaceae	Y	一	II
Huperzia serrata	蛇足石杉	Huperziaceae	N	二	II
Hydnocarpus hainanensis	海南大风子	Flacourtiaceae	N	二	II
Hygrochilus parishii	湿唇兰	Orchidaceae	N	二	II
Hylophila nipponica	袋唇兰	Orchidaceae	Y	二	II
Ilex kaushue	扣树	Aquifoliaceae	Y	二	II
Illicium difenpi	地枫皮	Magnoliaceae	Y	二	II
Iris lactea	白花马蔺	Iridaceae	N	二	II
Ischogyne mandarinorum	瘦房兰	Orchidaceae	Y	二	II
Isoetes japonica	宽叶水韭	Isoetaceae	Y	一	I
Isoetes sinensis	中华水韭	Isoetaceae	Y	一	I
Isoetes taiwanensis	台湾水韭	Isoetaceae	Y	一	I
Juglans regia	胡桃	Juglandaceae	N	二	II
Juniperus pingii	垂枝香柏	Cupressaceae	Y	二	II
Keteleeria davidiana var. formosana	台湾油杉	Pinaceae	Y	一	II
Keteleeria hainanensis	海南油杉	Pinaceae	Y	一	II
Keteleeria pubescens	柔毛油杉	Pinaceae	Y	一	II
Kingdonia uniflora	独叶草	Ranunculaceae	Y	一	I
Kingidium braceanum	尖囊兰	Orchidaceae	N	二	II
Kingidium deliciosum	大尖囊兰	Orchidaceae	N	二	II
Kingidium taeniale	小尖囊兰	Orchidaceae	N	二	II
Kirengeshoma palmata	黄山梅	Saxifragaceae	Y	二	II
Kmeria septentrionalis	单性木兰	Magnoliaceae	Y	一	I
Larix mastersiana	四川红杉	Pinaceae	Y	一	II
Larix potaninii var. chinensis	秦岭红杉	Pinaceae	Y	一	II
Lecanorchis cerina	宝岛盂兰	Orchidaceae	Y	二	II
Lecanorchis japonica	盂兰	Orchidaceae	N	二	II
Lecanorchis multiflora	多花盂兰	Orchidaceae	N	二	II
Lecanorchis nigricans	全唇盂兰	Orchidaceae	N	二	II

续表

拉丁名	中文名	科名	是否特有	批次	等级
Lecanorchis taiwaniana	台湾盂兰	Orchidaceae	Y	二	Ⅱ
Lecanorchis thalassica	灰绿盂兰	Orchidaceae	Y	二	Ⅱ
Leptodermis ordosica	内蒙野丁香	Rubiaceae	Y	二	Ⅱ
Lilium amoenum	玫红百合	Liliaceae	Y	二	Ⅱ
Nomocharis aperta	开瓣豹子花（开瓣百合）	Liliaceae	N	二	Ⅱ
Lilium bakerianum	金黄花滇百合	Liliaceae	Y	二	Ⅱ
Lilium cernuum	垂花百合	Liliaceae	N	二	Ⅱ
Lilium fargesii	绿花百合	Liliaceae	Y	二	Ⅱ
Lilium henricii	墨江百合	Liliaceae	Y	二	Ⅱ
Lilium henricii var. maculatum	斑块百合	Liliaceae	Y	二	Ⅱ
Lilium paradoxum	藏百合	Liliaceae	Y	二	Ⅱ
Lilium sempervivoideum	蒜头百合	Liliaceae	Y	二	Ⅱ
Lilium souliei	紫花百合	Liliaceae	Y	二	Ⅱ
Lilium stewartianum	单花百合	Liliaceae	Y	二	Ⅱ
Lilium sulphureum	淡黄花百合	Liliaceae	N	二	Ⅱ
Lilium taliense	大理百合	Liliaceae	Y	二	Ⅱ
Lilium tsingtauense	青岛百合	Liliaceae	N	二	Ⅱ
Lilium wardii	卓巴百合	Liliaceae	Y	二	Ⅱ
Liparis amabilis	白花羊耳蒜	Orchidaceae	Y	二	Ⅱ
Liparis assamica	扁茎羊耳蒜	Orchidaceae	N	二	Ⅱ
Liparis auriculata	玉簪羊耳蒜	Orchidaceae	N	二	Ⅱ
Liparis balansae	圆唇羊耳蒜	Orchidaceae	N	二	Ⅱ
Liparis barbata	须唇羊耳蒜	Orchidaceae	N	二	Ⅱ
Liparis bautingensis	保亭羊耳蒜	Orchidaceae	Y	二	Ⅱ
Liparis bistriata	折唇羊耳蒜	Orchidaceae	N	二	Ⅱ
Liparis bootanensis	镰翅羊耳蒜	Orchidaceae	N	二	Ⅱ
Liparis campylostalix	齿唇羊耳蒜	Orchidaceae	N	二	Ⅱ
Liparis cathcartii	二褶羊耳蒜	Orchidaceae	N	二	Ⅱ
Liparis cespitosa	丛生羊耳蒜	Orchidaceae	N	二	Ⅱ
Liparis chapaensis	平卧羊耳蒜	Orchidaceae	N	二	Ⅱ
Liparis condylobulbon	细茎羊耳蒜	Orchidaceae	N	二	Ⅱ
Liparis cordifolia	心叶羊耳蒜	Orchidaceae	N	二	Ⅱ
Liparis delicatula	小巧羊耳蒜	Orchidaceae	N	二	Ⅱ

续表

拉丁名	中文名	科名	是否特有	批次	等级
Liparis distans	大花羊耳蒜	Orchidaceae	N	二	II
Liparis dunnii	福建羊耳蒜	Orchidaceae	Y	二	II
Liparis elliptica	扁球羊耳蒜	Orchidaceae	N	二	II
Liparis esquirolii	贵州羊耳蒜	Orchidaceae	Y	二	II
Liparis fargesii	小羊耳蒜	Orchidaceae	Y	二	II
Liparis ferruginea	锈色羊耳蒜	Orchidaceae	N	二	II
Liparis fissilabris	裂唇羊耳蒜	Orchidaceae	Y	二	II
Liparis fissipetala	裂瓣羊耳蒜	Orchidaceae	Y	二	II
Liparis glossula	方唇羊耳蒜	Orchidaceae	N	二	II
Liparis grossa	恒春羊耳蒜	Orchidaceae	N	二	II
Liparis hensoaensis	日月潭羊耳蒜	Orchidaceae	Y	二	II
Liparis inaperta	长苞羊耳蒜	Orchidaceae	Y	二	II
Liparis japonica	羊耳蒜	Orchidaceae	N	二	II
Liparis kawakamii	凹唇羊耳蒜	Orchidaceae	Y	二	II
Liparis krameri	尾唇羊耳蒜	Orchidaceae	N	二	II
Liparis kwangtungensis	广东羊耳蒜	Orchidaceae	Y	二	II
Liparis latifolia	宽叶羊耳蒜	Orchidaceae	Y	二	II
Liparis latilabris	阔唇羊耳蒜	Orchidaceae	N	二	II
Liparis luteola	黄花羊耳蒜	Orchidaceae	N	二	II
Liparis mannii	三裂羊耳蒜	Orchidaceae	N	二	II
Liparis nervosa	见血青	Orchidaceae	N	二	II
Liparis nigra	紫花羊耳蒜	Orchidaceae	N	二	II
Liparis odorata	香花羊耳蒜	Orchidaceae	N	二	II
Liparis pauliana	长唇羊耳蒜	Orchidaceae	Y	二	II
Liparis petiolata	柄叶羊耳蒜	Orchidaceae	N	二	II
Liparis platyrachis	小花羊耳蒜	Orchidaceae	N	二	II
Liparis regnieri	翼蕊羊耳蒜	Orchidaceae	N	二	II
Liparis resupinata	蕊丝羊耳蒜	Orchidaceae	N	二	II
Liparis rostrata	齿突羊耳蒜	Orchidaceae	N	二	II
Liparis sasakii	阿里山羊耳蒜	Orchidaceae	Y	二	II
Liparis seidenfadeniana	管花羊耳蒜	Orchidaceae	Y	二	II
Liparis siamensis	滇南羊耳蒜	Orchidaceae	N	二	II
Liparis somai	台湾羊耳蒜	Orchidaceae	Y	二	II
Liparis sootenzanensis	插天山羊耳蒜	Orchidaceae	Y	二	II
Liparis stricklandiana	扇唇羊耳蒜	Orchidaceae	N	二	II

续表

拉丁名	中文名	科名	是否特有	批次	等级
Liparis tschngii	折苞羊耳蒜	Orchidaceae	N	二	II
Liparis viridiflora	长茎羊耳蒜	Orchidaceae	N	二	II
Liriodendron chinense	鹅掌楸	Magnoliaceae	N	一	II
Listera bambusetorum	高山对叶兰	Orchidaceae	Y	二	II
Listera biflora	二花对叶兰	Orchidaceae	Y	二	II
Listera deltoidea	三角对叶兰	Orchidaceae	Y	二	II
Listera divaricata	叉唇对叶兰	Orchidaceae	N	二	II
Listera grandiflora	大花对叶兰	Orchidaceae	Y	二	II
Listera grandiflora var. megalochila	巨唇对叶兰	Orchidaceae	Y	二	II
Listera japonica	日本对叶兰	Orchidaceae	N	二	II
Listera longicaulis	毛脉对叶兰	Orchidaceae	N	二	II
Listera macrantha	长唇对叶兰	Orchidaceae	Y	二	II
Listera morrisonicola	浅裂对叶兰	Orchidaceae	Y	二	II
Listera mucronata	短柱对叶兰	Orchidaceae	N	二	II
Listera nanchuanica	南川对叶兰	Orchidaceae	Y	二	II
Listera nankomontana	台湾对叶兰	Orchidaceae	Y	二	II
Listera oblata	圆唇对叶兰	Orchidaceae	Y	二	II
Listera pinetorum	西藏对叶兰	Orchidaceae	N	二	II
Listera pseudonipponica	耳唇对叶兰	Orchidaceae	Y	二	II
Listera puberula	对叶兰	Orchidaceae	N	二	II
Listera puberula var. maculata	花叶对叶兰	Orchidaceae	Y	二	II
Listera smithii	小叶对叶兰	Orchidaceae	Y	二	II
Listera suzudii	无毛对叶兰	Orchidaceae	Y	二	II
Listera taizanensis	小花对叶兰	Orchidaceae	Y	二	II
Listera tianshanica	天山对叶兰	Orchidaceae	Y	二	II
Listera yunnanensis	云南对叶兰	Orchidaceae	Y	二	II
Litchi chinensis var. euspontanea	野生荔枝	Sapindaceae	Y	二	II
Lomatogoniopsis alpina	辐花	Gentianaceae	Y	一	II
Ludisia discolor	血叶兰	Orchidaceae	N	二	II
Luisia brachystachys	小花钗子股	Orchidaceae	N	二	II
Luisia cordata	圆叶钗子股	Orchidaceae	Y	二	II
Luisia filiformis	长瓣钗子股	Orchidaceae	Y	二	II
Luisia hancockii	纤叶钗子股	Orchidaceae	Y	二	II
Luisia longispica	长穗钗子股	Orchidaceae	Y	二	II
Luisia magniflora	大花钗子股	Orchidaceae	Y	二	II

续表

拉丁名	中文名	科名	是否特有	批次	等级
Luisia morsei	钗子股	Orchidaceae	N	二	II
Luisia ramosii	宽瓣钗子股	Orchidaceae	N	二	II
Luisia teres	叉唇钗子股	Orchidaceae	Y	二	II
Luisia zollingeri	长叶钗子股	Orchidaceae	N	二	II
Lumnitzera littorea	红榄李	Combretaceae	N	二	II
Lycium yunnanense	云南枸杞	Solanaceae	Y	二	II
Lycium cylindricum	柱筒枸杞	Solanaceae	Y	二	II
Machilus pingii	润楠	Lauraceae	Y	一	II
Madhuca hainanensis	海南紫荆木	Sapotaceae	Y	一	II
Madhuca pasquieri	紫荆木	Sapotaceae	N	一	II
Magnolia henryi	大叶玉兰	Magnoliaceae	N	二	II
Magnolia odoratissima	馨香玉兰	Magnoliaceae	Y	二	II
Magnolia officinalis	厚朴	Magnoliaceae	Y	二	II
Magnolia officinalis subsp. Biloba	凹叶厚朴	Magnoliaceae	Y	一	II
Magnolia rostrata	长喙厚朴	Magnoliaceae	N	二	II
Magnolia sinensis	圆叶玉兰	Magnoliaceae	Y	二	II
Magnolia wilsonii	西康玉兰	Magnoliaceae	Y	二	II
Magnolia zenii	宝华玉兰	Magnoliaceae	Y	二	II
Malania oleifera	蒜头果	Olacaceae	Y	一	II
Malaxis acuminata	浅裂沼兰	Orchidaceae	N	二	II
Malaxis babanensis	云南沼兰	Orchidaceae	Y	二	II
Malaxis bancanoides	兰屿沼兰	Orchidaceae	Y	二	II
Malaxis biaurita	二耳沼兰	Orchidaceae	N	二	II
Malaxis calophylla	美叶沼兰	Orchidaceae	N	二	II
Malaxis concava	凹唇沼兰	Orchidaceae	N	二	II
Malaxis copelandii	圆钝沼兰	Orchidaceae	N	二	II
Malaxis finetii	二脊沼兰	Orchidaceae	N	二	II
Malaxis hainanensis	海南沼兰	Orchidaceae	Y	二	II
Malaxis insularis	琼岛沼兰	Orchidaceae	Y	二	II
Malaxis khasiana	细茎沼兰	Orchidaceae	N	二	II
Malaxis latifolia	阔叶沼兰	Orchidaceae	Y	二	II
Malaxis mackinnonii	铺叶沼兰	Orchidaceae	N	二	II
Malaxis matsudai	鞍唇沼兰	Orchidaceae	N	二	II
Malaxis microtantha	小沼兰	Orchidaceae	Y	二	II
Malaxis monophyllos	沼兰	Orchidaceae	N	二	II

续表

拉丁名	中文名	科名	是否特有	批次	等级
Malaxis orbicularis	齿唇沼兰	Orchidaceae	Y	二	II
Malaxis ovalisepala	卵萼沼兰	Orchidaceae	Y	二	II
Malaxis purpurea	深裂沼兰	Orchidaceae	N	二	II
Malaxis ramosii	心唇沼兰	Orchidaceae	N	二	II
Malaxis roohutuensis	紫背沼兰	Orchidaceae	Y	二	II
Malleola dentifera	槌柱兰	Orchidaceae	N	二	II
Malus komarovii	山楂海棠	Rosaceae	N	二	II
Malus sikkimensis	锡金海棠	Rosaceae	N	二	II
Malus rockii	丽江山荆子	Rosaceae	N	二	II
Malus sieversii	新疆野苹果	Rosaceae	N	二	II
Mangifera sylvatica	林生杧果	Anacardiaceae	N	二	II
Manglietia aromatica	香木莲	Magnoliaceae	N	一	II
Manglietia decidua	落叶木莲	Magnoliaceae	Y	一	I
Manglietia grandis	大果木莲	Magnoliaceae	Y	一	II
Manglietia hebecarpa	毛果木莲	Magnoliaceae	Y	一	II
Manglietia megaphylla	大叶木莲	Magnoliaceae	Y	一	II
Manglietia pachyphylla	厚叶木莲	Magnoliaceae	Y	一	II
Manglietia pachyphylla	厚叶木莲	Magnoliaceae	Y	一	II
Manglietiastrum sinicum	华盖木	Magnoliaceae	Y	一	I
Meconopsis punicea	红花绿绒蒿	Papaveraceae	Y	一	II
Medicago alaschanica	阿拉善苜蓿	Leguminosae	Y	二	II
Merrillanthus hainanensis	驼峰藤	Asclepiadaceae	N	二	II
Metabriggsia ovalifolia	单座苣苔	Gesneriaceae	Y	一	I
Metasequoia glyptostroboides	水杉	Taxodiaceae	Y	一	I
Michelia chapensis	乐昌含笑	Magnoliaceae	N	二	II
Michelia hedyosperma	香子含笑	Magnoliaceae	Y	二	II
Michelia longistamina	长蕊含笑	Magnoliaceae	Y	二	II
Michelia martini	黄心夜合	Magnoliaceae	Y	二	II
Michelia shiluensis	石碌含笑	Magnoliaceae	Y	一	II
Michelia wilsonii	峨眉含笑	Magnoliaceae	Y	一	II
Microtatorchis compacta	拟蜘蛛兰	Orchidaceae	N	二	II
Microtis unifolia	葱叶兰	Orchidaceae	N	二	II
Mischobulbum cordifolium	心叶球柄兰	Orchidaceae	N	二	II
Monimopetalum chinense	永瓣藤	Celastraceae	Y	一	II
Monomeria barbata	短瓣兰	Orchidaceae	N	二	II

续表

拉丁名	中文名	科名	是否特有	批次	等级
Morinda officinalis	巴戟天	Rubiaceae	Y	二	II
Morus macroura	奶桑	Moraceae	N	二	II
Morus notabilis	川桑	Moraceae	Y	二	II
Morus wittiorum	长穗桑	Moraceae	Y	二	II
Morus mongolica var. yunnanensis	云南桑	Moraceae	Y	二	II
Mussaenda anomala	异形玉叶金花	Rubiaceae	Y	一	I
Myriophyllum propinquum	乌苏里狐尾藻	Haloragidaceae	Y	一	II
Myristica yunnanensis	云南肉豆蔻	Myristicaceae	Y	一	II
Myrmechis chinensis	全唇兰	Orchidaceae	Y	二	II
Myrmechis drymohlossifolia	阿里山全唇兰	Orchidaceae	Y	二	II
Myrmechis japonica	日本全唇兰	Orchidaceae	N	二	II
Myrmechis pumila	矮全唇兰	Orchidaceae	N	二	II
Myrmechis urceolata	宽瓣全唇兰	Orchidaceae	Y	二	II
Najas browniana	高雄茨藻	Najadaceae	N	二	II
Najas gracillima	拟纤维茨藻	Najadaceae	Y	二	II
Nelumbo nucifera	莲	Nymphaeaceae	N	一	II
Neocheiropteris palmatopedata	扇蕨	Polypodiaceae	Y	一	II
Neofinetia falcata	风兰	Orchidaceae	N	二	II
Neofinetia richardsiana	短距风兰	Orchidaceae	Y	二	II
Neogyna gardneriana	新型兰	Orchidaceae	N	二	II
Neolitsea sericea	舟山新木姜子	Lauraceae	N	一	II
Neopicrorhiza scrophulariiflora	胡黄莲	Scrophulariaceae	N	一	II
Neottia acuminata	尖唇鸟巢兰	Orchidaceae	N	二	II
Neottia brevilabris	短唇鸟巢兰	Orchidaceae	Y	二	II
Neottia camtschatea	北方鸟巢兰	Orchidaceae	N	二	II
Neottia listeroides	高山鸟巢兰	Orchidaceae	N	二	II
Neottia megalochila	大花鸟巢兰	Orchidaceae	Y	二	II
Neottia papilligera	凹唇鸟巢兰	Orchidaceae	Y	二	II
Neottia tenii	耳唇鸟巢兰	Orchidaceae	Y	二	II
Neottianthe angustifolia	二狭叶兜被兰	Orchidaceae	Y	二	II
Neottianthe calcicola	密花兜被兰	Orchidaceae	N	二	II
Neottianthe camptoceras	大花兜被兰	Orchidaceae	Y	二	II
Neottianthe compacta	川西兜被兰	Orchidaceae	Y	二	II
Neottianthe cucullata	二叶兜被兰	Orchidaceae	N	二	II
Neottianthe gymnadenioides	细距兜被兰	Orchidaceae	Y	二	II

续表

拉丁名	中文名	科名	是否特有	批次	等级
Neottianthe luteola	淡黄花兜被兰	Orchidaceae	Y	二	II
Neottianthe monophylla	一叶兜被兰	Orchidaceae	Y	二	II
Neottianthe oblonga	长圆叶兜被兰	Orchidaceae	Y	二	II
Neottianthe ovata	卵叶兜被兰	Orchidaceae	Y	二	II
Neottianthe pseudo-diphylax	兜被兰	Orchidaceae	Y	二	II
Neottianthe secundiflora	侧花兜被兰	Orchidaceae	N	二	II
Nephelaphyllum tenuiflorum	云叶兰	Orchidaceae	N	二	II
Nephelium topengii	海南韶子	Sapindaceae	Y	二	II
Nervilia aragoana	广布芋兰	Orchidaceae	N	二	II
Nervilia cumberlegii	流苏芋兰	Orchidaceae	N	二	II
Nervilia fordii	毛唇芋兰	Orchidaceae	N	二	II
Nervilia lanyuensis	兰屿芋兰	Orchidaceae	Y	二	II
Nervilia mackinnonii	七角叶芋兰	Orchidaceae	N	二	II
Nervilia plicata	毛叶芋兰	Orchidaceae	N	二	II
Nervilia taiwaniana	台湾芋兰	Orchidaceae	Y	二	II
Neuwiedia singapureana	三蕊兰	Orchidaceae	Y	二	II
Nothodoritis zhejiangensis	象鼻兰	Orchidaceae	Y	二	II
Nouelia insignis	栌菊木	Compositae	Y	二	II
Nuphar pumila	萍蓬草	Nymphaeaceae	N	二	II
Nymphaea candida	雪白睡莲	Nymphaeaceae	N	一	II
Nyssa yunnanensis	云南蓝果树	Nyssaceae	Y	一	I
Oberonia acaulis	显脉鸢尾兰	Orchidaceae	N	二	II
Oberonia acaulis var. luchunensis	绿春鸢尾兰	Orchidaceae	Y	二	II
Oberonia anthropophora	长裂鸢尾兰	Orchidaceae	N	二	II
Oberonia arisanensis	阿里山鸢尾兰	Orchidaceae	Y	二	II
Oberonia austro-yunnanensis	滇南鸢尾兰	Orchidaceae	Y	二	II
Oberonia cathayana	中华鸢尾兰	Orchidaceae	Y	二	II
Oberonia caulescens	狭叶鸢尾兰	Orchidaceae	N	二	II
Oberonia delicata	无齿鸢尾兰	Orchidaceae	Y	二	II
Oberonia ensiformis	剑叶鸢尾兰	Orchidaceae	N	二	II
Oberonia falconeri	短耳鸢尾兰	Orchidaceae	N	二	II
Oberonia gammiei	齿瓣鸢尾兰	Orchidaceae	N	二	II
Oberonia gigantea	橙黄鸢尾兰	Orchidaceae	Y	二	II
Oberonia integerrima	全唇鸢尾兰	Orchidaceae	Y	二	II
Oberonia iridifolia	鸢尾兰	Orchidaceae	N	二	II

续表

拉丁名	中文名	科名	是否特有	批次	等级
Oberonia japonica	小叶鸢尾兰	Orchidaceae	N	二	II
Oberonia jenkinsiana	条裂鸢尾兰	Orchidaceae	N	二	II
Oberonia kwangsiensis	广西鸢尾兰	Orchidaceae	N	二	II
Oberonia latipetala	阔瓣鸢尾兰	Orchidaceae	Y	二	II
Oberonia longibracteata	长苞鸢尾兰	Orchidaceae	N	二	II
Oberonia mannii	小花鸢尾兰	Orchidaceae	N	二	II
Oberonia menghaiensis	勐海鸢尾兰	Orchidaceae	Y	二	II
Oberonia menglaensis	勐腊鸢尾兰	Orchidaceae	Y	二	II
Oberonia myosurus	棒叶鸢尾兰	Orchidaceae	N	二	II
Oberonia obcordata	橘红鸢尾兰	Orchidaceae	N	二	II
Oberonia pachyrachis	扁葶鸢尾兰	Orchidaceae	N	二	II
Oberonia pyrulifera	裂唇鸢尾兰	Orchidaceae	N	二	II
Oberonia rosea	玫瑰鸢尾兰	Orchidaceae	N	二	II
Oberonia rufilabris	红唇鸢尾兰	Orchidaceae	N	二	II
Oberonia variabilis	密苞鸢尾兰	Orchidaceae	N	二	II
Oncodostigma hainanense	蕉木	Annonaceae	Y	二	II
Opisthopappus taihangensis	太行菊	Compositae	Y	二	II
Oplopanax elatus	刺参	Araliaceae	N	二	II
Orchis brevicalcarata	短距红门兰	Orchidaceae	Y	二	II
Orchis chingshuishania	清水红门兰	Orchidaceae	Y	二	II
Orchis chrysea	黄花红门兰	Orchidaceae	Y	二	II
Orchis chusua	广布红门兰	Orchidaceae	N	二	II
Orchis crenulata	齿缘红门兰	Orchidaceae	Y	二	II
Orchis cruenta	紫点红门兰	Orchidaceae	N	二	II
Orchis cyclochila	卵唇红门兰	Orchidaceae	N	二	II
Orchis diantha	二叶红门兰	Orchidaceae	N	二	II
Orchis exilis	细茎红门兰	Orchidaceae	Y	二	II
Orchis fuchsii	紫斑红门兰	Orchidaceae	Y	二	II
Orchis kuanshanensis	关山红门兰	Orchidaceae	Y	二	II
Orchis kunihikoana	白花红门兰	Orchidaceae	Y	二	II
Orchis latifolia	宽叶红门兰	Orchidaceae	N	二	II
Orchis limprichtii	华西红门兰	Orchidaceae	Y	二	II
Orchis militaris	四裂红门兰	Orchidaceae	N	二	II
Orchis monophylla	毛轴红门兰	Orchidaceae	Y	二	II
Orchis omeishanica	峨眉红门兰	Orchidaceae	Y	二	II

续表

拉丁名	中文名	科名	是否特有	批次	等级
Orchis pugeensis	普格红门兰	Orchidaceae	Y	二	II
Orchis roborovskii	北方红门兰	Orchidaceae	Y	二	II
Orchis sichuanica	四川红门兰	Orchidaceae	Y	二	II
Orchis taitungensis	台东红门兰	Orchidaceae	Y	二	II
Orchis taiwanensis	台湾红门兰	Orchidaceae	Y	二	II
Orchis takasago-montana	高山红门兰	Orchidaceae	Y	二	II
Orchis tschiliensis	河北红门兰	Orchidaceae	Y	二	II
Orchis umbrosa	阴生红门兰	Orchidaceae	N	二	II
Orchis wardii	斑唇红门兰	Orchidaceae	Y	二	II
Oreorchis angustata	西南山兰	Orchidaceae	Y	二	II
Oreorchis bilamellata	大霸山兰	Orchidaceae	Y	二	II
Oreorchis erythrochrysea	短梗山兰	Orchidaceae	Y	二	II
Oreorchis fargesii	长叶山兰	Orchidaceae	Y	二	II
Oreorchis indica	囊唇山兰	Orchidaceae	Y	二	II
Oreorchis micrantha	狭叶山兰	Orchidaceae	N	二	II
Oreorchis nepalensis	大花山兰	Orchidaceae	N	二	II
Oreorchis parvula	矮山兰	Orchidaceae	Y	二	II
Orinus kokonorica	青海固沙草	Gramineae	Y	二	II
Ormosia henryi	花榈木	Leguminosae	Y	一	II
Ormosia hosiei	红豆树	Leguminosae	Y	一	II
Ormosia howii	缘毛红豆	Leguminosea	Y	一	II
Ornithochilus difformis	羽唇兰	Orchidaceae	N	二	II
Ornithochilus yingjiangensis	盈江羽唇兰	Orchidaceae	Y	二	II
Oryza granulata	疣粒稻（疣粒野生稻）	Gramineae	Y	二	II
Oryza officinalis	药用稻	Gramineae	Y	一	II
Oryza rufipogon	普通野生稻	Gramineae	Y	一	II
Ostrya rehderiana	天目铁木	Betulaceae	Y	一	I
Otochilus albus	白花耳唇兰	Orchidaceae	N	二	II
Otochilus fuscus	狭叶耳唇兰	Orchidaceae	N	二	II
Otochilus lancilabius	宽叶耳唇兰	Orchidaceae	N	二	II
Otochilus porrectus	耳唇兰	Orchidaceae	N	二	II
Ottelia cordata	水菜花	Hydrocharitaceae	N	一	II
Pachystoma pubescens	粉口兰	Orchidaceae	N	二	II

续表

拉丁名	中文名	科名	是否特有	批次	等级
Paeonia decomposita	四川牡丹	Ranunculaceae	Y	二	II
Paeonia delavayi	滇牡丹	Ranunculaceae	Y	二	II
Paeonia jishanensis	矮牡丹	Ranunculaceae	Y	二	II
Paeonia ludlowii	大化黄牡丹	Ranunculaceae	Y	二	II
Paeonia mairei	美丽芍药	Ranunculaceae	Y	二	II
Paeonia ostii	凤丹	Ranunculaceae	Y	二	II
Paeonia qiui	卵叶牡丹	Ranunculaceae	Y	二	II
Paeonia rockii	紫斑牡丹	Ranunculaceae	Y	二	II
Paeonia suffruticosa	牡丹	Ranunculaceae	Y	二	II
Panax ginseng	人参	Araliaceae	N	二	I
Panax stipuleanatus	屏边三七	Araliaceae	Y	二	II
Panax zingiberensis	姜状三七	Araliaceae	Y	二	I
Panisea cavalerei	平卧曲唇兰	Orchidaceae	Y	二	II
Panisea tricallosa	曲唇兰	Orchidaceae	N	二	II
Panisea uniflora	单花曲唇兰	Orchidaceae	N	二	II
Panisea yunnanensis	云南曲唇兰	Orchidaceae	Y	二	II
Paphiopedilum appletonianum	卷萼兜兰	Orchidaceae	N	二	I
Paphiopedilum armeniacum	杏黄兜兰	Orchidaceae	Y	二	I
Paphiopedilum barbigerum	小叶兜兰	Orchidaceae	Y	二	I
Paphiopedilum bellatulum	巨瓣兜兰	Orchidaceae	N	二	I
Paphiopedilum concolor	同色兜兰	Orchidaceae	N	二	I
Paphiopedilum dianthum	长瓣兜兰	Orchidaceae	Y	二	I
Paphiopedilum emersonii	白花兜兰	Orchidaceae	Y	二	I
Paphiopedilum henryanum	亨利兜兰	Orchidaceae	N	二	I
Paphiopedilum hirsutissimum	带叶兜兰	Orchidaceae	N	二	I
Paphiopedilum insigne	波瓣兜兰	Orchidaceae	N	二	I
Paphiopedilum malipoense	麻栗坡兜兰	Orchidaceae	Y	二	I
Paphiopedilum markianum	虎斑兜兰	Orchidaceae	Y	二	I
Paphiopedilum micranthum	硬叶兜兰	Orchidaceae	N	二	I
Paphiopedilum parishii	飘带兜兰	Orchidaceae	N	二	I
Paphiopedilum purpuratum	紫斑兜兰	Orchidaceae	Y	二	I
Paphiopedilum venustum	秀丽兜兰	Orchidaceae	N	二	I
Paphiopedilum villosum	紫毛兜兰	Orchidaceae	N	二	I
Paphiopedilum wardii	彩云兜兰	Orchidaceae	N	二	I
Papilionanthe biswasiana	白花凤蝶兰	Orchidaceae	Y	二	II

续表

拉丁名	中文名	科名	是否特有	批次	等级
Papilionanthe teres	凤蝶兰	Orchidaceae	N	二	II
Paradombeya sinensis	平当树	Sterculiaceae	Y	一	II
Parakmeria lotungensis	乐东拟单性木兰	Magnoliaceae	Y	二	II
Parakmeria omeiensis	峨眉拟单性木兰	Magnoliaceae	Y	一	I
Parakmeria yunnanensis	云南拟单性木兰	Magnoliaceae	Y	二	II
Paramichelia baillonii	合果木	Magnoliaceae	N	一	II
Paranephelium hainanense	海南假韶子	Sapindaceae	Y	二	II
parapteroceras elobe	虾尾兰	Orchidaceae	N	二	II
Parashorea chinensis	望天树	Dipterocarpaceae	Y	一	I
Parepigynum funingense	富宁藤	Apocynaceae	Y	二	II
Paris axialis	五指莲重楼	Liliaceae	Y	二	II
Paris bashanensis	巴山重楼	Liliaceae	Y	二	II
Paris cronquistii	凌云重楼	Liliaceae	Y	二	II
Paris daliensis	大理重楼	Liliaceae	Y	二	II
Paris delavayi	金线重楼	Liliaceae	N	二	II
Paris dulongensis	独龙重楼	Liliaceae	Y	二	II
Paris dunniana	海南重楼	Liliaceae	Y	二	II
Paris fargesii	球药隔重楼	Liliaceae	N	二	II
Paris forrestii	长柱重楼	Liliaceae	N	二	II
Paris luquanensis	禄劝花叶重楼	Liliaceae	Y	二	II
Paris mairei	毛重楼	Liliaceae	Y	二	II
Paris marmorata	花叶重楼	Liliaceae	N	二	II
Paris polyandra	多蕊重楼	Liliaceae	Y	二	II
Paris polyphylla	七叶一枝花	Liliaceae	N	二	II
Paris quadrifolia	四叶重楼	Liliaceae	N	二	II
Paris rugosa	皱叶重楼	Liliaceae	Y	二	II
Paris thibetica	黑籽重楼	Liliaceae	N	二	II
Paris undulata	卷瓣重楼	Liliaceae	Y	二	II
Paris vaniotii	平伐重楼	Liliaceae	N	二	II
Paris verticillata	北重楼	Liliaceae	N	二	II
Paris vietnamensis	南重楼	Liliaceae	N	二	II
Paris wenxianensis	文县重楼	Liliaceae	Y	二	II
Pecteilis henryi	滇南白蝶兰	Orchidaceae	N	二	II
Pecteilis radiata	狭叶白蝶兰	Orchidaceae	N	二	II
Pecteilis susannae	龙头兰	Orchidaceae	N	二	II

续表

拉丁名	中文名	科名	是否特有	批次	等级
Pelatantheria bicuspidata	尾丝钻柱兰	Orchidaceae	Y	二	II
Pelatantheria ctenoglossum	锯尾钻柱兰	Orchidaceae	N	二	II
Pelatantheria rivesii	钻柱兰	Orchidaceae	N	二	II
Pelexia obliqua	肥根兰	Orchidaceae	N	二	II
Pennilabium proboscideum	巾唇兰	Orchidaceae	N	二	II
Penninsetum sichuanense	四川狼尾草	Gramineae	Y	一	II
Peristylus affinis	小花阔蕊兰	Orchidaceae	N	二	II
Peristylus bulleyi	条叶阔蕊兰	Orchidaceae	Y	二	II
Peristylus calcaratus	长须阔蕊兰	Orchidaceae	Y	二	II
Peristylus coeloceras	凸孔阔蕊兰	Orchidaceae	Y	二	II
Peristylus constrictus	大花阔蕊兰	Orchidaceae	N	二	II
Peristylus densus	狭穗阔蕊兰	Orchidaceae	N	二	II
Peristylus elisabethae	西藏阔蕊兰	Orchidaceae	N	二	II
Peristylus fallax	盘腺阔蕊兰	Orchidaceae	Y	二	II
Peristylus flagellifer	鞭须阔蕊兰	Orchidaceae	Y	二	II
Peristylus forceps	一掌参	Orchidaceae	Y	二	II
Peristylus formosanus	台湾阔蕊兰	Orchidaceae	N	二	II
Peristylus forrestii	条唇阔蕊兰	Orchidaceae	Y	二	II
Peristylus goodyeroides	阔蕊兰	Orchidaceae	N	二	II
Peristylus humidicolus	湿生阔蕊兰	Orchidaceae	Y	二	II
Peristylus jinchuanicus	金川阔蕊兰	Orchidaceae	Y	二	II
Peristylus lacertiferus	撕唇阔蕊兰	Orchidaceae	N	二	II
Peristylus longiracemus	长穗阔蕊兰	Orchidaceae	Y	二	II
Peristylus mannii	纤丝阔蕊兰	Orchidaceae	Y	二	II
Peristylus neotineoides	川西阔蕊兰	Orchidaceae	Y	二	II
Peristylus parishii	滇桂阔蕊兰	Orchidaceae	N	二	II
Peristylus tentaculatus	触须阔蕊兰	Orchidaceae	N	二	II
Petrocosmea qinlingensis	秦岭石蝴蝶	Gesneriaceae	Y	一	II
Phaius columnaris	仙笔鹤顶兰	Orchidaceae	Y	二	II
phaius flavus	黄花鹤顶兰	Orchidaceae	N	二	II
Phaius hainanensis	海南鹤顶兰	Orchidaceae	Y	二	II
Phaius longicruris	长茎鹤顶兰	Orchidaceae	Y	二	II
Phaius magniflorus	大花鹤顶兰	Orchidaceae	Y	二	II
Phaius mishmesis	紫花鹤顶兰	Orchidaceae	N	二	II
Phaius tankervilleae	鹤顶兰	Orchidaceae	N	二	II

续表

拉丁名	中文名	科名	是否特有	批次	等级
Phaius wenshanensis	文山鹤顶兰	Orchidaceae	Y	二	II
Phalaenopsis aphrodite	蝴蝶兰	Orchidaceae	N	二	I
Phalaenopsis equestris	小兰屿蝴蝶兰	Orchidaceae	N	二	I
Phalaenopsis hainanensis	海南蝴蝶兰	Orchidaceae	Y	二	I
Phalaenopsis mannii	版纳蝴蝶兰	Orchidaceae	N	二	I
Phalaenopsis stobariana	滇西蝴蝶兰	Orchidaceae	N	二	I
Phalaenopsis wilsonii	华西蝴蝶兰	Orchidaceae	Y	二	I
Phellodendron amurense	黄檗	Rutaceae	N	一	II
Phellodendron chinense	川黄檗	Rutaceae	Y	一	II
Phoebe bournei	闽楠	Lauraceae	Y	一	II
Phoebe chekiangensis	浙江楠	Lauraceae	Y	一	II
Phoebe zhennan	楠木	Lauraceae	Y	一	II
Pholidota articulata	节茎石仙桃	Orchidaceae	N	二	II
Pholidota bracteata	粗脉石仙桃	Orchidaceae	N	二	II
Pholidota cantonensis	细叶石仙桃	Orchidaceae	Y	二	II
Pholidota chinensis	石仙桃	Orchidaceae	N	二	II
Pholidota convallariae	凹唇石仙桃	Orchidaceae	N	二	II
Pholidota leveilleana	单叶石仙桃	Orchidaceae	Y	二	II
Pholidota longipes	长足石仙桃	Orchidaceae	Y	二	II
Pholidota mibricata	宿苞石仙桃	Orchidaceae	N	二	II
Pholidota missionariorum	尖叶石仙桃	Orchidaceae	N	二	II
Pholidota protracta	尾尖石仙桃	Orchidaceae	N	二	II
Pholidota roseans	贵州石仙桃	Orchidaceae	Y	二	II
Pholidota rupestris	岩生石仙桃	Orchidaceae	N	二	II
Pholidota wenshanica	文山石仙桃	Orchidaceae	Y	二	II
Pholidota yunnanensis	云南石仙桃	Orchidaceae	N	二	II
Phreatia Caulescens	垂茎馥兰	Orchidaceae	Y	二	II
Phreatia formosana	馥兰	Orchidaceae	N	二	II
Phreatia morii	大馥兰	Orchidaceae	Y	二	II
Phreatia taiwaniana	台湾馥兰	Orchidaceae	Y	二	II
Phyllitis scolopendrium	对开蕨	Aspleniaceae	Y	一	II
Picea brachytyla	麦吊云杉	Pinaceae	N	一	II
Picea neoveitchii	大果青扦	Pinaceae	Y	一	II
Pinus densiflora var. ussuriensis	赤松	Pinaceae	Y	一	II
Pinus fenzeliana var. dabeshanensis	大别山五针松	Pinaceae	Y	一	II

续表

拉丁名	中文名	科名	是否特有	批次	等级
Pinus koraiensis	红松	Pinaceae	Y	一	II
Pinus kwangtungensis	华南五针松	Pinaceae	Y	一	II
Pinus squamata	巧家五针松	Pinaceae	Y	一	I
Pinus sylvestris var. sylvestriformis	长白松	Pinaceae	Y	一	I
Pinus wangii	毛枝五针松	Pinaceae	Y	一	II
Plagiopteron suaveolens	斜翼	Plagiopteraceae (Tiliaceae)	N	一	II
Platanthera cornu-bovis	东北舌唇兰	Orchidaceae	N	二	II
Platanthera bakeriana	滇藏舌唇兰	Orchidaceae	N	二	II
Platanthera brevicalcarata	短距舌唇兰	Orchidaceae	N	二	II
Platanthera chingshuishania	清水山舌唇兰	Orchidaceae	Y	二	II
Platanthera chlorantha	二叶舌唇兰	Orchidaceae	N	二	II
Platanthera clavigera	藏南舌唇兰	Orchidaceae	N	二	II
Platanthera damingshanica	大明山舌唇兰	Orchidaceae	Y	二	II
Platanthera deflexilabella	反唇舌唇兰	Orchidaceae	Y	二	II
Platanthera exelliana	高原舌唇兰	Orchidaceae	N	二	II
Platanthera finetiana	对耳舌唇兰	Orchidaceae	Y	二	II
Platanthera handel-mazzettii	贡山舌唇兰	Orchidaceae	Y	二	II
Platanthera herminioides	高黎贡舌唇兰	Orchidaceae	Y	二	II
Platanthera hologlottis	密花舌唇兰	Orchidaceae	N	二	II
Platanthera japonica	舌唇兰	Orchidaceae	N	二	II
Platanthera juncea	小巧舌唇兰	Orchidaceae	N	二	II
Platanthera kwangsiensis	广西舌唇兰	Orchidaceae	Y	二	II
Platanthera lalashaniana	拉拉山舌唇兰	Orchidaceae	Y	二	II
Platanthera lancilabris	披针唇舌唇兰	Orchidaceae	Y	二	II
Platanthera latilabris	白鹤参	Orchidaceae	N	二	II
Platanthera leptocaulon	条叶舌唇兰	Orchidaceae	N	二	II
Platanthera likiangensis	丽江舌唇兰	Orchidaceae	Y	二	II
Platanthera longiglandula	长距舌唇兰	Orchidaceae	Y	二	II
Platanthera longiglandula	长粘盘舌唇兰	Orchidaceae	Y	二	II
Platanthera mandarinorum subsp. formosana	台湾尾瓣舌唇兰	Orchidaceae	Y	二	II

续表

拉丁名	中文名	科名	是否特有	批次	等级
Platanthera mandarinorum subsp. pachyglossa	厚唇舌唇兰	Orchidaceae	Y	二	II
Platanthera metabifolia	细距舌唇兰	Orchidaceae	N	二	II
Platanthera minor	小舌唇兰	Orchidaceae	N	二	II
Platanthera minutiflora	小花舌唇兰	Orchidaceae	N	二	II
Platanthera oreophila	齿瓣舌唇兰	Orchidaceae	Y	二	II
Platanthera peichiatieniana	北插天舌唇兰	Orchidaceae	Y	二	II
Platanthera platantheroides	弓背舌唇兰	Orchidaceae	Y	二	II
Platanthera roseotincta	棒距舌唇兰	Orchidaceae	N	二	II
Platanthera sachalinensis	高山舌唇兰	Orchidaceae	N	二	II
Platanthera sikkimensis	长瓣舌唇兰	Orchidaceae	N	二	II
Platanthera sinica	滇西舌唇兰	Orchidaceae	Y	二	II
Platanthera stenantha	条瓣舌唇兰	Orchidaceae	N	二	II
Platanthera stenoglossa	狭瓣舌唇兰	Orchidaceae	N	二	II
Platanthera stenophylla	独龙江舌唇兰	Orchidaceae	Y	二	II
Platanthera taiwaniana	台湾舌唇兰	Orchidaceae	Y	二	II
Platanthera tipuloides	筒距舌唇兰	Orchidaceae	N	二	II
Platanthera yangmeiensis	阴生舌唇兰	Orchidaceae	Y	二	II
Platycerium wallichii	鹿角蕨	Platyceriaceae	N	一	II
Platycrater arguta	蛛网萼	Saxifragaceae	N	二	II
Plectocomia microstachys	小钩叶藤	Palmae	Y	一	II
Pleione albiflora	白花独蒜兰	Orchidaceae	N	二	II
Pleione bulbocodioides	独蒜兰	Orchidaceae	Y	二	II
Pleione chunii	陈氏独蒜兰	Orchidaceae	Y	二	II
Pleione formosana	台湾独蒜兰	Orchidaceae	Y	二	II
Pleione forrestii	黄花独蒜兰	Orchidaceae	Y	二	II
Pleione grandiflora	大花独蒜兰	Orchidaceae	Y	二	II
Pleione hookeriana	毛唇独蒜兰	Orchidaceae	N	二	II
Pleione kohlsii	春花独蒜兰	Orchidaceae	Y	二	II
Pleione limprichtii	四川独蒜兰	Orchidaceae	N	二	II
Pleione maculata	秋花独蒜兰	Orchidaceae	N	二	II
Pleione pleionoides	美丽独蒜兰	Orchidaceae	Y	二	II
Pleione praecox	疣鞘独蒜兰	Orchidaceae	N	二	II
Pleione saxicola	岩生独蒜兰	Orchidaceae	Y	二	II

续表

拉丁名	中文名	科名	是否特有	批次	等级
Pleione scopulorum	二叶独蒜兰	Orchidaceae	N	二	II
Pleione yunnanensis	云南独蒜兰	Orchidaceae	N	二	II
Podochilus khasianus	柄唇兰	Orchidaceae	N	二	II
Pogonia japonica	朱兰	Orchidaceae	N	二	II
Pogonia minor	小朱兰	Orchidaceae	N	二	II
Pogonia yunnanensis	云南朱兰	Orchidaceae	Y	二	II
Polystachya concreta	多穗兰	Orchidaceae	N	二	II
Pomatacalpa spicatum	鹿角兰	Orchidaceae	Y	二	II
Pomatocalpa acuminatum	台湾鹿角兰	Orchidaceae	Y	二	II
Pomatosace filicula	羽叶点地梅	Primulaceae	Y	一	II
Poncirus polyandra	富民枳	Rutaceae	Y	二	II
Porolabium biporosum	孔唇兰	Orchidaceae	Y	二	II
Porpax ustulata	盾柄兰	Orchidaceae	N	二	II
Potaninia mongolica	绵刺	Rosaceae	N	二	I
Primulina tabacum	报春苣苔	Gesneriaceae	Y	一	I
Prunus cerasifera	樱桃李	Rosaceae	N	二	II
Psathyrostachys huashanica	华山新麦草	Gramineae	Y	一	I
Pseudolarix amabilis	金钱松	Pinaceae	Y	一	II
Pseudotaxus chienii	白豆杉	Taxaceae	Y	一	II
Pseudotsuga brevifolia	短叶黄杉	Pinaceae	Y	一	II
Pseudotsuga forrestii	澜沧黄杉	Pinaceae	Y	一	II
Pseudotsuga macrocarpa	大果黄杉	Pinaceae	N	一	II
Pseudotsuga menziesii	花旗松	Pinaceae	N	一	II
Pseudotsuga sinensis	黄杉	Pinaceae	Y	一	II
Pseudotsuga wilsoniana	台湾黄杉	Pinaceae	Y	一	II
Pterocarpus indicus	紫檀	Leguminosae	Y	二	II
Pteroceras asperatus	毛葶长足兰	Orchidaceae	Y	二	II
Pteroceras leopardinum	长足兰	Orchidaceae	N	二	II
Pterospermum kingtungense	景东翅子树	Sterculiaceae	Y	一	II
Pterospermum menglunense	勐仑翅子树	Sterculiaceae	Y	一	II
Pugionium dolabratum	斧翅沙芥	Brassicaceae	N	二	II
Pyrus hopeiensis	河北梨	Rosaceae	Y	二	II
Ranalisma rostratum	长喙毛茛泽泻	Alismataceae	N	一	I
Rauvolfia serpentina	蛇根木	Apocynaceae	N	一	II
Renanthera coccinea	火焰兰	Orchidaceae	N	二	II

续表

拉丁名	中文名	科名	是否特有	批次	等级
Renanthera imschootiana	云南火焰兰	Orchidaceae	N	二	I
Rhodiola alsia	西川红景天	Crassulaceae	Y	二	II
Rhodiola alterna	互生红景天	Crassulaceae	Y	二	II
Rhodiola angustra	长白红景天	Crassulaceae	N	二	II
Rhodiola atsaensis	柴胡红景天	Crassulaceae	N	二	II
Rhodiola atuntsuensis	德钦红景天	Crassulaceae	N	二	II
Rhodiola bupleuroides	紫胡红景天	Crassulaceae	N	二	II
Rhodiola calliantha	美花红景天	Crassulaceae	N	二	II
Rhodiola chrysanthemifolia	葡叶红景天	Crassulaceae	Y	二	II
Rhodiola coccinea	圆丛红景天	Crassulaceae	N	二	II
Rhodiola crenulata	大花红景天	Crassulaceae	N	二	II
Rhodiola cretinii	根出红景天	Crassulaceae	N	二	II
Rhodiola discolor	异色红景天	Crassulaceae	N	二	II
Rhodiola dumulosa	小丛红景天	Crassulaceae	N	二	II
Rhodiola fastigiata	长鞭红景天	Crassulaceae	N	二	II
Rhodiola forrestii	长圆红景天	Crassulaceae	Y	二	II
Rhodiola gannanica	甘南红景天	Crassulaceae	Y	二	II
Rhodiola gelida	长鳞红景天	Crassulaceae	N	二	II
Rhodiola handelii	小株红景天	Crassulaceae	Y	二	II
Rhodiola heterodonta	异齿红景天	Crassulaceae	N	二	II
Rhodiola himalensis	喜马红景天	Crassulaceae	N	二	II
Rhodiola hobsonii	背药红景天	Crassulaceae	N	二	II
Rhodiola humilis	矮生红景天	Crassulaceae	N	二	II
Rhodiola junggarica	准噶尔红景天	Crassulaceae	Y	二	II
Rhodiola kansuensis	甘肃红景天	Crassulaceae	Y	二	II
Rhodiola kashgarica	喀什红景天	Crassulaceae	N	二	II
Rhodiola kirilowii	狭叶红景天	Crassulaceae	N	二	II
Rhodiola liciae	昆明红景天	Crassulaceae	Y	二	II
Rhodiola litwinowii	黄萼红景天	Crassulaceae	N	二	II
Rhodiola macrocarpa	大果红景天	Crassulaceae	N	二	II
Rhodiola nobilis	优秀红景天	Crassulaceae	N	二	II
Rhodiola ovatisepala	卵萼红景天	Crassulaceae	N	二	II
Rhodiola pamiroalaica	帕米红景天	Crassulaceae	N	二	II
Rhodiola pinnatifida	羽裂红景天	Crassulaceae	N	二	II
Rhodiola prainii	四轮红景天	Crassulaceae	N	二	II

续表

拉丁名	中文名	科名	是否特有	批次	等级
Rhodiola primuloides	报春红景天	Crassulaceae	Y	二	II
Rhodiola purpureoviridis	紫绿红景天	Crassulaceae	Y	二	II
Rhodiola quadrifida	四裂红景天	Crassulaceae	N	二	II
Rhodiola recticaulis	直茎红景天	Crassulaceae	N	二	II
Rhodiola rosea	红景天	Crassulaceae	N	二	II
Rhodiola sachalinensis	库页红景天	Crassulaceae	N	二	II
Rhodiola sacra	圣地红景天	Crassulaceae	N	二	II
Rhodiola semenovii	柱花红景天	Crassulaceae	N	二	II
Rhodiola serrata	齿叶红景天	Crassulaceae	N	二	II
Rhodiola sexifolia	六叶红景天	Crassulaceae	Y	二	II
Rhodiola sherriffii	小杯红景天	Crassulaceae	N	二	II
Rhodiola sinuaata	裂叶红景天	Crassulaceae	N	二	II
Rhodiola smithii	异鳞红景天	Crassulaceae	N	二	II
Rhodiola stapfii	托叶红景天	Crassulaceae	N	二	II
Rhodiola stephanii	兴安红景天	Crassulaceae	N	二	II
Rhodiola subopposita	对叶红景天	Crassulaceae	Y	二	II
Rhodiola tangutica	唐古红景天	Crassulaceae	Y	二	II
Rhodiola tibetica	西藏红景天	Crassulaceae	N	二	II
Rhodiola tieghemii	巴塘红景天	Crassulaceae	Y	二	II
Rhodiola wallichiana	粗茎红景天	Crassulaceae	N	二	II
Rhodiola yunnanensis	云南红景天	Crassulaceae	Y	二	II
Rhododendron aureum	牛皮杜鹃	Ericaceae	Y	二	II
Rhododendron cyanocarpum	蓝果杜鹃	Ericaceae	Y	二	II
Rhododendron protistum var. giganteum	大树杜鹃	Ericaceae	Y	二	II
Rhododendron haematodes	似血杜鹃	Ericaceae	Y	二	II
Rhododendron kanehirai	台北杜鹃	Ericaceae	Y	二	II
Rhododendron lapponicum	高山杜鹃	Ericaceae	N	二	II
Rhododendron redowskianum	叶状苞杜鹃	Ericaceae	N	二	II
Rhododendron rex	大王杜鹃	Ericaceae	Y	二	II
Rhododendron rex subsp. fictolacteum	假乳黄叶杜鹃	Ericaceae	Y	二	II
Rhododendron selense subsp. jucundum	粉背多变杜鹃	Ericaceae	Y	二	II
Rhododendron sulphureum	硫磺杜鹃	Ericaceae	Y	二	II
Rhoiptelea chiliantha	马尾树	Rhoipteleaceae	N	一	II
Rhynchostylis gigantca	海南钻喙兰	Orchidaceae	N	二	II
Rhynchostylis retusa	钻喙兰	Orchidaceae	N	二	II

续表

拉丁名	中文名	科名	是否特有	批次	等级
Ribes mandshuricum	东北茶藨子	Saxifragaceae	Y	二	II
Risleya atropurpurea	紫茎兰	Orchidaceae	N	二	II
Robiquetia spatulata	大叶寄树兰	Orchidaceae	N	二	II
Robiquetia succisa	寄树兰	Orchidaceae	N	二	II
Roegneria breviglumis	短颖鹅观草	Gramineae	Y	二	II
Roegneria brevipes	短柄鹅观草	Gramineae	Y	二	II
Roegneria intramongolica	内蒙古鹅观草	Gramineae	Y	二	II
Roegneria kokonorica	青海鹅观草	Gramineae	Y	二	II
Roegneria sinkiangensis	新疆鹅观草	Gramineae	Y	二	II
Rosa rugosa	玫瑰	Rosaceae	N	二	II
Rosa odorata var. gigantean	大花香水月季	Rosaceae	Y	二	II
Sagittaria natans	浮叶慈姑	Alismataceae	N	一	II
Sarcoglyphis magnirostris	短帽大喙兰	Orchidaceae	Y	二	II
Sarcoglyphis smithimnus	大喙兰	Orchidaceae	N	二	II
Sarcophyton taiwanianum	肉兰	Orchidaceae	Y	二	II
Saruma henryi	马蹄香	Aristolochiaceae	Y	二	II
Satyrium ciliatum	缘毛鸟足兰	Orchidaceae	Y	二	II
Satyrium nepalense	鸟足兰	Orchidaceae	N	二	II
Satyrium yunnanense	云南鸟足兰	Orchidaceae	Y	二	II
Saussurea involucrata	雪莲花	Compositae	Y	二	II
Scheuchzeria palustris	冰沼草	Scheuchzeriaceae	Y	一	II
Schisandra chinensis	五味子	Magnoliaceae	N	二	II
Schoenorchis gemmata	匙唇兰	Orchidaceae	N	二	II
Schoenorchis tixieri	圆叶匙唇兰	Orchidaceae	N	二	II
Schoenorchis venoverbeghii	台湾匙唇兰	Orchidaceae	N	二	II
Sedirea japonica	萼脊兰	Orchidaceae	N	二	II
Sedirea subparishii	短茎萼脊兰	Orchidaceae	N	二	II
Semiliquidambar cathayensis	半枫荷	Hamamelidaceae	Y	一	II
Seriphidium borotalense	博洛塔绢蒿	Compositae	Y	二	II
Parrotia subaequalis	银缕梅	Hamamelidaceae	Y	二	I
Siliquamomum tonkinense	长果姜	Zingiberaceae	Y	一	II
Sinadoxa corydalifolia	华福花	Adoxaceae	Y	二	II
Sindora glabra	油楠	Leguminosae	Y	一	II
Sinia rhodoleuca	合柱金莲木	Ochnaceae	Y	一	I
Sinochasea trigyna	三蕊草	Gramineae	Y	一	II

续表

拉丁名	中文名	科名	是否特有	批次	等级
Sinojackia sarcocarpa	肉果秤锤树	Styracaceae	Y	二	II
Sinojackia xylocarpa	秤锤树	Styracaceae	Y	一	II
Sinopanax formosanus	华参	Araliaceae	Y	二	II
Sinopodophyllum hexandrum	桃儿七	Berberidaceae	Y	二	II
Sinopteris grevilleoides	中国蕨	Sinopteridaceae	y	二	II
Skapanthus oreophilus	子宫草	Labiatae	Y	二	II
Smithorchis calceoliformis	反唇兰	Orchidaceae	Y	二	II
Smitinandia micrantha	盖喉兰	Orchidaceae	N	二	II
Sorghum propinquum	拟高粱	Gramineae	N	一	II
Sorolepidium glaciale	玉龙蕨	Dryopteridaceae	Y	一	I
Sparganium hyperboreum	无柱黑三棱	Sparganiaceae	N	二	II
Spathoglottis ixioides	少花苞舌兰	Orchidaceae	N	二	II
Spathoglottis plicata	紫花苞舌兰	Orchidaceae	N	二	II
Spathoglottis pubescens	苞舌兰	Orchidaceae	N	二	II
Sphaeropteris lepifera	笔筒树	Cyatheaceae	Y	二	II
Spiranthes sinensis	绶草	Orchidaceae	N	二	II
Spodiopogon sagittifolius	箭叶大油芒	Gramineae	Y	一	II
Staurochilus dawsonianus	掌唇兰	Orchidaceae	N	二	II
Staurochilus loratus	小掌唇兰	Orchidaceae	N	二	II
Staurochilus lushuensis	豹纹掌唇兰	Orchidaceae	N	二	II
Stereosandra javanica	肉药兰	Orchidaceae	N	二	II
Stigmatodactylus sikokianus	指柱兰	Orchidaceae	N	二	II
Sunipia andersonii	黄花大苞兰	Orchidaceae	N	二	II
Sunipia bicolor	二色大苞兰	Orchidaceae	N	二	II
Sunipia candida	白花大苞兰	Orchidaceae	N	二	II
Sunipia hainanensis	海南大苞兰	Orchidaceae	Y	二	II
Sunipia intermedia	少花大苞兰	Orchidaceae	N	二	II
Sunipia rimannii	圆瓣大苞兰	Orchidaceae	N	二	II
Sunipia scariosa	大苞兰	Orchidaceae	N	二	II
Sunipia soidaoensis	苏瓣大苞兰	Orchidaceae	N	二	II
Sunipia thailandica	光花大苞兰	Orchidaceae	N	二	II
Taeniophyllum glandulosum	带叶兰	Orchidaceae	N	二	II
Taeniophyllum obtusum	兜唇带叶兰	Orchidaceae	N	二	II
Taihangia rupestris	太行花	Rosaceae	Y	二	II
Tainia angustifolia	狭叶带唇兰	Orchidaceae	N	二	II

续表

拉丁名	中文名	科名	是否特有	批次	等级
Tainia dunnii	带唇兰	Orchidaceae	Y	二	Ⅱ
Tainia emeiensis	峨眉带唇兰	Orchidaceae	Y	二	Ⅱ
Tainia hongkongensis	香港带唇兰	Orchidaceae	N	二	Ⅱ
Tainia kookeriana	绿花带唇兰	Orchidaceae	N	二	Ⅱ
Tainia latifolia	阔叶带唇兰	Orchidaceae	N	二	Ⅱ
Tainia macrantha	大花带唇兰	Orchidaceae	N	二	Ⅱ
Tainia minor	滇南带唇兰	Orchidaceae	N	二	Ⅱ
Tainia ovifolia	卵叶带唇兰	Orchidaceae	Y	二	Ⅱ
Tainia ruybarrettoi	南方带唇兰	Orchidaceae	Y	二	Ⅱ
Tainia viridifusca	高褶带唇兰	Orchidaceae	N	二	Ⅱ
Taiwania cryptomerioides	台湾杉	Taxodiaceae	N	二	Ⅱ
Tamarix taklamakanensis	沙生柽柳	Tamaricaceae	Y	二	Ⅱ
Tangtsinia nanchuanica	金佛山兰	Orchidaceae	Y	二	Ⅱ
Taxus cuspidata	东北红豆杉	Taxaceae	N	一	Ⅰ
Taxus fuana	密叶红豆杉	Taxaceae	Y	一	Ⅰ
Taxus wallichiana	须弥红豆杉	Taxaceae	N	一	Ⅰ
Taxus wallichiana var. chinensis	红豆杉	Taxaceae	N	一	Ⅰ
Taxus wallichiana var. mairei	南方红豆杉	Taxaceae	N	一	Ⅰ
Terminalia myriocarpa	千果榄仁	Combretaceae	N	一	Ⅱ
Terniopsis sessilis	川藻	Podostemaceae	Y	二	Ⅱ
Tetracentron sinense	水青树	Magnoliaceae	Y	一	Ⅱ
Tetradoxa omeiensis	四福花	Adoxaceae	Y	二	Ⅱ
Tetraena mongolica	四合木	Zygophyllaceae	Y	二	Ⅰ
Tetrameles nudiflora	四树木	Datiscaceae	N	二	Ⅱ
Tetrathyrium subcordatum	四药门花	Hamamelidaceae	Y	二	Ⅱ
Thamnocharis esquirolii	辐花苣苔	Gesneriaceae	Y	一	Ⅰ
Thelasis khasiana	滇南矮柱兰	Orchidaceae	N	二	Ⅱ
Thelasis pygmaea	矮柱兰	Orchidaceae	N	二	Ⅱ
Thrixspermum amplexicaule	苞茎白点兰	Orchidaceae	N	二	Ⅱ
Thrixspermum annamense	海台白点兰	Orchidaceae	N	二	Ⅱ
Thrixspermum centipeda	白点兰	Orchidaceae	N	二	Ⅱ
Thrixspermum eximium	异色白点兰	Orchidaceae	Y	二	Ⅱ
Thrixspermum fantasticum	金唇白点兰	Orchidaceae	N	二	Ⅱ

续表

拉丁名	中文名	科名	是否特有	批次	等级
Thrixspermum formosanum	台湾白点兰	Orchidaceae	N	二	Ⅱ
Thrixspermum japonicum	小叶白点兰	Orchidaceae	N	二	Ⅱ
Thrixspermum merguense	三毛白点兰	Orchidaceae	Y	二	Ⅱ
Thrixspermum pendulicaule	垂枝白点兰	Orchidaceae	Y	二	Ⅱ
Thrixspermum saruwatarii	长轴白点兰	Orchidaceae	Y	二	Ⅱ
Thrixspermum subulatum	厚叶白点兰	Orchidaceae	N	二	Ⅱ
Thrixspermum trichoglottis	同色白点兰	Orchidaceae	N	二	Ⅱ
Thuja koraiensis	朝鲜崖柏	Cupressaceae	N	一	Ⅱ
Thuja sutchuenensis	崖柏	Cupressaceae	Y	二	Ⅰ
Thunia alba	笋兰	Orchidaceae	N	二	Ⅱ
Tilia amurensis	紫椴	Tiliaceae	N	一	Ⅱ
Tipularia josephii	短柄筒距兰	Orchidaceae	N	二	Ⅱ
Tipularia odorata	台湾筒距兰	Orchidaceae	Y	二	Ⅱ
Tipularia szechuanica	筒距兰	Orchidaceae	Y	二	Ⅱ
Toona ciliata	红椿	Meliaceae	N	一	Ⅱ
Toona ciliata var. pubescens	毛红椿	Meliaceae	Y	二	Ⅱ
Torreya fargesii	巴山榧树	Taxaceae	Y	一	Ⅱ
Torreya grandis	榧树	Taxaceae	Y	一	Ⅱ
Torreya grandis var. jiulongshanensis	九龙山榧树	Taxaceae	Y	二	Ⅱ
Torreya jackii	长叶榧树	Taxaceae	Y	二	Ⅱ
Torreya nucifera	日本榧树	Taxaceae	N	一	Ⅱ
Torreya yunnanensis	云南榧树	Taxaceae	Y	二	Ⅱ
Trachycarpus nana	龙棕	Palmae	Y	二	Ⅱ
Trailliaedoxa gracilis	丁茜	Rubiaceae	Y	二	Ⅱ
Trapa incisa	野菱	Trapaceae	Y	一	Ⅱ
Triaenophora rupestris	崖白菜	Scrophulariaceae	Y	一	Ⅱ
Trichoglottis Rosea	短穗毛舌兰	Orchidaceae	Y	二	Ⅱ
Trichoglottis triflora	毛舌兰	Orchidaceae	N	二	Ⅱ
Tropidia augulosa	阔叶竹茎兰	Orchidaceae	N	二	Ⅱ
Tropidia curculigoides	短穗竹茎兰	Orchidaceae	Y	二	Ⅱ
Tropidia emeishanica	峨眉竹茎兰	Orchidaceae	Y	二	Ⅱ
Tropidia nipponica	竹茎兰	Orchidaceae	N	二	Ⅱ
Tsaiorchis neottianthoides	长喙兰	Orchidaceae	Y	二	Ⅱ

续表

拉丁名	中文名	科名	是否特有	批次	等级
Tsoongiodendron odorum	观光木	Magnoliaceae	Y	二	II
Tuberolabium kotoense	管唇兰	Orchidaceae	Y	二	II
Tugarinovia mongolica	革苞菊	Compositae	N	一	I
Tulotis devolii	台湾蜻蜓兰	Orchidaceae	Y	二	II
Tulotis fuscescens	蜻蜓兰	Orchidaceae	N	二	II
Tulotis ussuriensis	小花蜻蜓兰	Orchidaceae	N	二	II
Typha elephantina	象蒲	Typhaceae	N	二	II
Ulmus elongata	长穗榆	Ulmaceae	Y	一	II
Uncifera acuminata	叉喙兰	Orchidaceae	N	二	II
Utricularia punctata	盾鳞狸藻	Lentibulariaceae	N	二	II
Vanda alpina	垂头万代兰	Orchidaceae	Y	二	I
Vanda brunnea	白柱万代兰	Orchidaceae	N	二	I
Vanda coerulea	大花万代兰	Orchidaceae	N	二	I
Vanda coerulescens	小蓝万代兰	Orchidaceae	N	二	I
Vanda concolor	琴唇万代兰	Orchidaceae	Y	二	I
Vanda cristata	叉唇万代兰	Orchidaceae	N	二	I
Vanda lamellata	雅美万代兰	Orchidaceae	N	二	I
Vanda pumila	矮万代兰	Orchidaceae	N	二	I
Vanda subconcolor	纯色万代兰	Orchidaceae	Y	二	I
Vandopsis gigantea	拟万代兰	Orchidaceae	N	二	II
Vandopsis undulata	白花拟万代兰	Orchidaceae	N	二	II
Vanilla siamensis	大香荚兰	Orchidaceae	N	二	II
Vanilla somai	台湾香荚兰	Orchidaceae	Y	二	II
Vatica guangxiensis	广西青梅	Dipterocarpaceae	Y	二	II
Vatica mangachapoi	青梅	Dipterocarpaceae	N	二	II
Vexillabium yakushimense	旗唇兰	Orchidaceae	N	二	II
Vicia nummularia	西南野豌豆	Leguminosae	Y	二	II
Vicia tibetica	西藏野豌豆	Leguminosae	Y	二	II
Vrydagzynea nuda	二尾兰	Orchidaceae	N	二	II
Wenchengia alternifolia	保亭花	Labiatae	Y	二	II
Xylocarpus granatum	大果楝	Meliaceae	N	二	II
Yoania japonica	宽距兰	Orchidaceae	N	二	II
Zelkova schneideriana	大叶榉树	Ulmaceae	Y	一	II

续表

拉丁名	中文名	科名	是否特有	批次	等级
Zenia insignis	任豆	Leguminosae	N	一	II
Zeuxine affinis	宽叶线柱兰	Orchidaceae	N	二	II
Zeuxine agyoduana	绿叶线柱兰	Orchidaceae	N	二	II
Zeuxine goodyeroides	白肋线柱兰	Orchidaceae	N	二	II
Zeuxine grandis	大花线柱兰	Orchidaceae	N	二	II
Zeuxine integrilabella	全唇线柱兰	Orchidaceae	Y	二	II
Zeuxine kantokeiense	关刀溪线柱兰	Orchidaceae	Y	二	II
Zeuxine nemorosa	裂唇线柱兰	Orchidaceae	Y	二	II
Zeuxine nervosa	芳线柱兰	Orchidaceae	N	二	II
Zeuxine niijimai	眉原线柱兰	Orchidaceae	Y	二	II
Zeuxine odorata	香线柱兰	Orchidaceae	N	二	II
Zeuxine parviflora	白花线柱兰	Orchidaceae	N	二	II
Zeuxine strateumatica	线柱兰	Orchidaceae	N	二	II
Zeuxine tabiyahanensis	东部线柱兰	Orchidaceae	Y	二	II
Zoysia sinica	中华结缕草	Gramineae	N	一	II

注：标"*"者由农业行政主管部门或渔业行政主管部门主管；未标"*"者由林业行政主管部门主管。

林业植物新品种保护行政执法办法

国家林业局关于印发《林业植物新品种
保护行政执法办法》的通知

林技发〔2015〕176号

各省、自治区、直辖市林业厅（局），内蒙古、吉林、龙江、大兴安岭森工（林业）集团公司，新疆生产建设兵团林业局，国家林业局各司局、各直属单位：

根据新修订的《中华人民共和国种子法》，我局对《林业植物新品种保护行政执法办法》进行了修改。现将修改后的《林业植物新品种保护行政执法办法》（见附件）印发给你们，请认真贯彻执行。执行中有何问题和意见，请及时反馈我局科技发展中心（植物新品种保护办公室）。

特此通知。

附件：林业植物新品种保护行政执法办法

国家林业局
2015年12月30日

第一条

为规范林业植物新品种保护行政执法行为，根据《中华人民共和国种子法》、《中华人民共和国行政处罚法》、《中华人民共和国植物新品种保护条例》和《林业行政处罚程序规定》等相关法律法规规章，制定本办法。

第二条

林业行政主管部门查处案件时，应当以事实为依据、以法律为准绳，遵循公开、公平、公正的原则。

第三条

林业行政主管部门对以下侵犯林业植物新品种权行为实施行政执法时，适用本办法。

（一）未经品种权人许可，生产、繁殖或者销售该授权品种的繁殖材料的，为商业目的将该授权品种的繁殖材料重复使用于生产另一品种的繁殖材料的；

（二）假冒授权品种的；

（三）销售授权品种未使用其注册登记的名称的。

有关法律、行政法规另有规定的除外。

第四条

本办法第三条第二项所称假冒授权品种的行为是指：

（一）使用伪造的品种权证书、品种权号；

（二）使用已经被终止或者被宣告无效品种权的品种权证书、品种权号；

（三）以非授权品种冒充授权品种的；

（四）以此种授权品种冒充他种授权品种的；

（五）其他足以使他人将非授权品种误认为授权品种。

第五条

林业植物新品种保护行政执法由主要违法行为地的县级以上林业行政主管部门管辖。

国家林业局科技发展中心（植物新品种保护办公室）负责林业植物新品种保护行政执法管理工作。

第六条

林业行政主管部门应当按照《中华人民共和国政府信息公开条例》等的要求，主动公开林业植物新品种保护行政处罚案件信息，接受社会监督。

第七条

林业植物新品种保护行政执法人员应当熟练掌握植物新品种保护的相关法律法规和规章制度，以及相应的执法程序，并持行政执法证件上岗；在林业植物新品种保护行政执法过程中，应当向当事人或者有关人员出示其行政执法证件。

第八条

请求县级以上人民政府林业行政主管部门查处本办法第三条第一项所指案件时，应当符合下列条件：

（一）请求人是品种权人或者利害关系人；

（二）有明确的侵权人和侵权证据；

（三）有明确的请求事项和理由；

（四）侵权案件发生地属于该行政管辖范围内。

前款所称利害关系人，包括植物新品种实施许可合同的被许可人和品种权财产权利的合法继承人等。

独占实施许可合同的被许可人可以单独提出请求；排他实施许可合同的被许可人可以和品种权人共同提出请求，也可以在品种权人不请求时，自行提出请求；普通实施许可合同的被许可人经品种权人明确授权，可以提出请求。

第九条

向县级以上人民政府林业行政主管部门请求查处第三条第一项所指案件时，应当提交请求书以及涉案品种权的《植物新品种权证书》复印件。请求书应当包括以下内容：

（一）请求人的姓名或者名称、居住或者注册地址、有效联系方式，法定代表人或者主要负责人的姓名和职务；有委托代理的，代理人的姓名和代理机构的名称、注册地址；

（二）侵权人相关信息及侵权证据；

（三）请求查处的事项和理由等。

第十条

请求人应当以纸质或者法定电子文件的形式提交请求书，有关证据和证明材料可以以请求书附件的形式提交。请求书应当由请求人签名或者盖章，并注明请求日期。

第十一条

县级以上人民政府林业行政主管部门在收到请求书后进行审查，对符合本办法第八条、第九条和第十条规定的，应当在七日内予以立案，并以书面形式告知请求人，同时指定两名或者两名以上案件承办人处理该案件；对不符合本办法第八条、第九条和第十条规定的，应当在七日内以书面形式告知请求人不予立案，并说明理由。

第十二条

林业行政主管部门依据职权查处本办法第三条所指案件时，立案应当符合下列条件：

（一）有违法行为发生；

（二）违法行为是应当受处罚的行为；

（三）涉及品种是授权品种；

（四）除本办法第三条第三项所指案件外，涉及品种的品种权应当是有效的；

（五）违法行为发生地属于该行政管辖范围内。

野生动植物进出口证书管理办法

国家林业局　海关总署联合令

第 34 号

《野生动植物进出口证书管理办法》已经国家林业局局务会议审议通过，并经海关总署同意，现予公布，自 2014 年 5 月 1 日起施行。

国家林业局局长

海关总署署长

2014 年 2 月 9 日

第一章　总　则

第一条　为了规范野生动植物进出口证书管理，根据《中华人民共和国濒危野生动植物进出口管理条例》、《国务院对确需保留的行政审批项目设定行政许可的决定》及《濒危野生动植物种国际贸易公约》（以下简称公约）等规定，制定本办法。

第二条　通过货运、邮递、快件和旅客携带等方式进出口野生动植物及其产品的，适用本办法的规定。

第三条　依法进出口野生动植物及其产品的，实行野生动植物进出口证书管理。

野生动植物进出口证书包括允许进出口证明书和物种证明。

进出口列入《进出口野生动植物种商品目录》（以下简称商

品目录）中公约限制进出口的濒危野生动植物及其产品、出口列入商品目录中国家重点保护的野生动植物及其产品的，实行允许进出口证明书管理。

进出口列入前款商品目录中的其他野生动植物及其产品的，实行物种证明管理。

商品目录由中华人民共和国濒危物种进出口管理办公室（以下简称国家濒管办）和海关总署共同制定、调整并公布。

第四条　允许进出口证明书和物种证明由国家濒管办核发；国家濒管办办事处代表国家濒管办核发允许进出口证明书和物种证明。

国家濒管办办事处核发允许进出口证明书和物种证明的管辖区域由国家濒管办确定并予以公布。

允许进出口证明书和物种证明由国家濒管办组织统一印制。

第五条　国家濒管办及其办事处依法对被许可人使用允许进出口证明书和物种证明进出口野生动植物及其产品的情况进行监督检查。

第六条　禁止进出口列入国家《禁止进出口货物目录》的野生动植物及其产品。

第二章　允许进出口证明书核发

第一节　申　请

第七条　申请核发允许进出口证明书的，申请人应当根据申请的内容和国家濒管办公布的管辖区域向国家濒管办或者其办事处提出申请。

第八条　申请核发允许进出口证明书的，申请人应当提交下列材料：

（一）允许进出口证明书申请表。申请人为单位的，应当加盖本单位印章；申请人为个人的，应当有本人签字或者印章。

（二）国务院野生动植物主管部门的进出口批准文件。

（三）进出口合同。但是以非商业贸易为目的个人所有的野生动植物及其产品进出口的除外。

（四）身份证明材料。申请人为单位的，应当提交营业执照复印件或者其他身份证明；申请人为个人的，应当提交身份证件复印件。

（五）进出口含野生动植物成份的药品、食品等产品的，应当提交物种成份含量表和产品说明书。

（六）出口野生动植物及其产品的，应当提交证明野外或者人工繁育等来源类型的材料。

（七）国家濒管办公示的其他应当提交的材料。

第九条　申请进出口公约附录所列的野生动植物及其产品的，申请人还应当提交下列材料：

（一）进口公约附录所列野生动植物及其产品的，应当提交境外公约管理机构核发的允许出口证明材料。公约规定由进口国先出具允许进口证明材料的除外。

（二）进出口活体野生动物的，应当提交证明符合公约规定的装运条件的材料。其中，进口公约附录Ⅰ所列活体野生动物的，还应当提交接受者在笼舍安置、照管等方面的文字和图片材料。

（三）出口公约附录Ⅰ所列野生动植物及其产品，或者进口后再出口公约附录Ⅰ所列活体野生动物的，应当提交境外公约管理机构核发的允许进口证明材料。公约规定由出口国先出具允许出口证明材料的除外。

与非公约缔约国之间进行野生动植物及其产品进出口的，申请人提交的证明材料应当是在公约秘书处注册的机构核发的允许进出口证明材料。

第十条　进口后再出口野生动植物及其产品的，应当提交经海关签注的允许进出口证明书复印件和海关进口货物报关单复印件。进口野生动植物原料加工后再出口的，还应当提交相关生产加工的转换计划及说明；以加工贸易方式进口后再出口野生动植物及其产品的，提交海关核发的加工贸易手册复印件或者电子化手册、电子账册相关内容（表头及相关表体部分）打印件。

以加工贸易方式进口野生动植物及其产品的，应当提交海关核发的加工贸易手册复印件或者电子化手册、电子账册相关内容（表头及相关表体部分）打印件。

第十一条　申请人委托代理人代为申请的，应当提交代理人身份证明和委托代理合同；申请商业性进出口的，还应当提交申请人或者代理人允许从事对外贸易经营活动的资质证明。

第二节　审查与决定

第十二条　国家濒管办及其办事处在收到核发允许进出口证明书的申请后，对申请材料齐全、符合法定形式的，应当出具受理通知书；对申请材料不齐或者不符合法定形式的，应当出具补正材料通知书，并一次性告知申请人需要补正的全部内容。对依法应当不予受理的，应当告知申请人并说明理由，出具不予受理通知书。

第十三条　国家濒管办及其办事处核发允许进出口证明书，需要咨询国家濒危物种进出口科学机构意见的、需要向境外相关机构核实允许进出口证明材料的，或者需要对出口的野生动植物及其产品进行实地核查的，应当在出具受理通知书时，告知申请人。

咨询意见、核实允许进出口证明材料和实地核查所需时间不计入核发允许进出口证明书工作日之内。

第十四条　有下列情形之一的，国家濒管办及其办事处不予核发允许进出口证明书：

（一）申请内容不符合《中华人民共和国濒危野生动植物进出口管理条例》或者公约规定的。

（二）申请内容与国务院野生动植物主管部门的进出口批准文件不符的。

（三）经国家濒危物种进出口科学机构认定可能对本物种或者其他相关物种野外种群的生存造成危害的。

（四）因申请人的原因，致使核发机关无法进行实地核查的。

（五）提供虚假申请材料的。

第十五条　国家濒管办及其办事处自收到申请之日起二十个工作日内，对准予行政许可的，应当核发允许进出口证明书；对不予行政许可的，应当作出不予行政许可的书面决定，并说明理由，同时告知申请人享有的权利。

国家濒管办及其办事处作出的不予行政许可的书面决定应当抄送国务院野生动植物主管部门。

在法定期限内不能作出决定的，经国家濒管办负责人批准，可以延长十个工作日，并将延长期限的理由告知申请人。

第十六条　对准予核发允许进出口证明书的，申请人在领取允许进出口证明书时，应当按照国家规定缴纳野生动植物进出口管理费。

第十七条　允许进出口证明书的有效期不得超过180天。

第十八条　被许可人需要对允许进出口证明书上记载的进出口口岸、境外收发货人进行变更的，应当在允许进出口证明书有效期届满前向原发证机关提出书面变更申请。

被许可人需要延续允许进出口证明书有效期的，应当在允许进出口证明书有效期届满十五日前向原发证机关提出书面延期申请。

原发证机关应当根据申请，在允许进出口证明书有效期届满前作出是否准予变更或者延期的决定。

第十九条　允许进出口证明书损坏的，被许可人可以在允许进出口证明书有效期届满前向原发证机关提出补发的书面申请并说明理由，同时将已损坏的允许进出口证明书交回原发证机关。

原发证机关应当根据申请，在允许进出口证明书有效期届满前作出是否准予补发的决定。

第二十条　进出口野生动植物及其产品的，被许可人应当在自海关放行之日起三十日内，将海关验讫的允许进出口证明书副本和海关进出口货物报关单复印件交回原发证机关。进口野生动植物及其产品的，还应当同时交回境外公约管理机构核发的允许出口证明材料正本。

未实施进出口野生动植物及其产品活动的，被许可人应当在允许进出口证明书有效期届满后三十日内将允许进出口证明书退回原发证机关。

第二十一条 有下列情形之一的，国家濒管办及其办事处应当注销允许进出口证明书：

（一）允许进出口证明书依法被撤回、撤销的。

（二）允许进出口证明书有效期届满未延续的。

（三）被许可人死亡或者依法终止的。

（四）因公约或者法律法规调整致使允许进出口证明书许可事项不能实施的。

（五）因不可抗力致使允许进出口证明书许可事项无法实施的。

第二十二条 允许进出口证明书被注销的，申请人不得继续使用该允许进出口证明书从事进出口活动，并应当及时将允许进出口证明书交回原发证机关。

第三章 物种证明核发

第一节 申 请

第二十三条 申请核发物种证明的，申请人应当根据申请的内容和国家濒管办公布的管辖区域向国家濒管办或者其办事处提出申请。

第二十四条 申请核发物种证明的，申请人应当提交下列材料：

（一）物种证明申请表。申请人为单位的，应当加盖本单位印章；申请人为个人的，应当有本人签字或者加盖印章。

（二）进出口合同。但是以非商业贸易为目的个人所有的野生动植物及其产品进出口的除外。

（三）身份证明材料。申请人为单位的，应当提交营业执照复印件或者其他身份证明；申请人为个人的，应当提交身份证件复印件。

（四）进出口含野生动植物成份的药品、食品等产品的，应当提交物种成份含量表和产品说明书。

（五）出口野生动植物及其产品的，应当提交合法来源证明材料。

（六）进口野生动植物及其产品的，应当提交境外相关机构核发的原产地证明、植物检疫证明或者提货单等能够证明进口野生动植物及其产品真实性的材料。

（七）进口的活体野生动物属于外来陆生野生动物的，应当提交国务院陆生野生动物主管部门同意引进的批准文件。

（八）进口后再出口野生动植物及其产品的，应当提交加盖申请人印章并经海关签注的物种证明复印件或者海关进口货物报关单复印件。

（九）国家濒管办公示的其他应当提交的材料。

第二十五条　申请人委托代理人代为申请的，应当提交代理人身份证明和委托代理合同；申请商业性进出口的，还应当提交申请人或者代理人允许从事对外贸易经营活动的资质证明。

第二节　审查与决定

第二十六条　国家濒管办及其办事处在收到核发物种证明的申请后，对申请材料齐全、符合法定形式的，应当出具受理通知书；对申请材料不齐或者不符合法定形式的，应当出具补正材料通知书，并一次性告知申请人需要补正的全部内容。对依法应当不予受理的，应当告知申请人并说明理由，出具不予受理通知书。

第二十七条 有下列情形之一的，国家濒管办及其办事处不予核发物种证明：

（一）不能证明其来源合法的。

（二）提供虚假申请材料的。

第二十八条 国家濒管办及其办事处自收到申请之日起二十个工作日内，对准予行政许可的，应当核发物种证明；对不予行政许可的，应当作出不予行政许可的书面决定，并说明理由，同时告知申请人享有的权利。

在法定期限内不能作出决定的，经国家濒管办负责人批准，可以延长十个工作日，并将延长期限的理由告知申请人。

第二十九条 物种证明分为一次使用和多次使用两种。

第三十条 对于同一物种、同一货物类型并在同一报关口岸多次进出口野生动植物及其产品的，申请人可以向国家濒管办指定的办事处申请核发多次使用物种证明；但属于下列情形的，不得申请核发多次使用物种证明：

（一）出口国家保护的有益的或者有重要经济、科学研究价值的陆生野生动物及其产品的。

（二）进口或者进口后再出口与国家保护的有益的或者有重要经济、科学研究价值的陆生野生动物同名的陆生野生动物及其产品的。

（三）出口与国家重点保护野生植物同名的人工培植来源的野生植物及其产品的。

（四）进口或者进口后再出口与国家重点保护野生动植物同名的野生动植物及其产品的。

（五）进口或者进口后再出口非原产我国的活体陆生野生动物的。

（六）国家濒管办公示的其他情形。

第三十一条 一次使用的物种证明有效期不得超过180天。多次使用的物种证明有效期不得超过360天。

第三十二条 被许可人需要对物种证明上记载的进出口口岸、境外收发货人进行变更的，应当在物种证明有效期届满前向原发证机关提出书面变更申请。

被许可人需要延续物种证明有效期的，应当在物种证明有效期届满十五日前向原发证机关提出书面延期申请。

原发证机关应当根据申请，在物种证明有效期届满前作出是否准予变更或者延期的决定。

第三十三条 物种证明损坏的，被许可人可以在物种证明有效期届满前向原发证机构提出补发的书面申请并说明理由，同时将已损坏的物种证明交回原发证机关。

原发证机关应当根据申请，在物种证明有效期届满前作出是否准予补发的决定。

第四章 进出境监管

第三十四条 进出口商品目录中的野生动植物及其产品的，应当向海关主动申报并同时提交允许进出口证明书或者物种证明，并按照允许进出口证明书或者物种证明规定的种类、数量、口岸、期限完成进出口活动。

第三十五条 进出口商品目录中的野生动植物及其产品的其申报内容与允许进出口证明书或者物种证明中记载的事项不符的，由海关依法予以处理。但申报进出口的数量未超过允许进出口证明书或者物种证明规定，且其他申报事项一致的除外。

第三十六条 公约附录所列野生动植物及其产品需要过境、转运、通运的,不需申请核发野生动植物进出口证书。

第三十七条 对下列事项有疑义的,货物进、出境所在地直属海关可以征求国家濒管办或者其办事处的意见:

(一) 允许进出口证明书或者物种证明的真实性、有效性。

(二) 境外公约管理机构核发的允许进出口证明材料的真实性、有效性。

(三) 野生动植物物种的种类、数量。

(四) 进出境货物或者物品是否为濒危野生动植物及其产品或者是否含有濒危野生动植物种成份。

(五) 海关质疑的其他情况。

国家濒管办或者其办事处应当及时回复意见。

第三十八条 海关在允许进出口证明书和物种证明中记载进出口野生动植物及其产品的数量,并在办结海关手续后,将允许进出口证明书副本返还持证者。

第三十九条 在境外与保税区、出口加工区等海关特殊监管区域、保税监管场所之间进出野生动植物及其产品的,申请人应当向海关交验允许进出口证明书或者物种证明。

在境内与保税区、出口加工区等海关特殊监管区域、保税监管场所之间进出野生动植物及其产品的,或者在上述海关特殊监管区域、保税监管场所之间进出野生动植物及其产品的,无须办理允许进出口证明书或者物种证明。

第五章 附 则

第四十条 本办法所称允许进出口证明书包括濒危野生动植

物种国际贸易公约允许进出口证明书和中华人民共和国野生动植物允许进出口证明书。

本办法所称物种证明是指非进出口野生动植物种商品目录物种证明。

第四十一条 从不属于任何国家管辖的海域获得的野生动植物及其产品，进入中国领域的，参照本办法对进口野生动植物及其产品的有关规定管理。

第四十二条 本办法关于期限没有特别规定的，适用行政许可法有关期限的规定。

第四十三条 本办法由国家林业局、海关总署共同解释。

第四十四条 本办法自2014年5月1日起实施。

农业野生植物保护办法

中华人民共和国农业部令
2016 年第 3 号

为贯彻国务院关于部门规章和文件清理工作的要求，农业部决定：

一、对 2 部规章和 12 部规范性文件予以废止。

二、对 12 部规章和 2 部规范性文件的部分条款予以修改。

本决定自 2016 年 6 月 1 日起施行。

中华人民共和国农业部
2016 年 5 月 30 日

（2002 年 9 月 6 日农业部令第 21 号公布；根据 2004 年 7 月 1 日农业部令第 38 号、2013 年 12 月 31 日农业部令 2013 年第 5 号、2016 年 5 月 30 日农业部令第 3 号修订）

第一章　总　则

第一条　为保护和合理利用珍稀、濒危野生植物资源，保护生物多样性，加强野生植物管理，根据《中华人民共和国野生植物保护条例》（以下简称《条例》），制定本办法。

第二条　本办法所称野生植物是指符合《条例》第二条第二款规定的野生植物，包括野生植物的任何部分及其衍生物。

第三条　农业部按照《条例》第八条和本办法第二条规定的范围，主管全国野生植物的监督管理工作，并设立野生植物保护管理办公室负责全国野生植物监督管理的日常工作。

农业部野生植物保护管理办公室由部内有关司局组成。

县级以上地方人民政府农业（畜牧、渔业）行政主管部门（以下简称农业行政主管部门）依据《条例》和本办法规定负责本行政区域内野生植物监督管理工作。

第二章　野生植物保护

第四条　国家重点保护野生植物名录的制定和调整由农业部野生植物保护管理办公室提出初步意见，经农业部野生植物保护专家审定委员会审定通过后，由农业部按照《条例》第十条第二款的规定报国务院批准公布。

第五条　农业部和省级农业行政主管部门负责在国家重点保护野生植物物种天然集中分布区域，划定并建立国家级或省级国家重点保护野生植物类型自然保护区。

国家级和省级国家重点保护野生植物类型自然保护区的建立，按照《中华人民共和国自然保护区条例》有关规定执行。

第六条　县级以上地方人民政府农业行政主管部门可以在国家级或省级野生植物类型保护区以外的其他区域，建立国家重点保护野生植物保护点或者设立保护标志。

国家重点保护野生植物保护点和保护标志的具体管理办法，由农业部野生植物保护管理办公室负责统一制定。

第七条　农业部根据需要，组织野生植物资源调查，建立国家重点保护野生植物资源档案，为确定国家重点保护野生植物名录及保护方案提供依据。

第八条　农业部建立国家重点保护野生植物监测制度，对国家重点保护野生植物进行动态监测。

第九条　县级以上农业行政主管部门所属的农业环境监测机构，负责监视、监测本辖区内环境质量变化对国家或地方重点保护野生植物生长情况的影响，并将监视、监测情况及时报送农业行政主管部门。

第十条　在国家重点保护野生植物生长地或周边地区实施建设项目，建设单位应当在该建设项目环境影响评价报告书中对是否影响野生植物生存环境作出专项评价。

建设项目所在区域农业行政主管部门依据《条例》规定，对上述专项评价进行审查，并根据审查结果对建设项目提出具体意见。

第十一条　对国家重点保护野生植物及其生长环境造成危害的单位和个人，应当及时采取补救措施，并报当地农业行政主管部门，接受调查处理。

第十二条　各级农业行政主管部门应当积极开展野生植物保护的宣传教育工作。

第三章　野生植物管理

第十三条　禁止采集国家一级保护野生植物。有下列情形之一，确需进行少量采集的，应当申请办理采集许可证。

（一）进行科学考察、资源调查，应当从野外获取野生植物标本的；

（二）进行野生植物人工培育、驯化，应当从野外获取种源的；

（三）承担省部级以上科研项目，应当从野外获取标本或实验材料的；

（四）因国事活动需要，应当提供并从野外获取野生植物活体的；

（五）因调控野生植物种群数量、结构，经科学论证应当采集的。

第十四条　申请采集国家重点保护野生植物，有下列情形之一的，不予发放采集许可证：

（一）申请人有条件以非采集的方式获取野生植物的种源、产品或者达到其目的的；

（二）采集申请不符合国家或地方有关规定，或者采集申请的采集方法、采集时间、采集地点、采集数量不当的；

（三）根据野生植物资源现状不宜采集的。

第十五条　申请采集国家重点保护野生植物，应当填写《国家重点保护野生植物采集申请表》，经采集地县级农业行政主管部门签署审核意见后,向采集地省级农业行政主管部门或其授权的野生植物保护管理机构申请办理采集许可证。

采集城市园林或风景名胜区内的国家重点保护野生植物,按照《条例》第十六条第三款和前款有关规定办理。

第十六条 申请采集国家一级重点保护野生植物的,还应当提供以下材料:

(一)进行科学考察、资源调查,需要从野外获取野生植物标本的,或者进行野生植物人工培育、驯化,需要从野外获取种源的,应当提供省级以上行政主管部门批复的项目审批文件、项目任务书(合同书)及执行方案(均为复印件)。

(二)承担省部级以上科研项目,需要从野外获取标本或实验材料的,应当提供项目审批文件、项目任务书(合同书)及执行方案(均为复印件)。

(三)因国事活动,需要提供并从野外获取野生植物活体的,应当出具国务院外事行政主管部门的证明文件(复印件)。

(四)因调控野生植物种群数量、结构,经科学论证需要采集的,应当出具省级以上农业行政主管部门或省部级以上科研机构的论证报告或说明。

第十七条 负责签署审核意见的农业行政主管部门应当自受理申请之日起20日内签署审核意见。同意采集的,报送上级农业行政主管部门审批。

负责核发采集许可的农业行政主管部门或其授权的野生植物保护管理机构,应当在收到下级农业行政主管部门报来的审核材料之日起20日内,作出批准或不批准的决定,并及时通知申请者。

接受授权的野生植物保护管理机构在作出批准或者不批准的决定之前,应当征求本部门业务主管单位的意见。

农业行政主管部门或其授权的野生植物保护管理机构核发采集许可证后,应当抄送同级环境保护行政主管部门备案。

省级农业行政主管部门或其授权的野生植物保护管理机构核发采集许可证后,应当向农业部备案。

第十八条 取得采集许可证的单位和个人,应当按照许可证规定的植物种(或亚种)、数量、地点、期限和方式进行采集。采集作业完成后,应当及时向批准采集的农业行政主管部门或其授权的野生植物保护管理机构申请查验。

县级农业行政主管部门对在本辖区内的采集国家或地方重点保护野生植物的活动,应当进行实时监督检查,并应及时向批准采集的农业行政主管部门或其授权的野生植物保护管理机构报告监督检查结果。

第十九条 出售、收购国家二级保护野生植物的,应当填写《出售、收购国家重点保护二级野生植物申请表》,省级农业行政主管部门或其授权的野生植物保护管理机构自收到申请之日起20日内完成审查,作出是否批准的决定,并通知申请者。

由野生植物保护管理机构负责批准的,野生植物保护管理机构在做出批准或者不批准的决定之前,应当征求本部门业务主管单位的意见。

第二十条 出售、收购国家二级保护野生植物的许可为一次一批。

出售、收购国家二级保护野生植物的许可文件应当载明野生植物的物种名称(或亚种名)、数量、期限、地点及获取方式、来源等项内容。

第二十一条　国家重点保护野生植物的采集限定采集方式和规定禁采期。

国家重点保护野生植物的采集方式和禁采期由省级人民政府农业行政主管部门负责规定。

禁止在禁采期内或者以非法采集方式采集国家重点保护野生植物。

第二十二条　出口国家重点保护野生植物，或者进出口中国参加的国际公约所限制进出口的野生植物，应当填报《国家重点保护野生植物进出口许可申请表》，并经申请者所在地省级农业行政主管部门签署审核意见后，报农业部办理《国家重点保护野生植物进出口许可审批表》。农业部应当自收到省级农业行政主管部门报来的审核材料之日起20日作出是否批准的决定，并通知申请者。

农业部野生植物保护管理办公室在报批前应当征求部内相关业务司局的意见。

农业部野生植物保护管理办公室应当将签发的进出口许可审批表抄送国务院环境保护部门和国家濒危物种进出口管理机构。

第二十三条　申请出口国家重点保护野生植物，或者进出口中国参加的国际公约所限制进出口的野生植物的，应当提供以下材料：

（一）国家重点保护野生植物进出口许可申请表。

（二）申请单位的法人证明文件复印件。

（三）进出口合同（协议）复印件。

（四）出口野生植物及其产品的，应当提供省级以上农业行政主管部门或其授权机构核发的《国家重点保护野生植物采集许可证》复印件；野生植物来源为收购的，还应当提供省级农业行政主管部门出具的出售、收购审批件及购销合同（均为复印件）。

（五）出口含有国家重点保护农业野生植物成分产品的，应当提供由产品生产单位所在地省级以上农业行政主管部门认可的产品成分及规格的说明，以及产品成分检验报告。

（六）以贸易为目的的，还应当提供国务院外经贸部门或授权机构核发的进出口企业资格证书复印件。

第二十四条　经省级农业行政主管部门批准进行野外考察的外国人，应当在地方农业行政主管部门有关人员的陪同下，按照规定的时间、区域、路线、植物种类进行考察。

考察地省级农业行政主管部门或其授权的野生植物保护管理机构应当对外国人在本行政区域内的考察活动进行现场监督检查，并及时将监督检查情况报告农业部野生植物保护管理办公室。

外国人野外科学考察结束离境之前，应当向省级农业行政主管部门提交此次科学考察的报告副本。

第四章　奖励与处罚

第二十五条　在野生植物资源保护、科学研究、培育利用、宣传教育及其管理工作中成绩显著的单位和个人，县级以上人民政府农业行政主管部门予以表彰和奖励。

第二十六条　违反本办法规定，依照《条例》的有关规定追究法律责任。

第五章　附　则

第二十七条　本办法规定的《国家重点保护野生植物采集申

请表》、《国家重点保护野生植物采集许可证》、《国家重点保护野生植物进出口许可申请表》和《国家重点保护野生植物进出口许可审批表》等文书格式，由农业部规定。有关表格由农业部野生植物保护管理办公室统一监制。《出售、收购国家重点保护二级野生植物申请表》等其他文书格式由省级农业行政主管部门规定。

第二十八条　本办法由农业部负责解释。

第二十九条　本办法自2002年10月1日起施行。

附 录

浙江省野生植物保护办法

（浙江省人民政府第 56 次常务会议审议通过）

第一章 总 则

第一条 为了保护、发展和合理利用野生植物资源，保护生物多样性，维护生态平衡，根据《中华人民共和国野生植物保护条例》、《中华人民共和国濒危野生动植物进出口管理条例》、《浙江省森林管理条例》等法律、法规，结合本省实际，制定本办法。

第二条 本省行政区域内从事野生植物的保护、发展和利用，应当遵守本办法。

第三条 本办法所称的野生植物，包括国家重点保护野生植物、省重点保护野生植物以及列入《濒危野生动植物种国际贸易公约》附录的我国野生植物。

第四条 野生植物资源实行严格保护、积极发展和合理利用的方针。

第五条 县级以上人民政府应当加强对野生植物资源保护工作的领导，组织制定野生植物保护规划，采取有效措施，加大资金投入，保护、发展和合理利用野生植物资源。

野生植物资源保护工作经费列入财政预算。

第六条 县级以上人民政府林业行政主管部门负责本行政区域林区内野生植物和林区外珍贵野生树木的监督管理工作；县级以上人民政府农业行政主管部门负责本行政区域内其他野生植物的监督管理工作。（林业和农业行政主管部门以下统称为野生植物行政主管部门）。林区与非林区具体界线不明确的，由所在地县级人民政府划定。

县级以上人民政府城市园林、风景名胜区行政主管部门负责城市园林、风景名胜区内野生植物的监督管理工作。

财政、环境保护、交通运输、工商、海关等有关部门和机构依照各自职责，做好野生植物保护的相关工作。

第七条 任何单位和个人都有保护野生植物资源的义务，对侵占或者破坏野生植物及其生长环境的行为有权检举和控告。

第二章 野生植物的保护

第八条 县级以上人民政府及其有关部门应当组织开展野生植物保护的宣传教育，普及野生植物知识，提高公民保护野生植物的意识。

每年四月为全省野生植物保护宣传月。

第九条 县级以上人民政府野生植物行政主管部门应当加强野生植物资源的调查，建立野生植物资源档案。

野生植物资源调查至少每十年组织一次。

第十条 国家重点保护野生植物分为国家一级保护野生植物和国家二级保护野生植物。国家重点保护野生植物名录的制定和公布按照国家有关规定执行。

省重点保护野生植物名录由省野生植物行政主管部门商有关部门制定，报省人民政府批准并公布，并报国务院备案。

列入《濒危野生动植物种国际贸易公约》附录的我国野生植物，未列入国家重点保护野生植物名录的，应当列入省重点保护野生植物名录。

第十一条 在国家重点保护野生植物和省重点保护野生植物物种天然集中分布区域，符合自然保护区建立条件的，应当依照有关法律、行政法规的规定建立自然保护区。自然保护区的建设和管理，按照自然保护区管理法律、法规、规章的规定执行。

前款规定以外的其他区域，可以建立野生植物保护小区、保护点〔以下简称保护小区（点）〕。

第十二条 保护小区（点）由县级人民政府野生植物行政主管部门会同乡（镇）人民政府（包括街道办事处，下同）、村民委员会（包括森林经营管理单位），与森林、林木、土地所有权人和使用权人充分协商后划定，报县级人民政府批准并公布，并报省野生植物行政主管部门备案。

对特别重要的保护小区（点），经省野生植物行政主管部门审查后，由县级人民政府报省人民政府批准并公布。

第十三条 县级人民政府野生植物行政主管部门应当设置保护小区（点）保护标志和设施。

任何单位和个人不得破坏、损坏保护小区（点）保护标志和设施。

第十四条 县级以上人民政府野生植物行政主管部门应当建立野生植物保护信息系统，加强对野生植物生长环境的监视、监测，维护和改善野生植物生长环境，及时消除影响野生植物生长的不利因素。

第十五条 建设工程项目对野生植物的生长环境产生不利影响的，建设单位提交的环境影响评价文件应当对此作出评价。环境保护行政主管部门在审批环境影响评价文件时，应当按照《中华人民共和国野生植物保护条例》的规定，征求野生植物行政主管部门的意见。

建设单位在工程项目建设过程中应当按照环境影响评价文件审批意见，对野生植物生长环境采取相应的保护措施，并承担所需费用。

第十六条 林木采伐、造林、抚育的作业设计方案应当根据野生植物资源调查成果，标明作业区内的野生植物。

森林经营单位以及农业生产单位和个人在森林经营管理、农业生产中应当采取有效措施，防止损坏野生植物。

禁止在野生植物保护小区（点）内进行毁坏野生植物的挖砂、取土、采石和开垦等活动。

第十七条 省野生植物行政主管部门应当组织建立野生植物种质资源库，搜集、整理、鉴定和保存野生植物种质资源，建立野生植物种质资源繁育基地。

第三章 野生植物的采集

第十八条 禁止采集国家一级保护野生植物。

因科学研究、人工培育、文化交流等特殊情况需要采集国家一级保护野生植物的，申请人应当向所在地县级人民政府野生植物行政主管部门提出申请，由省野生植物行政主管部门按照《中华人民共和国野生植物保护条例》的规定签署意见后，报国务院野生植物行政主管部门或者其授权的机构批准，并核发采集证。

第十九条 采集国家二级保护野生植物的，申请人应当向所在地县级人民政府野生植物行政主管部门提出申请，由县级人民政府野生植物行政主管部门签署意见后，报省野生植物行政主管部门批准，并核发采集证。

第二十条 采集列入省重点保护野生植物名录的林区内野生植物和林区外珍贵野生树木的，申请人应当向所在地县级人民政府林业行政主管部门提出申请，由县级人民政府林业行政主管部门签署意见后，按照《浙江省森林管理条例》的规定报省林业行政主管部门批准，并核发采集证。省林业行政主管部门可以委托设区的市人民政府林业行政主管部门核发省重点保护野生植物采集证。

采集前款规定以外的省重点保护野生植物的，采集单位和个人应当向县级人民政府农业行政主管部门报备案。县级人民政府农业行政主管部门应当及时向省农业行政主管部门汇交备案材料。省农业行政主管部门应当制定《浙江省重点保护野生植物采集管理办法（农业部分）》，明确允许采集的省重点保护野生植物的种类、数量、地点、用途和方法。

第二十一条 采集城市园林或者风景名胜区内野生植物需要依法申请办理采集证的，应当先征得城市园林或者风景名胜区管理机构的同意。

第二十二条 申请办理采集证，应当提交下列材料：

（一）采集方案（包括采集目的、种类、数量、地点、期限和方法）；

（二）用于人工培育的，应当提交培植场所的设施、设备和技术条件等材料；

（三）用于科学研究和文化交流等用途的，应当提交相关部门的批准文件或者科学研究和文化交流项目立项、合作协议等材料。

第二十三条　采集单位和个人必须严格按照采集证规定的种类、数量、地点、期限和方法采集野生植物。

采集本办法第二十条第二款规定的省重点保护野生植物的，应当符合《浙江省重点保护野生植物采集管理办法（农业部分）》规定的种类、数量、地点、用途和方法。

采集作业涉及采挖、移植的，采集单位和个人应当依法采取植被恢复等措施，防止水土流失。

第二十四条　任何单位和个人不得改变采集证和《浙江省重点保护野生植物采集管理办法（农业部分）》规定的野生植物用途。

第四章　野生植物的管理

第二十五条　鼓励、支持人工培育野生植物。人工培育的野生植物实行"谁投入、谁所有"。鼓励单位和个人在房前屋后种植人工培育的珍贵、稀有树木。

除古树名木外，采伐农村居民房前屋后个人种植的珍贵、稀有树木的，按照《中华人民共和国森林法》第三十二条规定执行。

第二十六条　人工培育野生植物实行备案制度。

人工培育野生植物的单位和个人，应当每年向培育场所所在地县级人民政府野生植物行政主管部门报备案，并提交下列材料：

（一）培育场所的基本情况，包括培育场所的地点、规模、品种、设施、设备、技术条件等；

（二）年繁育数量；

（三）野生植物物种来源；

（四）省野生植物行政主管部门规定的其他材料。

县级人民政府野生植物行政主管部门应当自收到报备案材料之日起20日内对人工培育野生植物场所进行现场核实，并签署核实意见。

县级人民政府野生植物行政主管部门应当在规定的期限内向省野生植物行政主管部门汇交备案材料。

第二十七条 对未定名或者新发现的有重要价值的野生植物，人工培育单位应当妥善保管繁殖材料及有关资料，并与当地县级人民政府野生植物行政主管部门签订保密协议，承担保密义务。

第二十八条 县级人民政府野生植物行政主管部门应当根据人工培育野生植物备案记录，出具野生植物人工培育产地证明。需要由省野生植物行政主管部门出具野生植物人工培育产地证明的，省野生植物行政主管部门应当根据县级人民政府野生植物行政主管部门提供的产地证明出具。

第二十九条 禁止出售、收购国家一级保护野生植物。

出售、收购国家二级保护野生植物的，按照《中华人民共和国野生植物保护条例》的规定，由省野生植物行政主管部门批准。

进出口野生植物的，按照国家有关规定办理相关手续。

第三十条 境外人员不得在本省行政区域内采集和收购野生植物。

境外人员在本省行政区域内对野生植物进行野外考察的，应当按照国家有关规定报经批准。

第三十一条 县级以上人民政府野生植物行政主管部门应当加强对野生植物采集、培育的监督检查。接受检查的单位和个人，应当如实提供相关材料。

县级以上人民政府野生植物行政主管部门在监督检查中可以扣留无采集证以及违反《浙江省重点保护野生植物采集管理办法（农业部分）》采集的野生植物。

第五章　法律责任

第三十二条　违反本办法规定，损坏保护小区（点）保护标志和设施的，违法行为人应当予以赔偿；野生植物行政主管部门可以处500元以上1000元以下的罚款。

第三十三条　违反本办法规定，建设单位未按照环境影响评价文件审批意见对野生植物生长环境采取相应保护措施的，由负责审批环境影响评价文件的环境保护行政主管部门会同野生植物行政主管部门责令限期改正，并由环境保护行政主管部门按照《建设项目环境保护管理条例》等规定处以罚款。

第三十四条　违反本办法规定，作业设计单位未在作业设计方案中标明作业区内野生植物的，由野生植物行政主管部门责令改正；逾期未改正的，废止作业设计方案，可以处1000元以上1万元以下的罚款。

违反本办法规定，森林经营单位以及农业生产单位和个人在森林经营管理、农业生产中未采取有效防护措施造成野生植物损坏的，由野生植物行政主管部门责令其采取补救措施，可以处500元以上5000元以下的罚款。

第三十五条　违反本办法规定，进行挖砂、取土、采石和开垦等活动，致使野生植物受到毁坏的，由野生植物行政主管部门责令改正，可以处1000元以上2万元以下的罚款。

第三十六条　违反本办法规定，未取得采集证或者未按照采集证的规定采集国家重点保护野生植物的，由野生植物行政主管部门按照《中华人民共和国野生植物保护条例》的规定没收所采集的野生植物和违法所得，可以并处违法所得10倍以下的罚款；没有违法所得的，处3000元以上3万元以下的罚款；有采集证的，可以吊销采集证。

违反本办法规定，未取得采集证或者未按照采集证规定采集省重点保护野生植物的，由林业行政主管部门收缴所采集的野生植物，可以处1000元以上3万元以下的罚款；有采集证的，可以收缴采集证。

违反本办法规定，未按照《浙江省重点保护野生植物采集管理办法（农业部分）》规定的种类、数量、地点、用途和方法采集省重点保护野生植物的，由农业行政主管部门收缴所采集的野生植物，可以处1000元以上3000元以下的罚款。

第三十七条　违反本办法规定，出售、收购国家重点保护野生植物的，由工商行政管理部门或者野生植物行政主管部门根据职责分工，按照《中华人民共和国野生植物保护条例》的规定，没收野生植物和违法所得，可以并处违法所得10倍以下的罚款。

第三十八条　违反本办法规定，境外人员在本省行政区域内采集和收购国家重点保护野生植物，或者未经批准对国家重点保护野生植物进行野外考察的，由野生植物行政主管部门按照《中华人民共和国野生植物保护条例》的规定没收所采集和收购的野生植物以及考察资料，可以并处5万元以下的罚款。

违反本办法规定，境外人员在本省行政区域内采集和收购省重点保护野生植物，或者未经批准对省重点保护野生植物进行野外考察的,由野生植物行政主管部门收缴所采集和收购的野生植物以及考察资料,可以处 3 万元以下的罚款。

第三十九条　野生植物行政主管部门及其他有关部门有下列行为之一的,由有权机关按照管理权限对负有责任的主管人员和其他直接责任人员给予处分:

(一) 未依法核发采集证的;

(二) 未依法履行监督管理职责的;

(三) 有其他滥用职权、玩忽职守、徇私舞弊行为的。

第四十条　违反本办法规定,构成犯罪的,依法追究刑事责任。

第六章　附　则

第四十一条　本办法所称的野生植物采集,是指采伐、采挖、采摘、采割、收集野生植物的植株及其根、茎、芽、叶、花、果、皮、汁液等。

第四十二条　本办法自 2010 年 11 月 1 日起施行。

广西壮族自治区野生植物保护办法

广西壮族自治区人民政府令

第45号

《广西壮族自治区野生植物保护办法》已经2008年12月3日自治区第十一届人民政府第23次常务会议审议通过，现予发布，自2009年2月1日起施行。

广西壮族自治区主席
二〇〇八年十二月十八日

第一条 为了保护和合理利用野生植物资源，保护生物多样性，维护生态平衡，根据《中华人民共和国野生植物保护条例》，结合本自治区实际，制定本办法。

第二条 在自治区行政区域内从事野生植物保护、发展和利用活动，必须遵守本办法。

本办法所称野生植物是指原生地天然生长的珍贵植物和原生地天然生长并具有重要经济、科学研究、文化价值的濒危、稀有植物，包括野生植物任何部分及其衍生物。

第三条 林业行政主管部门主管林区内野生植物和林区外珍贵野生树木；农业行政主管部门主管其他野生植物；建设行政主管部门主管城市园林、风景名胜区的野生植物。

县级以上林业、农业和建设行政主管部门（以下统称野生植物行政主管部门），应当按照各自职责做好本行政区域内野生植物的监督管理工作。县级以上环境保护部门负责野生植物环境保护工作的协调和监督。其他有关部门依照职责分工负责有关的野生植物保护工作。

第四条 县级以上人民政府应当将保护野生植物资源所需经费纳入本级财政预算。

第五条 每年9月为自治区保护野生植物宣传月。

第六条 自治区重点保护野生植物名录由自治区野生植物行政主管部门按照各自职责制定,报自治区人民政府批准并公布。

第七条 在国家和自治区重点保护野生植物物种的天然集中分布区,县级以上人民政府可以依照有关法律法规的规定建立自然保护区。在其他区域,县级以上野生植物行政主管部门可以根据实际情况,建立野生植物保护小区、保护点。

第八条 县级以上野生植物行政主管部门应当按照各自职责开展野生植物监测,设置固定监测点,定期开展资源调查,掌握其动态变化,并针对不利因素采取相应措施,加强对野生植物的保护管理。

第九条 禁止破坏、毁损重点保护野生植物。

第十条 自治区重点保护野生植物的采集,参照国家二级重点保护野生植物管理。

采集珍贵野生树木,应当同时遵守森林法律法规的规定。

第十一条 以商业经营、科学研究为目的的人工培育、种植、加工等利用自治区重点保护野生植物的单位和个人,应当到县级以上野生植物行政主管部门备案。

备案具体办法由自治区野生植物行政主管部门另行制定。

第十二条 鼓励科研机构对重点保护野生植物进行科学研究,保护和合理利用野生植物。

第十三条 出售、收购、运输国家或者自治区重点保护野生植物的，应当持有所在地县级以上野生植物行政主管部门出具的备案证明或者采集证。

第十四条 野生植物行政主管部门可以依法对采集、出售、加工、利用、运输、贮藏重点保护野生植物的场所或者工具进行检查，有权暂扣来源不明的重点保护野生植物。

第十五条 有关部门或者机构依法扣留、没收的重点保护野生植物，应当及时移交具有相应管理职责的野生植物行政主管部门依法处理。

第十六条 外国人不得在自治区境内采集、收购国家和自治区重点保护野生植物。

外国人在自治区境内对自治区重点保护野生植物进行野外考察的，必须向重点保护野生植物所在地设区的市野生植物行政主管部门申请备案。

第十七条 违反本办法规定采集或者破坏、毁损自治区重点保护野生植物的，由县级以上具有相应管理职责的野生植物行政主管部门处2000元以下罚款；情节严重的，处2000元以上5万元以下罚款。

第十八条 外国人采集、收购重点保护野生植物或者擅自对重点保护野生植物进行野外考察的，由县级以上具有相应管理职责的野生植物行政主管部门依照《中华人民共和国野生植物保护条例》的规定，没收所采集、收购的野生植物和考察资料，可以并处5万元以下的罚款。

第十九条 野生植物行政主管部门的工作人员徇私舞弊、滥用职权、玩忽职守的，依法追究有关主管人员和其他直接责任人员的行政责任；构成犯罪的，依法追究刑事责任。

第二十条 本规定自2009年2月1日起施行。

西藏自治区野生植物保护办法

(2009年6月12日西藏自治区人民政府第10次常务会议通过)

第一章 总 则

第一条 为了保护、开发和合理利用野生植物资源，维护生物多样性和生态平衡，实现野生植物资源可持续发展和合理利用，根据《中华人民共和国野生植物保护条例》和有关法律、法规，结合自治区实际，制定本办法。

第二条 在自治区行政区域内从事野生植物保护、开发和利用等活动，应当遵守本办法。

本办法所称野生植物，是指原生地天然生长的珍贵植物、古树名木和原生地天然生长并具有重要生态、经济、科学研究、文化价值的濒危、稀有植物，包括其根、茎、叶、皮、花、果、种子及其衍生物等。

药用野生植物和城市园林、风景名胜区、森林公园、地质公园、自然保护区内野生植物的保护和管理，有关法律、法规另有规定的，依照其规定执行。

冬虫夏草的采集、销售、保护等具体办法，由自治区人民政府另行规定。

第三条 自治区对野生植物资源实行保护恢复为主、积极发展、有偿利用的方针。

鼓励和支持野生植物科学研究、就地保护和迁地保护，鼓励和支持人工培育种植珍贵、稀有野生植物。

第四条　自治区行政区域内所保护的野生植物分为国家一级保护野生植物、国家二级保护野生植物和自治区重点保护野生植物（以下统称重点保护野生植物）。

对自治区行政区域内的重点保护野生植物实行采集许可制度。

第五条　县级以上人民政府林业主管部门、农牧主管部门（以下统称野生植物主管部门）按照各自职责分工，分别负责野生植物的保护管理工作。

县级以上人民政府公安、建设、卫生、科技、环保、商务、工商、药监、旅游、海关、检验检疫等有关部门在各自职责范围内协助做好野生植物保护管理工作。

第六条　任何单位和个人都有保护野生植物资源的义务。

县级以上人民政府对保护、发展和合理利用野生植物资源做出突出贡献的单位和个人予以奖励。

第二章　野生植物保护

第七条　各级人民政府应当制定本行政区域内野生植物保护、开发和利用规划，保护野生植物的生长环境，防止外来物种对本行政区域内重点保护野生植物的生长环境造成危害，对重点保护野生植物的集中区域实行轮休采集制度，提高人民群众保护野生植物的意识。

县级以上人民政府对保护、管理野生植物所需经费应当予以保障。

第八条　县级以上人民政府野生植物主管部门应当履行下列职责：

（一）宣传野生植物保护法律、法规、规章；

（二）建立、健全重点野生植物保护责任制；

（三）组织、协调、指导野生植物保护管理工作；

（四）执行本级人民政府制定的野生植物保护规划；

（五）定期普查、监测野生植物种类、数量、分布状况，建立野生植物资源档案；

（六）对保护、发展和利用重点保护野生植物的活动进行监督检查。

第九条　自治区人民政府野生植物主管部门应当根据野生植物种类、数量和天然分布状况，会同自治区人民政府卫生、环保、建设、科技等有关部门，制定和调整自治区重点保护野生植物名录，经自治区人民政府批准后予以公布，并报国务院备案。

第十条　县级以上人民政府野生植物主管部门及其有关部门应当对重点保护野生植物的生长环境进行监测。对生长环境受到威胁的重点保护野生植物，应当采取措施保护或者恢复其生长环境；必要时，应当建立繁育基地、种质资源库或者采取迁地保护措施。

第十一条　人工培育种植野生植物已经形成规模化生产的，任何单位和个人不得再采集同类原生地天然生长的重点保护野生植物。

第十二条　乡（镇）以上人民政府应当对具有重要生态价值和水土保持、防风固沙作用的沙棘、沙生槐（狼牙刺）、水柏枝（红柳）、香柏、高山柏（爬地柏）、变色锦鸡儿等原生植物，采取封育等措施予以保护，加强管理，发挥其生态功能。

第三章　野生植物利用

第十三条 从事科学研究、人工培育、文化交流、藏药利用的机构或者单位，需要采集国家一级保护野生植物的，应当经自治区人民政府野生植物主管部门签署意见后，向国务院野生植物主管部门或者其授权的机构提出申请。需要采集国家二级保护野生植物的，应当经采集所在地县级人民政府野生植物主管部门签署意见后，向自治区人民政府野生植物主管部门提出申请。需要采集自治区重点保护野生植物的，应当经采集所在地县级人民政府野生植物主管部门签署意见后，向地区（市）行署（人民政府）野生植物主管部门提出申请。

第十四条 从事科学研究、人工培育、文化交流、藏药利用的机构或者单位需要采集重点保护野生植物的，应当提交下列申请材料：

（一）采集证申请表；

（二）证明申请人身份的有效文件或者材料；

（三）采集目的证明文件和材料；

（四）实施采集的工作方案，包括申请采集的种类、数量、期限、地点和方法；

（五）用于人工培育的，提交培育基地规模、技术力量、市场预测等可行性研究报告、相关背景材料及采集作业办法；用于科学研究、文化交流等其他用途的，提交相关背景资料。

野生植物主管部门受理申请后，应当在7个工作日内对申请材料进行审核。符合条件的，发给采集证或者签署意见后报上一级野生植物主管部门审批；不符合条件的，应当书面通知申请人并说明理由。

第十五条 自治区行政区域内农牧民（居民）采集经济价值较高、数量较多、分布广泛的国家二级保护野生植物和自治区重点保护野生植物的，应当经所在地村（居）民委员会签署意见后，向乡（镇）人民政府提出申请。乡（镇）人民政府根据自治区人民政府野生植物主管部门委托，发放采集证。

第十六条 任何单位和个人不得在自然保护区的核心区采集重点保护野生植物。

需要在城市园林、风景名胜区、森林公园、地质公园以及自然保护区的缓冲区和实验区采集重点保护野生植物的，应当征得其管理机构的同意，并按照本办法的规定申请采集证。

第十七条 从事科学研究、人工培育、文化交流、藏药利用的机构或者单位在按照野生植物主管部门发放的采集证要求进行采集前，应当到采集所在地县级人民政府野生植物主管部门备案。县级人民政府野生植物主管部门应当按照采集证要求，协助完成采集任务。

第十八条 采集重点保护野生植物的，采集人应当按照采集证载明的野生植物的种类、数量、地点、期限和方法进行采集，不得超出采集证规定的范围，不得采取不利于野生植物再生的方式进行采集，也不得破坏其他野生植物的生长环境。

第十九条 从事科学研究、人工培育、文化交流、藏药利用的机构或者单位不得向他人出售经野生植物主管部门批准采集的国家二级保护野生植物和自治区重点保护野生植物。

第二十条 以经营为目的收购国家二级保护野生植物的，应当向自治区人民政府野生植物主管部门提出申请，并提交下列申请材料：

（一）申请书；

（二）营业执照；

（三）证明申请人身份的有效文件或者材料；

（四）注册资金证明。

自治区人民政府野生植物主管部门受理申请后，应当在7个工作日内对申请材料进行审核。符合条件的，发给收购证；不符合条件的，应当书面通知申请人并说明理由。

第二十一条 收购国家二级保护野生植物的，收购人应当持收购证进行收购，不得压级、压价，不得损害群众的合法利益。

第二十二条 出口国家重点保护野生植物的，按照《中华人民共和国野生植物保护条例》有关规定执行。

第四章 监督与管理

第二十三条 采集重点保护野生植物的应当缴纳野生植物资源补偿费。野生植物资源补偿费的具体缴纳标准和办法由自治区人民政府野生植物主管部门会同财政和物价部门制定。

第二十四条 对未取得采集证而采集的重点保护野生植物，任何单位和个人不得储存、加工、出售、收购、运输和邮寄。

第二十五条 任何单位和个人不得伪造、变造、转让、倒卖、涂改、出租、出借重点保护野生植物采集证和收购证。

第二十六条 县级以上人民政府野生植物主管部门及其有关部门应当相互通报重点保护野生植物保护、发展和利用等的有关信息，加强对重点保护野生植物的采集、出售、收购、出口等环节的监督管理。

第二十七条 任何单位和个人对发现违反本办法规定的行为，均可向野生植物主管部门及其有关部门举报。接到举报的部门应当立即进行调查处理，并将调查处理的结果告知当事人。

县级以上人民政府野生植物主管部门应当公开举报电话、联系地址和电子邮件地址。

第二十八条 县级以上人民政府野生植物主管部门及其有关部门工作人员、乡（镇）人民政府及其工作人员不得有下列行为：

（一）从事或者变相从事重点保护野生植物采集、出售、收购、出口活动；

（二）利用办理有关采集证、收购证之便收受贿赂；

（三）违反规定收取费用；

（四）对他人举报的违法行为不受理、不办理，拖延、推诿；

（五）法律、法规禁止的其他行为。

第五章 法律责任

第二十九条 违反本办法规定采集野生植物造成植被破坏的，由采集所在地人民政府野生植物主管部门责令其限期恢复植被；拒不恢复的，由野生植物主管部门组织恢复，恢复费用由采集单位或者个人承担。

第三十条 违反本办法第十六条第一款规定在自然保护区的核心区采集重点保护野生植物的，由自然保护区行政主管部门或者其授权的自然保护区管理机构没收所采集的重点保护野生植物；责令停止违法行为，限期恢复原状或者采取其他补救措施；有违法所得的，没收违法所得；对自然保护区造成破坏的，可以并处1000元以上1万元以下的罚款。

第三十一条　违反本办法第十八条规定未按照采集证要求采集重点保护野生植物的，由野生植物主管部门没收所采集的重点保护野生植物；有违法所得的，没收违法所得；可以并处1000元以上5000元以下罚款；有犯罪嫌疑的，移送司法机关处理。

第三十二条　违反本办法第二十四条规定储存、加工、出售、收购、运输和邮寄未取得采集证而采集的重点保护野生植物的，由野生植物主管部门会同相关部门没收所采集的重点保护野生植物；有违法所得的，没收违法所得；可以并处1000元以上5000元以下罚款。

第三十三条　违反本办法第二十五条规定伪造、变造、转让、倒卖、涂改、出租、出借采集证或者收购证的，由野生植物主管部门或者工商行政管理等有关部门依法予以收缴；有违法所得的，没收违法所得；可以并处5000元以上1万元以下的罚款；有犯罪嫌疑的，移送司法机关处理。

第三十四条　野生植物主管部门及其有关部门工作人员违反本办法第二十八条规定的，对其主要负责人和直接责任人依法给予行政处分；有犯罪嫌疑的，移送司法机关处理。

第三十五条　违反本办法规定非法采集、出售或者收购重点保护野生植物的，由野生植物主管部门或者工商行政管理部门责令其停止出售或者收购，并没收重点保护野生植物；有违法所得的，没收违法所得；可以并处违法所得5倍以下的罚款。

第三十六条　违反本办法规定的行为，其他法律、法规已有处罚、处分规定的，依照其规定处罚、处分。

第六章　附　则

第三十七条　本办法自2009年10月1日起施行。

中华人民共和国水生动植物自然保护区管理办法

中华人民共和国农业部令
2014 年第 3 号

现公布《农业部关于修订部分规章的决定》,自公布之日起施行。

农业部部长
2014 年 4 月 25 日

(1997 年 10 月 17 日农业部令第 24 号发布;根据 2010 年 11 月 26 日农业部令第 11 号《农业部关于修订部分规章的决定》第一次修正;根据 2013 年 12 月 31 日农业部令 2013 年第 5 号《农业部关于修订部分规章的决定》第二次修正;根据 2014 年 4 月 25 日农业部令 2014 年第 3 号《农业部关于修订部分规章的决定》第三次修正)

第一章 总 则

第一条 为加强对水生动植物自然保护区的建设和管理，根据《中华人民共和国野生动物保护法》、《中华人民共和国渔业法》和《中华人民共和国自然保护区条例》的规定，制定本办法。

第二条 本办法所称水生动植物自然保护区，是指为保护水生动植物物种，特别是具有科学、经济和文化价值的珍稀濒危物种、重要经济物种及其自然栖息繁衍生境而依法划出一定面积的土地和水域，予以特殊保护和管理的区域。

第三条 凡在中华人民共和国领域和中华人民共和国管辖的其他海域内建设和管理水生动植物自然保护区，必须遵守本办法。

第四条 任何单位和个人都有保护水生动植物自然保护区的义务，对破坏、侵占自然保护区的行为应该制止、检举和控告。

第五条 国务院渔业行政主管部门主管全国水生动植物自然保护区的管理工作；县级以上地方人民政府渔业行政主管部门主管本行政区域内水生动植物自然保护区的管理工作。

第二章 水生动植物自然保护区的建设

第六条 凡具有下列条件之一的，应当建立水生动植物自然保护区：

（1）国家和地方重点保护水生动植物的集中分布区、主要栖息地和繁殖地；

（2）代表不同自然地带的典型水生动植物生态系统的区域；

（3）国家特别重要的水生经济动植物的主要产地；

（4）重要的水生动植物物种多样性的集中分布区；

（5）尚未或极少受到人为破坏，自然状态保持良好的水生物种的自然生境；

（6）具有特殊保护价值的水生生物生态环境。

第七条 水生动植物自然保护区分为国家级和地方级。

具有重要科学、经济和文化价值，在国内、国际有典型意义或重大影响的水生动植物自然保护区，列为国家级自然保护区。其他具有典型意义或者重要科学、经济和文化价值的水生动植物自然保护区，列为地方级自然保护区。

第八条 国家级水生动植物自然保护区的建立，需经自然保护区所在地的省级人民政府同意，由省级人民政府渔业行政主管部门报国务院渔业行政主管部门，经评审委员会评审后，由国务院渔业行政主管部门按规定报国务院批准。

地方级水生动植物自然保护区的建立，由县级以上渔业行政主管部门按规定报省级人民政府批准，并报国务院渔业行政主管部门备案。

跨两个以上行政区域水生动植物自然保护区的建立，由有关行政区域的人民政府协商后提出申请，按上述程序审批。

第九条 水生动植物自然保护区的撤销及其性质、范围的调整和变化，应经原审批机关批准。

第十条 国务院渔业行政主管部门水生动植物自然保护区评审委员会，负责国家级水生动植物自然保护区申报论证和评审工作。

省级人民政府渔业行政主管部门水生动植物自然保护区评审委员会，负责地方级水生动植物自然保护区申报论证和评审工作。

第十一条 水生动植物自然保护区的范围和界线由批准建立自然保护区的人民政府确定，并标明区界，予以公告。其具体范围和界线应标绘于图，公布于众，并设置适当界碑、标志物及有关保护设施。

第十二条 水生动植物自然保护区按照下列方法命名：

国家级水生动植物自然保护区：自然保护区所在地地名加保护对象名称再加"国家级自然保护区"。

地方级水生动植物自然保护区：自然保护区所在地地名加保护对象名称再加"地方级自然保护区"。

具有多种保护对象或综合性的水生动植物自然保护区：自然保护区所在地地名加"国家级水生野生动植物自然保护区"或"地方级水生动植物自然保护区"。

第十三条 水生动植物自然保护区可根据自然环境、水生动植物资源状况和保护管理工作需要，划分为核心区、缓冲区和实验区。

第三章 水生动植物自然保护区的管理

第十四条 国家级水生动植物自然保护区，由国务院渔业行政主管部门或其所在地的省级人民政府渔业行政主管部门管理。

地方级水生动植物自然保护区，由其所在地的县级以上人民政府渔业行政主管部门管理。

跨行政区域的水生动植物自然保护区的管理，由上一级人民政府渔业行政主管部门与所涉及的地方人民政府协商确定。协商不成，由上一级人民政府确定。

第十五条　渔业行政主管部门应当在水生动植物自然保护区内设立管理机构，配备管理和专业技术人员，负责自然保护区的具体管理工作，其主要职责是：

（一）贯彻执行国家有关自然保护和水生动植物保护的法律、法规和方针、政策；

（二）制定自然保护区的各项管理制度，统一管理自然保护区；

（三）开展自然资源调查和环境的监测、监视及管理工作，建立工作档案；

（四）组织或者协助有关部门开展科学研究、人工繁殖及增殖放流工作；

（五）开展水生动植物保护的宣传教育；

（六）组织开展经过批准的旅游、参观、考察活动；

（七）接受、抢救和处置伤病、搁浅或误捕的珍贵、濒危水生野生动物。

第十六条　禁止在水生动植物自然保护区进行砍伐、放牧、狩猎、捕捞、采药、开垦、烧荒、开矿、采石、挖沙、爆破等活动。

第十七条　禁止在水生动植物自然保护区域内新建生产设施，对于已有的生产设施，其污染物的排放必须达到国家规定的排放标准。

因血防灭螺需要向水生动植物保护区域内投放药物时，卫生防疫部门应与当地渔业行政主管部门联系，采取防范措施，避免对水生动植物资源造成损害。

第十八条　未经批准，禁止任何人进入国家级水生动植物自然保护区的核心区和一切可能对自然保护区造成破坏的活动。确因科学研究的需要，必须进入国家级水生动植物自然保护区核心区从事科学研究观测、调查活动的，应当事先向自然保护区管理机构提交申请和活动计划，并经省级人民政府渔业行政主管部门批准。

第十九条　禁止在水生动植物自然保护区的缓冲区开展旅游和生产经营活动。因科学研究、教学实习需要进入自然保护区的缓冲区，应当事先向自然保护区管理机构提交申请和活动计划，经自然保护区管理机构批准。

从事前款活动的单位和个人，应当将其活动成果的副本提交自然保护区管理机构。

第二十条　在水生动植物自然保护区的实验区开展参观、旅游活动的，由自然保护区管理机构提出方案，报省级人民政府渔业行政主管部门批准。

第二十一条　外国人进入国家级水生动植物自然保护区的，接待单位应当事先报省级人民政府渔业行政主管部门批准。

第二十二条　任何部门、单位、团体与国外签署涉及国家级水生动植物自然保护区的协议，须事先报国务院渔业主管部门批准；涉及地方级水生动植物自然保护区的，须事先经省级人民政府渔业行政主管部门批准。

第二十三条　经批准进入水生动植物自然保护区从事科学研究、教学实习、参观考察、拍摄影片、旅游、垂钓等活动的单位和个人须遵守以下规定：

（一）遵守主管部门和自然保护区管理机构制定的各项规章制度；

（二）服从自然保护区管理机构统一管理；

（三）不得破坏自然资源和生态环境；

（四）不得妨碍自然保护区的管理工作，不得干扰管理人员的业务活动。

第二十四条　水生动植物自然保护区内的自然资源和生态环境，由自然保护区管理机构统一管理，未经国务院渔业主管部门或省级人民政府渔业行政主管部门批准，任何单位和个人不得进入自然保护区建立机构和修筑设施。

第四章　罚　则

第二十五条　违反本办法规定，由自然保护区管理机构依照《中华人民共和国自然保护区条例》第三十四条和第三十五条的规定处罚。

第二十六条　违反本办法规定，对水生动植物自然保护区造成损失的，除可以依照有关法规给予处罚以外，由县级以上人民政府渔业行政主管部门责令限期改正，赔偿损失。

第二十七条　妨碍水生动植物自然保护区管理人员执行公务的，由公安机关依照《中华人民共和国治安管理处罚法》的规定予以处罚；情节严重构成犯罪的，由司法机关依法追究刑事责任。

第二十八条　违反本办法规定，造成水生动植物自然保护区重大破坏或污染事故，引起严重后果，构成犯罪的，由司法机关对有关责任人员依法追究刑事责任。

第二十九条 水生动植物自然保护区管理人员玩忽职守、滥用职权、徇私舞弊的,由所在单位或者上级主管机关给予行政处分;情节严重构成犯罪的,由司法机关依法追究刑事责任。

第五章 附 则

第三十条 本办法由国务院渔业行政主管部门负责解释。

第三十一条 省级人民政府渔业行政主管部门、各级水生动植物自然保护区管理机构可根据本办法制定实施细则和各项管理制度。

第三十二条 本办法自发布之日起施行。

中华人民共和国植物新品种保护条例

中华人民共和国国务院令

第 635 号

《国务院关于修改〈中华人民共和国植物新品种保护条例〉的决定》已经 2013 年 1 月 16 日国务院第 231 次常务会议通过，现予公布，自 2013 年 3 月 1 日起施行。

总理　温家宝

2013 年 1 月 31 日

(1997 年 3 月 20 日中华人民共和国国务院令第 213 号公布；根据 2013 年 1 月 31 日《国务院关于修改〈中华人民共和国植物新品种保护条例〉的决定》修订)

第一章　总　　则

第一条　为了保护植物新品种权，鼓励培育和使用植物新品种，促进农业、林业的发展，制定本条例。

第二条　本条例所称植物新品种，是指经过人工培育的或者对发现的野生植物加以开发，具备新颖性、特异性、一致性和稳定性并有适当命名的植物品种。

第三条　国务院农业、林业行政部门（以下统称审批机关）按照职责分工共同负责植物新品种权申请的受理和审查并对符合本条例规定的植物新品种授予植物新品种权（以下称品种权）。

第四条　完成关系国家利益或者公共利益并有重大应用价值的植物新品种育种的单位或者个人，由县级以上人民政府或者有关部门给予奖励。

第五条　生产、销售和推广被授予品种权的植物新品种（以下称授权品种），应当按照国家有关种子的法律、法规的规定审定。

第二章　品种权的内容和归属

第六条　完成育种的单位或者个人对其授权品种，享有排他的独占权。任何单位或者个人未经品种权所有人（以下称品种权人）许可，不得为商业目的生产或者销售该授权品种的繁殖材料，不得为商业目的将该授权品种的繁殖材料重复使用于生产另一品种的繁殖材料；但是，本条例另有规定的除外。

第七条　执行本单位的任务或者主要是利用本单位的物质条件所完成的职务育种，植物新品种的申请权属于该单位；非职务育种，植物新品种的申请权属于完成育种的个人。申请被批准后，品种权属于申请人。

委托育种或者合作育种，品种权的归属由当事人在合同中约定；没有合同约定的，品种权属于受委托完成或者共同完成育种的单位或者个人。

第八条 一个植物新品种只能授予一项品种权。两个以上的申请人分别就同一个植物新品种申请品种权的，品种权授予最先申请的人；同时申请的，品种权授予最先完成该植物新品种育种的人。

第九条 植物新品种的申请权和品种权可以依法转让。

中国的单位或者个人就其在国内培育的植物新品种向外国人转让申请权或者品种权的，应当经审批机关批准。

国有单位在国内转让申请权或者品种权的，应当按照国家有关规定报经有关行政主管部门批准。

转让申请权或者品种权的，当事人应当订立书面合同，并向审批机关登记，由审批机关予以公告。

第十条 在下列情况下使用授权品种的，可以不经品种权人许可，不向其支付使用费，但是不得侵犯品种权人依照本条例享有的其他权利：

（一）利用授权品种进行育种及其他科研活动；

（二）农民自繁自用授权品种的繁殖材料。

第十一条 为了国家利益或者公共利益，审批机关可以作出实施植物新品种强制许可的决定，并予以登记和公告。

取得实施强制许可的单位或者个人应当付给品种权人合理的使用费，其数额由双方商定；双方不能达成协议的，由审批机关裁决。

品种权人对强制许可决定或者强制许可使用费的裁决不服的，可以自收到通知之日起 3 个月内向人民法院提起诉讼。

第十二条 不论授权品种的保护期是否届满，销售该授权品种应当使用其注册登记的名称。

第三章 授予品种权的条件

第十三条 申请品种权的植物新品种应当属于国家植物品种保护名录中列举的植物的属或者种。植物品种保护名录由审批机关确定和公布。

第十四条 授予品种权的植物新品种应当具备新颖性。新颖性，是指申请品种权的植物新品种在申请日前该品种繁殖材料未被销售，或者经育种者许可，在中国境内销售该品种繁殖材料未超过1年；在中国境外销售藤本植物、林木、果树和观赏树木品种繁殖材料未超过6年，销售其他植物品种繁殖材料未超过4年。

第十五条 授予品种权的植物新品种应当具备特异性。特异性，是指申请品种权的植物新品种应当明显区别于在递交申请以前已知的植物品种。

第十六条 授予品种权的植物新品种应当具备一致性。一致性，是指申请品种权的植物新品种经过繁殖，除可以预见的变异外，其相关的特征或者特性一致。

第十七条 授予品种权的植物新品种应当具备稳定性。稳定性，是指申请品种权的植物新品种经过反复繁殖后或者在特定繁殖周期结束时，其相关的特征或者特性保持不变。

第十八条 授予品种权的植物新品种应当具备适当的名称，并与相同或者相近的植物属或者种中已知品种的名称相区别。该名称经注册登记后即为该植物新品种的通用名称。

下列名称不得用于品种命名：

（一）仅以数字组成的；

(二) 违反社会公德的;

(三) 对植物新品种的特征、特性或者育种者的身份等容易引起误解的。

第四章 品种权的申请和受理

第十九条 中国的单位和个人申请品种权的,可以直接或者委托代理机构向审批机关提出申请。

中国的单位和个人申请品种权的植物新品种涉及国家安全或者重大利益需要保密的,应当按照国家有关规定办理。

第二十条 外国人、外国企业或者外国其他组织在中国申请品种权的,应当按其所属国和中华人民共和国签订的协议或者共同参加的国际条约办理,或者根据互惠原则,依照本条例办理。

第二十一条 申请品种权的,应当向审批机关提交符合规定格式要求的请求书、说明书和该品种的照片。

申请文件应当使用中文书写。

第二十二条 审批机关收到品种权申请文件之日为申请日;申请文件是邮寄的,以寄出的邮戳日为申请日。

第二十三条 申请人自在外国第一次提出品种权申请之日起12个月内,又在中国就该植物新品种提出品种权申请的,依照该外国同中华人民共和国签订的协议或者共同参加的国际条约,或者根据相互承认优先权的原则,可以享有优先权。

申请人要求优先权的,应当在申请时提出书面说明,并在3个月内提交经原受理机关确认的第一次提出的品种权申请文件的副本;未依照本条例规定提出书面说明或者提交申请文件副本的,视为未要求优先权。

第二十四条　对符合本条例第二十一条规定的品种权申请，审批机关应当予以受理，明确申请日、给予申请号，并自收到申请之日起1个月内通知申请人缴纳申请费。

对不符合或者经修改仍不符合本条例第二十一条规定的品种权申请，审批机关不予受理，并通知申请人。

第二十五条　申请人可以在品种权授予前修改或者撤回品种权申请。

第二十六条　中国的单位或者个人将国内培育的植物新品种向国外申请品种权的，应当向审批机关登记。

第五章　品种权的审查与批准

第二十七条　申请人缴纳申请费后，审批机关对品种权申请的下列内容进行初步审查：

（一）是否属于植物品种保护名录列举的植物属或者种的范围；

（二）是否符合本条例第二十条的规定；

（三）是否符合新颖性的规定；

（四）植物新品种的命名是否适当。

第二十八条　审批机关应当自受理品种权申请之日起6个月内完成初步审查。对经初步审查合格的品种权申请，审批机关予以公告，并通知申请人在3个月内缴纳审查费。

对经初步审查不合格的品种权申请，审批机关应当通知申请人在3个月内陈述意见或者予以修正；逾期未答复或者修正后仍然不合格的，驳回申请。

第二十九条　申请人按照规定缴纳审查费后，审批机关对品种权申请的特异性、一致性和稳定性进行实质审查。

申请人未按照规定缴纳审查费的,品种权申请视为撤回。

第三十条 审批机关主要依据申请文件和其他有关书面材料进行实质审查。审批机关认为必要时,可以委托指定的测试机构进行测试或者考察业已完成的种植或者其他试验的结果。

因审查需要,申请人应当根据审批机关的要求提供必要的资料和该植物新品种的繁殖材料。

第三十一条 对经实质审查符合本条例规定的品种权申请,审批机关应当作出授予品种权的决定,颁发品种权证书,并予以登记和公告。

对经实质审查不符合本条例规定的品种权申请,审批机关予以驳回,并通知申请人。

第三十二条 审批机关设立植物新品种复审委员会。

对审批机关驳回品种权申请的决定不服的,申请人可以自收到通知之日起 3 个月内,向植物新品种复审委员会请求复审。植物新品种复审委员会应当自收到复审请求书之日起 6 个月内作出决定,并通知申请人。

申请人对植物新品种复审委员会的决定不服的,可以自接到通知之日起 15 日内向人民法院提起诉讼。

第三十三条 品种权被授予后,在自初步审查合格公告之日起至被授予品种权之日止的期间,对未经申请人许可,为商业目的生产或者销售该授权品种的繁殖材料的单位和个人,品种权人享有追偿的权利。

第六章 期限、终止和无效

第三十四条 品种权的保护期限,自授权之日起,藤本植物、林木、果树和观赏树木为 20 年，其他植物为 15 年。

第三十五条 品种权人应当自被授予品种权的当年开始缴纳年费，并且按照审批机关的要求提供用于检测的该授权品种的繁殖材料。

第三十六条 有下列情形之一的，品种权在其保护期限届满前终止：

（一）品种权人以书面声明放弃品种权的；

（二）品种权人未按照规定缴纳年费的；

（三）品种权人未按照审批机关的要求提供检测所需的该授权品种的繁殖材料的；

（四）经检测该授权品种不再符合被授予品种权时的特征和特性的。

品种权的终止，由审批机关登记和公告。

第三十七条 自审批机关公告授予品种权之日起，植物新品种复审委员会可以依据职权或者依据任何单位或者个人的书面请求，对不符合本条例第十四条、第十五条、第十六条和第十七条规定的，宣告品种权无效；对不符合本条例第十八条规定的，予以更名。宣告品种权无效或者更名的决定，由审批机关登记和公告，并通知当事人。

对植物新品种复审委员会的决定不服的，可以自收到通知之日起 3 个月内向人民法院提起诉讼。

第三十八条 被宣告无效的品种权视为自始不存在。

宣告品种权无效的决定，对在宣告前人民法院作出并已执行的植物新品种侵权的判决、裁定，省级以上人民政府农业、林业行政部门作出并已执行的植物新品种侵权处理决定，以及已经履行的植物新品种实施许可合同和植物新品种权转让合同,不具有追溯力;但是,因品种权人的恶意给他人造成损失的,应当给予合理赔偿。

依照前款规定,品种权人或者品种权转让人不向被许可实施人或者受让人返还使用费或者转让费,明显违反公平原则的,品种权人或者品种权转让人应当向被许可实施人或者受让人返还全部或者部分使用费或者转让费。

第七章 罚 则

第三十九条 未经品种权人许可,以商业目的生产或者销售授权品种的繁殖材料的,品种权人或者利害关系人可以请求省级以上人民政府农业、林业行政部门依据各自的职权进行处理,也可以直接向人民法院提起诉讼。

省级以上人民政府农业、林业行政部门依据各自的职权,根据当事人自愿的原则,对侵权所造成的损害赔偿可以进行调解。调解达成协议的,当事人应当履行;调解未达成协议的,品种权人或者利害关系人可以依照民事诉讼程序向人民法院提起诉讼。

省级以上人民政府农业、林业行政部门依据各自的职权处理品种权侵权案件时,为维护社会公共利益,可以责令侵权人停止侵权行为,没收违法所得和植物品种繁殖材料;货值金额5万元以上的,可处货值金额1倍以上5倍以下的罚款;没有货值金额或者货值金额5万元以下的,根据情节轻重,可处25万元以下的罚款。

第四十条 假冒授权品种的,由县级以上人民政府农业、林业行政部门依据各自的职权责令停止假冒行为,没收违法所得和植物品种繁殖材料；货值金额 5 万元以上的，处货值金额 1 倍以上 5 倍以下的罚款；没有货值金额或者货值金额 5 万元以下的，根据情节轻重，处 25 万元以下的罚款；情节严重，构成犯罪的，依法追究刑事责任。

第四十一条　省级以上人民政府农业、林业行政部门依据各自的职权在查处品种权侵权案件和县级以上人民政府农业、林业行政部门依据各自的职权在查处假冒授权品种案件时，根据需要，可以封存或者扣押与案件有关的植物品种的繁殖材料，查阅、复制或者封存与案件有关的合同、帐册及有关文件。

第四十二条　销售授权品种未使用其注册登记的名称的，由县级以上人民政府农业、林业行政部门依据各自的职权责令限期改正，可以处 1000 元以下的罚款。

第四十三条　当事人就植物新品种的申请权和品种权的权属发生争议的，可以向人民法院提起诉讼。

第四十四条　县级以上人民政府农业、林业行政部门的及有关部门的工作人员滥用职权、玩忽职守、徇私舞弊、索贿受贿，构成犯罪的，依法追究刑事责任；尚不构成犯罪的，依法给予行政处分。

第八章　附　　则

第四十五条　审批机关可以对本条例施行前首批列入植物品种保护名录的和本条例施行后新列入植物品种保护名录的植物属或者种的新颖性要求作出变通性规定。

第四十六条　本条例自 1997 年 10 月 1 日起施行。